高职高专新商科系列教材

餐饮服务与运营

王敏 主编
陈金 张旭 副主编

清华大学出版社
北京

内 容 简 介

本书以人才培养目标和餐饮企业员工职业生涯发展路线为依据,以典型工作任务为基础,通过任务引领的形式确定教学内容,系统阐述了餐饮服务与运营的基本概念和操作方法,在培养学生职业能力的同时,融入了对学生的素质教育。本书分为4个模块,包括餐饮入门、服务与设计、运行与督导、经营与管理。

本书融入有关数字化运营的教学内容,具有一定的理论性、综合性、可操作性,可以作为高等职业院校酒店管理与数字化运营专业的教材,也可以作为应用型本科院校酒店管理专业的教材,还可以作为酒店行业管理和服务人员的培训、参考用书。

本书封面贴有清华大学出版社防伪标签,无标签者不得销售。
版权所有,侵权必究。举报:010-62782989,beiqinquan@tup.tsinghua.edu.cn。

图书在版编目(CIP)数据

餐饮服务与运营 / 王敏主编. — 北京:清华大学出版社,2023.1(2024.8 重印)
高职高专新商科系列教材
ISBN 978-7-302-62548-3

Ⅰ.①餐⋯ Ⅱ.①王⋯ Ⅲ.①饮食业–商业服务–高等职业教育–教材 ②饮食业–商业管理–高等职业教育–教材 Ⅳ.① F719.3

中国国家版本馆 CIP 数据核字 (2023) 第 017764 号

责任编辑:强 溦 吴梦佳
封面设计:傅瑞学
责任校对:刘 静
责任印制:曹婉颖

出版发行:清华大学出版社
　　网　　址:https://www.tup.com.cn, https://www.wqxuetang.com
　　地　　址:北京清华大学学研大厦A座　　邮　编:100084
　　社 总 机:010-83470000　　邮　购:010-62786544
　　投稿与读者服务:010-62776969, c-service@tup.tsinghua.edu.cn
　　质量反馈:010-62772015, zhiliang@tup.tsinghua.edu.cn
印 装 者:三河市龙大印装有限公司
经　　销:全国新华书店
开　　本:185mm×260mm　　印　张:16.25　　字　数:391千字
版　　次:2023年2月第1版　　印　次:2024年8月第2次印刷
定　　价:49.00元

产品编号:093368-01

前 言
FOREWORD

随着人们生活水平的迅速提高和旅游业的快速发展,以及数字化技术在旅游业的普及与应用,餐饮行业面临新的发展机遇,专业型、高素质的员工成为企业核心竞争力的一个重要方面。这要求高等职业院校以科学的管理理念、规范的服务技能、与时俱进的运营方法进行岗位人才培养。

餐饮服务与运营是高等职业院校酒店管理专业学生必修的专业课之一。本书以人才培养目标和餐饮企业员工职业生涯发展路线为依据,以典型工作任务为基础,通过任务引领的形式来确定教学内容。本书分为餐饮入门、服务与设计、运行与督导、经营与管理四个模块,以餐饮业岗位群的工作任务和能力需求为依据,以"工作任务项目化"为途径,以"多课堂组合训练"为手段,以"动态的学习评价"为方法,序化教学内容,明确教学目标,注重培养学生及酒店从业人员的综合职业能力。

在编写过程中,本书充分结合我国餐饮业的发展实际,关注餐饮数字化运营的现实应用,对餐饮企业在生产、经营、管理和销售过程中涉及的理论与实务知识进行了阐述,内容系统、全面、丰富,信息量大,体例新颖,对餐饮服务与运营的课程教学和实际操作具有较强的指导意义。本书的特点如下。

1. 任务引领,项目教学

本书以餐饮服务与运营的实际工作任务为引领,通过开展专题教学和项目实践活动,使学生了解现代餐饮服务与经营管理的基本理论,熟悉餐饮服务与运营的基本程序和方法,熟练掌握餐饮服务技能,从而能够胜任酒店的餐饮服务与基层管理工作,达到中、高级餐厅服务师的业务水平。同时,本书注重培养学生良好的职业道德素养,锻炼学生沟通合作与学习创新能力,为学生的可持续发展奠定基础。

2. 拓宽视野,紧跟前沿

党的二十大报告指出,统筹职业教育、高等教育、继续教育协同创新,推进职普融通、产教融合、科教融汇,优化职业教育类型定位。餐饮服务与运营课程教学应立足现代酒店业、高端餐饮业的发展,以行业、企业的需求为依据,以学生就业为导向,通过课程改革,努力为行业培养高素质、高水平的应用型人才。本书根据本专业的人才培养目标,结合酒店餐饮、社会餐饮的行业需求,紧密关注与阐述行业发展前沿,融入有关数字化运营的知识,力图使学生成为"餐饮界的核心员工",并逐步成为"高素质的餐饮店面管理人员",获得良好职业发展前景。

3. 重视能力,突出实践

本书的教学内容融入职业技能考试标准和企业先进的工作流程及标准,规范实训教学过程管理和考核制度，注重情境体验，采用专题形式的教学设计，促使学生转变角色，积极主动学习。实践教学部分不仅为学生模拟酒店等餐饮企业仿真的操作场景与流程，而且根据项目的不同进行企业文化和氛围的设计，以提高学生的想象力和创造力。经过实训教学、技能鉴定和技能竞赛等多种方式的组合培养，可帮助学生熟练掌握专业操作技能。

  本书由王敏担任主编，陈金、张旭担任副主编，具体编写分工如下：王敏编写项目一、项目四、项目五及总纂定稿，陈金编写项目二、项目十，张旭编写项目八、项目九，谢雷编写项目三，郭力嘉编写项目六、项目七。本书的出版是众多领导、专家、朋友帮助的结果，衷心感谢长春职业技术学院各位领导与同事的帮助，感谢重庆旅游职业学院朱岚老师、北京职业餐饮网总经理王彬的大力支持。本书在编写过程中，参考了有关专家、学者的论著、教材及文献资料，在此深表感谢。

  由于编者水平有限，书中难免有不足之处，真诚地希望各位专家、同行和读者批评、指正。

编 者
2022 年 11 月

目 录
CONTENTS

模块一 餐饮入门

项目一 走近数字化餐饮业 ... 3
  任务一 了解数字化餐饮业 ... 4
  任务二 了解数字化餐厅 ... 10

项目二 筹备一家有特色的餐厅 ... 19
  任务一 餐饮市场调研与开发 ... 20
  任务二 餐厅选址 ... 29

项目三 组建一个高效的餐饮团队 ... 35
  任务一 餐饮团队职能规划 ... 36
  任务二 餐饮人力资源招聘与甄选 ... 43
  任务三 餐饮人力资源培训与激励 ... 55

模块二 服务与设计

项目四 餐厅服务基本功训练 ... 65
  任务一 托盘 ... 66
  任务二 摆台 ... 71
  任务三 餐巾折花 ... 77
  任务四 斟酒 ... 83
  任务五 上菜 ... 88
  任务六 分菜 ... 91
  任务七 撤换餐具 ... 96

项目五 餐饮精致服务设计 ... 101
  任务一 中餐零点服务设计 ... 102

任务二　大堂吧及客房送餐服务设计……………………………………………110
　　任务三　中餐宴会服务设计………………………………………………………114
　　任务四　西餐宴会服务设计………………………………………………………125
　　任务五　菜单设计…………………………………………………………………133

项目六　设计优雅的餐厅环境……………………………………………………147
　　任务一　餐厅氛围设计……………………………………………………………148
　　任务二　餐厅空间布局……………………………………………………………154

模块三　运行与督导

项目七　管理一家餐饮企业………………………………………………………165
　　任务一　全面质量管理……………………………………………………………166
　　任务二　现场督导…………………………………………………………………174
　　任务三　顾客投诉处理……………………………………………………………180

模块四　经营与管理

项目八　科学管理餐饮企业的物料………………………………………………189
　　任务一　采购：寻找目标原料……………………………………………………190
　　任务二　验收：检查原料…………………………………………………………195
　　任务三　储存：管理原料…………………………………………………………199
　　任务四　成本管理：控制原料成本………………………………………………203

项目九　规划餐厅的"半壁江山"…………………………………………………213
　　任务一　餐厅厨房规划……………………………………………………………214
　　任务二　厨房区域划分……………………………………………………………218
　　任务三　厨房设备管理……………………………………………………………222

项目十　让餐饮产品走向市场……………………………………………………231
　　任务一　餐饮产品定价……………………………………………………………232
　　任务二　餐饮数字化营销推广……………………………………………………241

参考文献………………………………………………………………………………252

模块一 餐饮入门

项目一

走近数字化餐饮业

学习目标

【知识目标】

1. 了解数字化餐饮行业。
2. 掌握餐饮企业的类型。
3. 了解多样化的餐饮生产。
4. 掌握餐饮服务的特点。
5. 了解数字化餐厅。
6. 掌握餐厅的作用和类型。

【能力目标】

1. 能分析现代人对餐饮的需求。
2. 能辨别餐饮企业类型。
3. 能归纳餐饮生产、餐饮服务的特点。
4. 能正确认识餐厅的概念。
5. 能分析餐厅的作用和类型。

【素质目标】

1. 培养分析问题能力。
2. 培养解决问题能力。
3. 培养团队合作能力。
4. 培养人际沟通能力。
5. 培养信息整合能力。
6. 培养自主学习能力。

【课程思政】

1. 准确进行角色定位,树立良好的职业心态和职业意识。
2. 尊重各地饮食习俗,弘扬我国传统饮食文化。

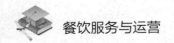

学习导图

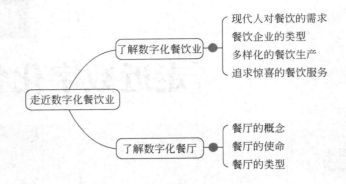

任务一 了解数字化餐饮业

任务描述

小艾在某高校学习酒店管理专业,已经毕业七年,现在一家高星级酒店任餐饮部总监。一天,小艾的高中同学魏铭打来电话,说自己刚从国外回来,前些年一直从事贸易工作,这次回国打算开一家高档餐厅,但是他对餐饮行业不是很了解,想找小艾学习一下。小艾欣然答应。

任务分析

魏铭刚从国外回来,他以前从事的工作和餐饮行业关联很少,因此,小艾要带魏铭从餐饮行业及餐厅开始了解,进行餐饮创业分析。

知识储备

餐饮业是利用餐饮设施为顾客提供餐饮实物产品和餐饮服务的生产经营性行业。餐饮业是指以商业赢利为目的的餐饮服务机构。餐饮业是一个古老而又充满活力且具有现代气息的行业。说它古老,是因为饮食是人类赖以生存的最重要的物质条件之一,人类饮食的发展同人类本身的发展一样历史悠久,餐饮催生了人类的文明;说它充满活力,是因为它伴随着历史的推进,菜品日益增多,服务日臻精良,规模不断扩大,内涵越发丰富,积淀渐趋深厚;说它现代,是因为它越来越体现着健康、科学、积极、有益的就餐及生活方式。

在数字经济大潮下,餐饮业正在拥抱新的数字化经营主场,打造新的增长曲线。数字化餐饮业就是把餐饮行业涉及的复杂多变的实体店业务信息,转化成可以衡量评估的可观数据,通过对这些数据进行梳理与总结,推测未来的发展方向和具体措施,使业务更加精准,优化行业发展。这个转变过程,也称餐饮业的数字化转型。

一、现代人对餐饮的需求

当前,中国餐饮业所面临的主要矛盾仍然是市场供应的传统方式与社会需求之间的差距,餐饮供给难以满足民众日渐增长的餐饮消费需求体验而形成的结构性不平衡。在"互联网+"、大数据、云计算的时代背景下,餐饮业通过现代服务理念和互联网技术渗透,跨界产业深度融合,必将迎来新的机遇。餐饮业要实现经营的目标和提高服务质量,必须掌握现阶段人们对餐饮的需求,生产适销对路的餐饮产品,以满足顾客不断变化的餐饮需求。

(一)对餐厅环境和氛围的要求

知识小看板:影响餐厅氛围的因素

随着生活水平的不断提高,人们对外出就餐的要求也越来越高,已经不单单是享受美味的食物,也更加注重就餐环境和氛围,要求环境场景化、情绪化,从而更好地满足他们的感性要求,因此,强调营销环境的氛围也就成为餐饮业发展的趋势之一。

近几年来,各地纷纷出现了诸如阿凡提风味餐厅、傣家大酒楼、苗族村楼、水上渔村民族餐厅、边疆风情园、民族歌舞美食城等以经营民族风味佳肴为主的餐饮企业。这些餐厅在布置环境、营造氛围上下了很大的功夫,营造出各种格局和特色,力图吸引消费者的注意,或新奇别致,或温馨浪漫,或清静高雅,或热闹刺激,或富丽堂皇,或小巧玲珑。有的呈现都市风貌,有的展示乡村风情。有中式风格的,也有西式风情的,更有中西合璧的。从就餐环境到极富浪漫色彩的店名、菜名,使顾客能在大快朵颐之际,感受千古风韵的雅兴和一派温馨的人和之情。餐饮氛围的营造,更体现了消费者的感性要求,不仅要求吃饱吃好,价廉物美,而且需要获得良好的精神享受。

(二)对餐饮产品质量的要求

世界已进入"绿色时代"和"环保时代"。"绿色时代"的到来对世界经济发展产生巨大影响,餐饮业也不例外。人们在生产和消费过程中,越来越关注资源与环境保护。随着人们对环境污染、生态平衡、自身健康等问题的关注程度日益提高,人们对餐饮产品的质量也越来越重视。无公害、无污染的绿色食品、保健食品受到了广大消费者的欢迎。许多餐饮企业为适应这种需求,纷纷推出了自己的绿色保健食谱,并增加保健设施,营造保健环境。例如,西贝莜面村、海底捞、东道煮火锅等。

(三)对餐厅服务质量的要求

餐饮行业一直都遵循"顾客是上帝"的原则,每位餐饮经营者都希望来店的顾客用餐愉快,不断留住老顾客、吸引新顾客,店铺生意越来越好。真正的服务是针对顾客的需求精心设计出来的,通过系统分析顾客的消费行为,发现顾客的实际需求,进而针对性地提供服务。换句话说,因为有需要,才有服务。针对需求的服务才是好服务。顾客在对饮食的追求上总是喜欢经常变化,所以许多餐饮经营者在衡量经营是否成功的标准中,也总是把顾客的满意度放在第一位。

(四)对餐厅数字化的要求

随着餐饮业数字化的转型,顾客已经习惯数字化带来的便捷、高效、优质服务。越来越多的餐厅经营者投身于数字化领域的建设和创新，以满足不断变化的顾客消费习惯。例如，开发餐厅的App、小程序，使顾客可以更加方便快捷地下单、支付，或是提前下单，顾客到店里的时候，餐厅已经准备好餐食，顾客可以直接食用或者打包带走，这大大节约了顾客等候菜肴的时间。此外，餐厅App、小程序中的积分、特别礼物、优惠券等功能，也非常受顾客欢迎。

二、餐饮企业的类型

餐饮企业类型是餐饮经营、投资决策的重要因素。餐饮企业的类型日趋多样化，不同类型的餐饮企业在经营管理上各具特点。常见的餐饮企业类型主要有以下几种。

（一）商业综合性餐饮企业

商业综合性餐饮企业多指酒店中的餐厅，突出特点是酒店经营不仅包括餐饮，还包括住宿、娱乐、康体健身等多种项目，体现了服务的综合性特点。

（二）商业单纯性餐饮企业

1. 连锁餐饮企业

连锁餐饮企业指拥有2家以上的直营店之后，用连锁的方式进行市场拓展的餐饮企业。一般可分为中式与西式。中式有永和大王、真功夫、大娘水饺等；西式有肯德基、麦当劳、必胜客等。

2. 风味、主题餐饮企业

风味、主题餐饮企业主要经营具有地方特色或民族特色的菜品，并以特定风味来吸引目标顾客。风味餐饮企业可分为经营风味菜系、经营风味菜肴、经营地方或民族风味小吃等类，具有明显的地域性，强调菜品的正宗、地道；主题餐饮企业是通过特殊环境布置、特殊装饰或娱乐安排等，全方位创造出具有特定文化主题的餐饮企业。它为顾客提供一种整体感觉，而不单纯是餐饮，更强调一种文化的氛围。

3. 外卖餐饮企业

随着餐饮外卖行业的发展，市面上出现了一种不做堂食，只提供网络餐饮服务的餐饮店，业内称之为"外卖厨房"。外卖餐饮企业是新生事物，通常规模小、变化快、制作快。这类企业有时会在备餐场所安装摄像头等监控设备，通过互联网，让消费者和监管人员可以在线上对加工现场、制作过程进行观看和监督，这在很大程度上消除了顾客在制作是否卫生、食材是否新鲜等方面的顾虑。

（三）非商业性餐饮服务企业

除了商业性餐饮企业外，还有很多不是单纯以营利为目的的服务性餐饮企业，如医院的食堂、学校的食堂、普通公司的员工餐厅等。

三、多样化的餐饮生产

餐饮业经营不同于其他行业，餐饮产品生产与其他产品生产相比，有其自身的特点。

（一）生产过程短，具有即时性与及时性的特点

餐饮产品生产是通过对食品原材料的加工、切配、烹调制作来完成的。餐饮生产的过程短，随产随销。即时性是指生产的速度快；及时性是指在顾客点菜后立即生产，即最大限度地缩短顾客的等候时间。制作一份产品往往只需要几分钟或十几分钟，即使是一次宴会所需全部产品的生产时间也不会超过几个小时。产品烹饪完成后，必须马上销售，否则菜品的色、香、味、形、温度等都将受到影响，从而大大降低顾客的满意度。

（二）品种多，批量小，技术要求高

餐饮产品具有各种不同的风味，在长期的发展历史中又形成各种菜系和派别，如中餐有川菜、鲁菜、粤菜、淮扬菜等菜系，每一种菜系又能烹饪出成百上千种菜肴。就一个具体的餐厅而言，菜单上一般要包括几十种品种。随着季节和顾客需求的变化，这些品种也不断调整。

餐饮产品生产属于个别的订制生产，每个品种每次生产的份数也比较少，事实上餐饮产品生产是一个多品种、小批量的生产管理过程。餐饮生产是等顾客上门之后，根据顾客需求烹调所需的成品，与一般企业依照规格大批量、标准化生产产品的方法是完全不同的，这就给餐饮产品的质量管理和统一标准带来了一定的难度。

从技术要求的角度来看，餐厅的每一个品种的主料、配料、调味料和烹制方法各有不同，产品的质量取决于厨房的硬件设施和厨师的技艺水平。因此，餐厅管理必须合理选择经营风味和菜色品种，加强技术力量的培训，发扬优良传统，树立应变思想和竞争观念，坚持继承和发展相结合，扬长避短，推陈出新，合理安排和适时调整菜肴品种，烹制独具特色的风味菜品，创建自己的经营品牌。

（三）生产原料构成复杂，管理控制难度较大

餐厅的食品原料品种繁多，在生产过程中，各种原料的择洗、处理、切配方法和配制比例各不相同，原料耗损程度差别很大，它们在不同的餐饮品种中既可作为主料，也可作为配料或调料。

此外，生产原料要经过采购、贮藏、领料、发料、粗加工、切配等过程，容易发生腐烂、丢失、耗损、报废等现象，使原料不易管理。

（四）生产原料易变质，产品具有不可储存性

餐厅的生产原料种类繁多，而且很多属于鲜活原料，具有很强的时间性，一旦保存处理不当，就很容易腐烂变质，不仅严重影响产品质量，而且会使餐饮成本增加。餐厅的生产特点非常鲜明，生产技艺比较复杂，顾客对服务的要求较高，这对餐厅原料的配备、贮藏、使用等提出了较高的要求，餐厅必须严格管理生产原料及产品，否则很容易造成原料的大量浪费，增加实际成本。

（五）智能科技代替人工比例加大

人工智能系统和设备的应用，给餐厅带来了更多的科技感，在解决传统餐饮行业营养均衡的问题上具有明显的优势，不仅可以提高餐厅的工作效率，还可以减少餐厅的人力成

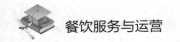

本，是未来餐饮业发展的趋势。

四、追求惊喜的餐饮服务

顾客认为在餐厅享受到的一切，都是他们应该得到的东西。除非顾客有意外的收获，也就是说顾客在付出金钱购买服务与享受时，超出顾客的期望标准，才能感到惊喜。管理专家说："顾客没有不满意，就等于不满意。"顾客如果对餐厅出售的服务没有较大的认同，就会"见异思迁"，当有其他消费选择的时候，便会离去，到顾客期望最值得消费的地方。久而久之，顾客就会越来越少。

（一）服务态度的价值性

在餐饮服务中，"态度"是一种服务因素，它本身具有价值，同时也为餐厅带来效益。微笑是服务态度的重要组成部分，也是积极态度的表现形式，因而备受餐饮管理者的重视。微笑作为无言的服务，可以有效引导顾客的积极情绪。在服务中，微笑是必不可少的情感交流，是服务人员内心情感的表露，也是一种服务的表现方式。

（二）服务对象的广泛性

餐饮企业的顾客来自不同国家、地区和民族，由于不同的顾客处于不同的社会文化背景之中，有着不同的道德意识和道德规范，顾客的社会文化、风俗、习惯、禁忌以及个人特性等方面的差异，使餐饮服务的标准及其适用性表现出不同的特征和特殊的行为规范，以适应不同顾客的需求。

（三）服务标准的相对性

我国餐饮服务的形成与发展经历了一个漫长的过程，它与人民生活、社会环境、外来文化、顾客需求等都有着密切的关系。我国目前餐饮服务规范是中西餐饮服务的融合。因此，餐饮服务既有已经形成的方式和标准，同时又在不断发展变化之中，特别是西餐服务方式不断渗透于中餐服务之中，所以我国的餐饮服务又具有相对性。

（四）餐饮服务的时空性

餐饮服务的时空性是指在一定时间和空间内为顾客提供服务。时间问题涉及营业时间、特定时间内顾客的人数和需求，由此还涉及上菜的时间、座位安排、顾客就餐时间长短等一系列问题。时间性往往还指餐饮产品即时生产、即时销售的特点。

（五）餐饮服务的统一性

餐饮服务的统一性是指餐饮服务是直接服务与间接服务的统一，使前台服务对顾客的照顾与接待、后台食品的制作、卫生与安全等相统一。顾客一般到某餐厅就餐往往含有信赖的因素。餐厅则应本着对顾客负责的原则，把前台与后台操作有机地统一起来。

（六）餐饮服务的差异性

餐饮服务的差异性是指同一餐厅的餐饮部提供的服务存在差异，主要反映在以下三个方面。

第一，餐饮服务人员由于受到年龄、性别、性格、受教育程度、培训程度及工作经历等不同条件限制，为顾客提供的服务也不尽相同。

第二，同一名服务人员在不同的场合、不同的时间和不同的情绪下，其服务方式、服务态度等也会出现一定的差异。

第三，顾客的差异性导致不同的顾客对同样服务的评价不同。

（七）餐饮服务的数字化

随着大数据时代的到来，餐饮服务呈现数字化趋势。通过大数据分析，店内服务人员可以快速读取每位顾客的消费习惯和用餐习惯，针对性地提供顾客需要的更高水准的服务。通过数据管理，餐厅可以实现从备料、清理库存，到销售数据分析等各方面的高效管理，实现营销的动态优化。餐厅菜单可从之前几个月优化一次，到未来每小时优化一次，对每位顾客进行菜品个性化推荐，这都是数字化带来的餐厅服务转化与提升。

任务实施

小艾和魏铭一起进行餐饮创业分析。

步骤一：分析现阶段我国餐饮概况。

民以食为天，中国是餐饮大国，拥有丰富的食材资源、广阔的消费市场和良好的文化基础……餐饮市场细分不断深化，各类业态快速发展，呈现国际化趋势，中餐、西餐、快餐、火锅、休闲餐饮、主题餐饮等快速发展。了解这些对于自己的项目非常重要，同时也能体现出创业者良好的大局意识。

步骤二：看到餐饮市场的局限性。

比如在多元化饮食格局转变下，快餐外卖细分市场异军突起，而西式快餐并不符合国人传统饮食需求的观念，同时价格也决定西式快餐大众化发展的局限性，另外，快餐作坊式加工乱象仍然严重。这些对机遇和挑战的分析，都能成为自己商业计划书的亮点。

步骤三：清楚餐饮项目必要性及特色。

比如基于快餐市场的局限性，经营计划中需要提出符合国人快餐营养需求的新理念，以及坚持以直营连锁形式＋标准化生产＋中央厨房配送等方式提供高质量产品及服务，这些都是当今餐饮业发展的主流方向。

步骤四：拟经营项目对餐饮业发展的促进作用。

拟经营项目计划要着重强化餐饮业管理、加快传统餐饮业向现代餐饮业的转变步伐进行具体分析，任何一个餐厅，只要把握好了行业大趋势，就能顺势而为，有取得成功的可能。这样的分析既能给予投资人信心，也能让创业者自己心里有数。

能力训练

认知餐饮行业

训练目标：通过训练，使学生深入了解餐饮行业。

训练方式：以小组为单位完成任务。

训练内容：讲述你了解的餐饮行业，学生轮流在组内讲解，然后推选出本组代表去其他小组讲解。

训练步骤：学生自由分组→按人数编好序号→依次在本组内讲解→推选本小组最优秀的成员→去其他小组讲解（抽签决定去哪组）→撰写实训报告。

训练要求：内容全面，知识完整，语言流利。

任务二　了解数字化餐厅

任务描述

通过和小艾的交流，魏铭初步了解了餐饮行业，但是对于具体开一家什么样的餐厅还是很模糊，紧接着他又向小艾请教餐厅方面的知识，小艾捋了一下思绪，决定先从人们眼中的餐厅开始讲起。

任务分析

魏铭对于开一家什么样的餐厅比较迷茫，因此，小艾要让魏铭了解餐厅的概念、餐厅的使命、餐厅的类型，帮助魏铭明确选择一种适合经营的餐厅类型。

知识储备

餐厅是让顾客购买及享用烹调好的食物及饮料的地方。餐厅一词涵盖了处于不同地点及提供不同烹调风格的饮食场所。随着我国经济及旅游业不断发展，人民生活水平不断提高，城市人口不断增多，餐饮业也在不断发展、完善、壮大。在未来一段时间内，餐厅市场发展潜力依然巨大，但同时也面临着"适者生存"的考验与竞争。因此，餐厅要加快发展的脚步，跟上数字化转型的步伐。餐厅作为餐饮服务的一种载体，不仅要提高自己的硬件设施，研制特色菜肴，而且还要重视人性化管理和数字化服务。

一、数字化餐厅的概念

数字化餐厅是指可以提供数字化、智能化服务的餐厅，通常是搭载了数字影像技术，集声、光、电于一体的创意视觉体验的全息数字餐厅。

二、餐厅的使命

（一）营造良好的就餐环境和就餐氛围

餐厅的消费环境往往对顾客的消费情绪产生某种影响。这种影响主导了顾客对餐饮产品的选择，要么提高顾客购买的可能性，要么降低顾客购买的可能性。归结起来，环境主要会对营销产生以下三方面的影响。

1. 能够引起顾客的注意和好奇

现在一些餐厅会推出主题餐厅，通过一些文化元素的结合来形成一种特定的文化氛围。这种特定的文化氛围往往能够勾起顾客的好奇心，引起顾客的注意。

2. 向顾客传递某种信息

环境气氛能够向顾客传递某种信息。这种信息可能是多方面的，它既可能是产品消费方面的信息，也可能是文化元素方面的信息，还可能是其他消费方面的信息，总之，环境气氛的营造会对消费者的餐饮消费活动产生影响。

3. 创造某种感觉

气氛能够创造某种感觉。现在的顾客到餐厅吃饭，是为了追求某种特殊的经历，这种经历的最终结果是一种感觉。这种感觉大多数是一种心理体验和心理表现。

（二）按照一定的规格和标准满足顾客美食需要

餐厅服务是指餐厅服务人员对顾客的一种服务。作为前台服务的餐厅，直接对顾客服务，其服务水平的高低，一方面影响着顾客的饮食效果，另一方面影响着餐厅的声誉。即使后台工作人员的烹饪水平很高，制作的饭菜相当可口，若前台服务不热情、不周到、丢三落四，甚至对顾客冷言冷语，顾客也是不会满意的。因此，做好餐厅服务工作，按照一定的规格和标准，用娴熟的服务技能及时对顾客供餐，满足顾客美食需要，具有十分重要的意义。

（三）推销餐饮产品

餐厅管理人员要根据餐厅的特色、主题、产品的特点制订产品推销方案，按照具体经营状况选择并充分利用不同的推销形式来帮助餐厅实现经营目标。

（四）弘扬中华民族的饮食文化

餐厅应坚持以弘扬中华民族饮食文化为己任，积极将中国博大精深、历史悠久的中华饮食文化传播到世界各地，将来自五湖四海的特色口味，源源不断端上消费者的餐桌，成为向世界消费者展示中国饮食文化的重要窗口。

思政小课堂：餐厅需要爱岗敬业的员工

（五）创新经营方式，紧跟时代前沿

在当前的数字化时代，随着科技的进步和经营理念的更新，越来越多的餐饮企业开始思考如何跳出传统框架，改善顾客体验，增强自身竞争力。通过创新，餐饮企业不仅可以降低成本，而且可以为顾客提供更好的服务，进而在使顾客得到满足的同时，获得更高的经营收入。因此，餐厅要顺应时代创新经营方式，紧跟餐饮业的发展前沿。

三、餐厅的类型

（一）国外常见餐厅类型

1. 以服务方式分类

（1）豪华餐厅。豪华餐厅建筑装潢豪华奢侈，就餐气氛高雅浪漫，菜单设计精美考究；菜肴由具有高技术水平的营养师和大厨亲手配制烹调，价格高昂；卫生设施高档齐全；配备训练有素、服务技术全面、敬业精神强的资深服务人员；名酿贮存丰富。现今，豪华餐厅的规模趋向小型化。

（2）餐桌服务型餐厅。餐桌服务型餐厅各具特色，建筑装潢上乘，就餐环境舒适，卫生状况优良，菜单内容丰富，菜肴口味体现时尚，价格适中，烹饪技术全面，餐饮服务规格化、标准化、程序化；餐厅在经营管理上，注重宣传促销，以提高座位周转率和回头率；主要客源市场以团体、商务顾客为主。

（3）柜台型餐厅。柜台型餐厅厨房向外开放，采取全透明式操作。在厨房四周设有餐台和餐椅，顾客能亲眼看见厨师制作菜肴的全过程，而忽略上菜的等待时间。

（4）自助式餐厅。自助式餐厅有以下两种形式。第一种形式是自助餐厅，该类餐厅常将菜品和餐具按用餐顺序分类摆放在布置装饰精美、台形设计考究的自助餐餐台上，由顾客自取餐具，自行挑选自己喜爱的菜品，并划分就餐区域。第二种形式是点菜式自助餐厅，类似于快餐厅，大部分菜品在顾客点菜后烹制。菜肴价格较低，采取无菜单式经营，顾客共用餐桌，自助用餐，空间紧凑，客流量大。我国目前在餐饮市场上异军突起的餐饮超市，其实质就是一种点菜式自助餐厅。

2. 以供应时间分类

国外餐厅按时间又分为：早餐餐厅，午餐餐厅，晚餐餐厅，宵夜餐厅，早、午茶餐厅，早、午餐餐厅。

（二）我国常见餐厅类型

1. 中餐厅

中餐厅（图1-1）通常是我国饭店的主要形式，是饭店餐饮部门主要的销售服务场所。我国的星级饭店一般会设置一个到几个不同风味的中餐厅，主营粤、川、苏、鲁、湘、徽、闽、京、沪等菜系，向顾客提供不同规格档次的重点服务和宴会服务。中餐厅除了向顾客提供中式菜点外，其环境气氛和服务方式也均能体现中华民族文化和历史传统特色。

图1-1　中餐厅

2. 西餐厅

西餐厅（图1-2）多以经营法、意、德、美、俄式菜系为主，同时兼容并蓄，博采众长，可以说是西方饮食文明的一个缩影，其中又以高档法式餐厅（扒房）最为典型。扒房具备了豪华餐厅的一些基本特征，是饭店为体现自己餐饮菜肴与服务水准，满足高消费顾客需求，以增加经济收入而开设的高档西餐厅，它是豪华大饭店的象征。扒房以法式大餐为菜品核心，美食佳酿，相映生辉，烹饪技术水平高超精湛，擅长客前烹制，以渲染饮食气氛。

图 1-2 西餐厅

3. 咖啡厅

咖啡厅（图1-3）是小型的西餐厅，在国外被称为简便餐厅，主要经营咖啡、酒类饮料、甜品点心、小吃、时尚美食等。咖啡厅营业时间长，一般24小时全天候营业，服务快捷，并以适中的价格面向大众经营。

图 1-3 咖啡厅

4. 自助餐厅

我国四星级、五星级饭店一般都设有自助餐厅（图1-4），一日三餐以经营自助餐为主，零点为辅。这类自助餐厅的餐台通常是固定的，装饰精美，极具艺术渲染力，配以调光射灯，使菜点更具美感和质感，从而增进人的食欲。自助餐厅中西菜点丰富，装盘注重装饰，盛器注重个性，摆放注重层次。自助餐厅也是饭店举办美食节的主要场所，在周日常举办香槟午餐。

图 1-4　自助餐厅

5. 大型宴会厅和多功能厅

大型宴会厅（图 1-5）和多功能厅是宴会部的重要组成部分，是宴会部经营活动的重要场所。通常以一个大厅为主，周围还有数个不同风格的小厅，与之相通或相对独立，一般可用隐蔽式的活动板，根据客户的要求，调节其大小。这一类宴会厅是多功能的，活动舞台、视听同步翻译、会议设备、灯光音响设备等应有尽有，为宴会部经营各种大型餐饮活动、会议、展览、文娱演出等提供了良好的条件。

图 1-5　大型宴会厅

6. 特色餐厅

特色餐厅主题鲜明，有一定的社会性。它以特定的历史阶段为背景，依照一定的文化传统、历史沿革、风俗时尚来体现古今中外餐饮文化的无穷魅力。它涉及不同时期、国家和地域的历史人物、文化艺术、风土人情、宗教信仰、生活方式等，以特定的菜系或美食为主题是该类餐厅的经营特色。

7. 全息数字化餐厅

在快消时代，内容决定时间，时间决定消费。全息数字化餐厅的沉浸式体验，已成为餐饮行业流量争夺战的关键竞争力。全息科技对餐饮业的作用不只是风格改造那么简单。餐厅以服务顾客的感官为首，主要条件是菜品口味纯正、创意新颖，其次是将顾客的注意力从单纯的味觉体验发展到其他感官乃至心理层面。沉浸式的空间投影、软装、灯光设计等，对追求新潮时尚的顾客来说，使餐饮活动获得了更全面的体验感与满足感，满足了顾客的多样化需求。融合多媒体、数字技术、互动展示、全息投影的创意数字餐厅，是创意和科技相结合开发的全新餐厅模式，能帮助更多餐饮企业抢占市场份额，打造独特的、高人气的主题餐厅。

任务实施

分析主题餐厅的定位设计思路。

主题餐厅的主题规划是全体规划的灵魂，主题是规划定位和规划内容表现的第一要素，是一个文化的诉求。空间艺术的主题性不只创造了精神财富，还能引导和改变大家的审美观念，提高规划文化档次，让大家在就餐的过程中得到一种精神愉悦与提高。

步骤一：分析复古主题餐厅。

复古主题餐厅是以寻古复古为主题的餐厅。寻古复古是餐饮空间规划中经常运用的主题，对浓郁的前史文明特征进行挖掘，再现前史风韵，赋予饮食空间极强的生命力和感染力。以独特的风格突破了室内空间的泥古不化，青灰色石板铺设的地上，拾阶而上后就是曲折的廊道。粗藤细竹编制的桌椅，淡色的天然材质，无穷的古树与绿荫，原石垒出的溪流挨近苏南郊野的村庄风景，环境营造出神清气爽与恍然大悟的感触，古式宫灯不止精美异常，灯光更添不少雅趣。

步骤二：分析田园主题餐厅。

田园主题餐厅是以田园农舍为主题的餐厅。人们的生活压力越来越大，环境回归天然是一种时代潮流，以田园农舍为主题进行规划的酒楼餐厅受到期待。比如在空间外观进行植物装修，大厅内环绕曲折的小水道，楼顶灯具规划成玉米图画，墙上陈设草帽、马灯等物品，窗棂打开，和风吹过，给人一种郊野的滋味。规划师将天然的木、竹、藤、麻作为规划主材，合作禄科木、压模混凝土等现代科技的产品，两者结合相得益彰。有别于一般性临景修建会出现的房、景割裂的问题，田园主题餐厅做到了景中有房、房中有景、房中有景、景中有景的融合，突出了以天然为主题的特征。

步骤三：分析文艺主题餐厅。

文艺主题餐厅是以文艺作品为主题的餐厅。越来越多的餐饮经营者意识到，高档次、高层次的文明底蕴是餐厅安身的根底。因而，餐饮业逐步形成了"文明兴店"的运营理念。如很多酒楼、餐厅以文学名著为蓝本，做了很多文学名著背景修饰。大厅以旧色为基调，铺上古代地砖，木质的餐桌椅，餐桌上铺上深色的餐布等，这些装修元素都在营造文学名著的主题。一味地表现古文明，将会略显烦闷，规划师又选用现代的装修材料和谐调配：天然的石材与极具现代感的金属材料、天然的墙面纹路与精美的艺术玻璃、原木的雕琢与现代的水晶珠帘等，在表现古代文明的同时，又具有时代感。

步骤四：分析地域风俗主题餐厅。

地域风俗主题餐厅是以地域风俗为主题的餐厅。依据地域风俗进行主题装修规划的饮食场所较多。在中国广阔的地域空间内，北方有以土炕、土墙、狗皮帽子为主题装修的东北乡村风格的饮食空间规划，南方有以椰子、海洋等为主题的热带风情规划，西边有以黄玉米、大辣椒等为主题的装修元素规划，东边有老上海风情元素规划。以地域风俗为主题的空间规划把如今人们回忆中、留在人们性格里的厚重文明通过装修规划，用现代方法回忆了往昔的美好时光。

能力训练

了解餐厅

训练目标：通过训练，使学生深入了解餐厅。

训练方式：以小组为单位完成任务。

训练内容：近年来，越来越多的个性化主题餐厅作为一股新势力在餐饮界崛起。它们让顾客在就餐之余，体会到一种独特的文化氛围，也让"吃"这一单纯的行为演变成为一种文化消费。然而，这些餐厅投资成本低、利润高的优势吸引了大批业内业外人士纷纷投资，致使主题餐厅初现峥嵘之时就出现了诸多问题：菜品从主角沦为配角、主题不鲜明，环境不突出、不选或误选宣传方式、定位不准，主题不当等。结合餐饮市场前沿，从酒店经营视角分析餐厅的主题如何迎合顾客的需求。

训练步骤：学生自由分组→写出需要查阅的资料目录→任务分解→资料整合→制作成PPT→小组派代表在班级汇报→撰写实训报告。

训练要求：内容全面，创新独特，PPT制作精美，汇报语言流利。

项目小结

餐饮业是一个古老而又充满活力且具有现代气息的行业。饮食是一种文化，它反映出种种智慧和文明。中国的饮食文化源远流长，各地不同的食风，风格迥异的各地特色菜点，以及由来已久的食宿和饮食礼仪等，交织成多姿多彩的饮食文化中的缤纷天地。本项目主要介绍了现代人对餐饮的需求、餐饮企业的类型、餐厅的概念、餐厅的使命和类型等。餐饮从业人员了解这些基本知识具有极其重要的意义。

项目训练

一、单选题

1. 餐饮业是利用餐饮设施为顾客提供（　　）的生产经营性行业。
   A. 食品和饮料　　　　　　　　　B. 虚拟产品和服务
   C. 餐饮实物产品和餐饮服务　　　D. 场所和饮食

2. 关于服务说法不正确的一项是（　　）。
   A. 真正的服务是针对顾客的需求精心设计的
   B. 有顾客需要才有服务
   C. 服务要关注顾客满意度
   D. 服务无须设计

3. 下列不属于商业单纯性餐饮企业的是（　　）。
   A. 肯德基　　　　　　　　　　　B. 麦当劳
   C. 张亮麻辣烫　　　　　　　　　D. 香格里拉酒店食堂

4. 餐饮产品生产是通过对食品原材料的（　　）、烹调制作来完成的。
   A. 加工、切配　　B. 点菜、服务　　C. 加工、点菜　　D. 切配、分割

5. 关于餐饮产品的说法，不正确的一项是（　　）。
   A. 餐饮产品有不同的风味　　　　　B. 餐饮产品有各种菜系
   C. 餐饮产品有不同的派别　　　　　D. 餐饮产品风格单一
6. 顾客的（　　），导致不同的顾客对同样服务的评价不同。
   A. 性格　　　　B. 爱好　　　　C. 差异性　　　　D. 地域性
7. 下列不属于餐厅必备条件的一项是（　　）。
   A. 有一定的场所　　　　　　　　　B. 为顾客提供菜肴、饮品和服务
   C. 以营利为目的　　　　　　　　　D. 提供 Wi-Fi
8. 餐厅的消费环境，往往对消费者的消费情绪产生（　　）影响。
   A. 好的　　　　B. 不好的　　　　C. 某种　　　　D. 愉悦的
9. 有关餐厅使命，不正确的一项是（　　）。
   A. 营造良好的就餐氛围　　　　　　B. 按规格和标准满足顾客美食需要
   C. 弘扬中华民族的饮食文化　　　　D. 提供外卖服务

二、判断题

1. 由于在不同的地区、不同的文化下，不同的人群饮食习惯、口味的不同，因此，全国各地的餐饮表现出单一化的特点。（　　）
2. 现代社会的消费者，在进行消费时往往带有许多感性的成分，容易受到环境氛围的影响。（　　）
3. 餐饮企业的类型日趋多样化和专门化，已形成了餐饮种类繁多、丰富多彩的局面。（　　）
4. 餐厅是通过出售虚拟产品、菜肴来满足顾客饮食需求的场所。（　　）
5. 零点餐厅的主要任务是接待零散顾客就餐。（　　）
6. 餐厅的生产原料种类繁多，而且很多属于鲜活原料，具有很强的时间性。（　　）
7. 在餐饮服务中，"态度"是一种服务因素，它本身具有价值，同时也为餐厅带来效益。（　　）
8. 餐饮服务的差异性是指同一餐厅的餐饮部提供的服务存在差异。（　　）
9. 同一名服务人员在不同的场合、不同的时间和不同的情绪中，其服务方式、服务态度等也会出现一定的差异。（　　）
10. 餐厅的环境气氛对顾客没有影响。（　　）

三、案例分析题

主题餐厅——黑暗餐厅

位于成都纱帽街附近的成都首家黑暗餐厅——勒托黑暗餐厅悄然关门停业，这离其正式开业还不到 100 天。

现场：人去楼空

上午 11 时，记者来到纱帽街附近的美食广场，沿着楼梯上的标志，找到了位于二楼的"勒托黑暗餐厅"（以下简称"黑暗餐厅"）。昔日热闹非凡的店堂已人去楼空，近 700 平方米的营业厅里只有几张椅子，一根铁链和一把铁锁将店堂玻璃门紧紧锁住，门上贴着两张封条，旁边商铺的店员对记者说："交不起房租，关门了！"

往昔：顾客盈门

尽管现在"黑暗餐厅"一片惨淡，可在三个月前却是人头攒动，热闹非凡。早在两个月前就离开"黑暗餐厅"的服务员郑某对当时的盛况记忆犹新，据她回忆，刚开业时，红底黑字的"黑暗餐厅"醒目招贴画，几乎在一夜之间贴满了成都大街小巷，在媒体上的广告也是铺天盖地。而立在纱帽街与东大街交叉路口上的大型灯箱广告"奇特享受黑暗餐厅"，更是牵动了众多行人的视线，"黑暗餐厅"由此一炮打响。

为制造人气，"黑暗餐厅"还在成都各美食论坛上发帖，对团队顾客给出了6折优惠。一位老员工回忆当时盛况说，里面有上百人甩开膀子吃喝，外面还有成群的人在焦急地排队翘首以盼，那是多么壮观的场面啊！"我们提前一天预订还等不到位置。"一位名为"X-MAN"的网友说，仅在他身边就有好几个朋友为了能到"黑暗餐厅"吃上饭，提前3天就开始订位了。

缘由：菜品单一

应该说，"黑暗餐厅"早期获得了巨大成功，但是是什么原因让它走向失败呢？记者与曾经担任过"黑暗餐厅"管理人员的人聊天时，他们几乎都将责任归结到菜品的单一上："菜品单一和质量下降，是导致黑暗餐厅关门的直接原因。"

据曾供职于"黑暗餐厅"的人员称，开业初期，菜品有10多种，考虑到所有进餐者都是在黑暗的环境中吃东西，所以菜品基本上是以冷餐为主,定价为50元/位。低廉的价格，新颖的就餐形式，很快就吸引了众多的年轻人前来就餐。但是时间一长，在"尝鲜"的快感过后，餐厅没有继续推出更新鲜的菜品和新的方式，延续一段时间后，老顾客失去了兴趣，新顾客没有接上，餐厅就慢慢地衰落下去，直到最后竟交不起房租，只好关门。

问题：

1. 分析这家黑暗餐厅存在的问题。
2. 为什么顾客很快就失去了兴趣？
3. 如果这家餐厅重新开业，请为这家餐厅提出整改方案。

四、体验练习题

参观三家不同类型的餐饮企业，了解这三家餐饮企业的类型，经营的菜式、主题风格及用餐环境，想一想，你最喜欢哪家餐饮企业，为什么？

学习评价

筹备一家有特色的餐厅

学习目标

【知识目标】

1. 了解餐饮市场调研的概念。
2. 掌握餐饮市场调研的内容。
3. 掌握餐饮市场调研的步骤。
4. 明确餐厅选址考虑的主要因素。
5. 掌握餐厅选址的技巧。
6. 理解餐厅选址的原则。

【能力目标】

1. 能根据市场调研的内容和步骤对餐饮企业进行详细的市场调研。
2. 能结合餐厅选址考虑的因素和原则,为餐厅选取合适的地址。
3. 能针对餐厅筹备的前期准备工作等内容做好餐厅筹备工作。

【素质目标】

1. 培养分析问题和解决问题的能力。
2. 培养团队协作能力。
3. 培养科学计算和精益求精的意识。

【课程思政】

1. 具备创新精神和开拓进取精神。
2. 培养对行业的热爱之情。

餐饮服务与运营

学习导图

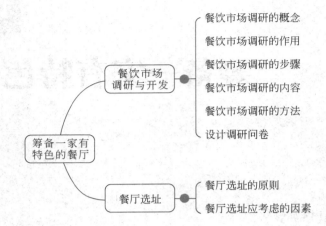

任务一　餐饮市场调研与开发

任务描述

魏铭在小艾的帮助下,已经对餐饮行业状况有了基本的认知,大致熟悉了餐饮企业的基本工作任务、业务特点和工作要求等。对于即将要筹备开业的餐厅,面对的顾客类型、餐厅的经营特色、选址、人均消费和主要菜式品种等,都一筹莫展。要想确定好以上因素,必须进行详细而周密的市场调研,依据科学合理的数据分析,才能做出正确的决定。

任务分析

魏铭还是不熟悉餐饮市场调研及选址方面的业务,于是又找到了大学同学小艾,请小艾帮助进行市场调研。

知识储备

餐饮企业在销售自己的产品和服务之前,要了解餐饮市场和顾客的心理需求,对顾客的风俗习惯、生活忌讳、口味喜好有所了解,以便有针对性地推荐一些适合顾客心理需求的产品和服务。因此,餐厅要通过各种形式的营销,让消费者知道某餐厅的存在,知道其提供的产品和服务,提高顾客对其形象和内容的认知程度;餐厅要着重宣传自己的菜肴质量、价值、绩效和其他优点项目,提高餐厅的美誉度,增强行业竞争力;餐厅通过各种营销活动让顾客光顾并成为回头客,为其赢得经济效益和社会效益。面对激烈的市场竞争和日益变化的消费者需求,餐饮企业必须树立市场营销观念,成为竞技场上的胜利者。

一、餐饮市场调研的概念

餐饮市场调研即运用科学的方法和手段，有目的地针对餐饮市场需求的数量、结构特征等信息以及变化趋势所进行的调查与研究。

该定义充分表明餐饮市场的调研必须采用科学的方法和手段，包括资料收集方法、资料整理方法和分析方法的科学性和实践的有效性，以确保调研结果的客观性和可靠性。同时也应充分认识到餐饮市场调研的目的性。任何调研本身不是目的，而是围绕一定的调研目的进行的。

二、餐饮市场调研的作用

（一）能认识顾客，了解顾客需求

通过市场调研，企业可以详细了解市场可能的变化趋势以及顾客潜在的购买动机和需求，有助于识别市场机会，为企业提供发展新契机。

（二）能准确把握竞争对手情况

通过市场调研，企业能够比较详细地掌握本区域内主要竞争对手的情况。如竞争对手的数量、类型、经营现状、对方的竞争优势和劣势、风格特色等。知己知彼才能百战不殆，掌握竞争对手的情况有利于企业制定下一步的经营决策。

（三）能正确认知经营环境

企业经营面临的市场环境变化日新月异，变化巨大。市场环境发生变化的原因很多，包括产品、价格、分销、广告、推销等市场因素和有关政治、经济、文化、地理条件等市场环境因素。这两类因素往往又是相互联系和相互影响的，而且不断地发生变化。

三、餐饮市场调研的步骤

一个完整的餐饮市场调研活动主要包括以下步骤。

（一）确定调查的目的和要求

根据市场调查的目标，在调查计划中列出市场调查的具体目的和要求。例如，这次市场调查的目的是了解消费者对某一产品的购买行为和消费偏好。

（二）明确调查对象

市场调查的目标通常是使用产品的消费者群体。调查对象要关注主要消费群体。例如，在餐饮方面，如果餐厅的业务对象是白领，那么调查对象主要选择白领；如果餐厅的经营定位是学生，那么调查对象主要选择学生。

（三）完善调查内容

调查内容是收集数据的基础，为调查目标的实现服务。具体的调查内容可以根据市场调查的目的来确定。例如，在调查消费者的饮食习惯时，可以从消费者的主要消费类型、菜系的选择、外出就餐的频率等方面列出具体的调查项目。调查内容的确定要全面、具体、清晰、简洁，避免涵盖各个方面，内容太多、太烦琐，避免包含与调查目的无关的内容。

（四）圈定调查的范围

调查区域的范围应与餐饮经营范围一致。在一个城市做市场调查时，调查的范围应该是整个城市。但是由于样本有限，调查范围不可能在城市的每个地方，通常根据全市人口的分布，主要考虑收入、文化程度、人口特征和其他因素，在城市中划定若干个小范围调查区域，划分的原则是使各区域内的综合情况与城市分布的全局一致，总样本的比例分配到每个区域，在各个区域进行访谈调查。这样可以相对缩小调查范围，减少实地考察的工作量，提高调查工作的效率，降低成本。

（五）抽取调查样本

调查样本应从调查对象中选取。由于调查对象的分布范围比较广，需要制定抽样方案，以保证所选样本能够反映整体情况。抽取的样品数量可以根据市场调研的准确性来确定。市场调研结果的准确性越高，抽取的样本就越多，但调查成本也就越高。一般情况下，可以根据使用的市场调研结果来确定合适的样品数量。

（六）资料搜集与数据整理

在市场研究中，常用的数据收集方法有调查法、观察法和实验法。一般来说，前一种方法适合描述性研究，后两种方法适合探索性研究。企业在进行市场调查时，调查法较为常见，调查法可分为访谈法、电话调查法、邮件调查法、留置法等。

四、餐饮市场调研的内容

（一）经济环境调研

经济环境调研包括社会经济制度、经济发展水平、产业结构、劳动力结构、物资源状况、消费水平、消费结构等。

（二）自然地理环境调研

自然地理环境调研包括酒店所处位置的气候特征、地貌特征、自然环境等。

（三）周边商业群体的调研

周边商业群体的调研包括单位名称、经济性质、人数、经营状况、用餐消费需求状况。

（四）对竞争状况的调研

（1）现有餐厅的顾客的数量、顾客的回头率、顾客的地区分布情况、顾客的消费习惯、嗜好和消费方式、顾客的收入情况及餐饮支付来源、消费动机、餐饮消费的档次和数量、顾客的口味特征、潜在的顾客群体。

（2）竞争对手的数量及其人、财、物和经营管理水平。

（3）竞争对手的地理位置、周边环境和顾客群。

（4）竞争对手所采取的价格策略、销售方式和手段。

（5）竞争对手的市场占有率和市场覆盖率。

（6）竞争对手的发展战略和目标，菜肴的特色及所属地方风味、菜肴的单价、菜肴的促销与受欢迎程度。

（7）竞争对手的环境氛围、企业的文化建设、顾客对该企业的综合评价。

五、餐饮市场调研的方法

（一）询问法

询问法是用询问的方式收集市场信息资料的一种方法，它是调查和分析消费者购买行为和意向的最常用的方法。询问一般是要求被询问者回答有关的具体问题，如对菜肴的口味、价格、服务、质量、上菜速度等方面的意见或建议。询问法又可分为以下几种。

1. 集体问卷法

集体问卷法是运用问卷的形式，选取某一单位或一部分人，每人按问卷要求，在规定的时间内进行回答，由调查者按时回收，进行整理汇总，以取得市场信息。

这种调研方法的优点是接受调查的对象广、调查的范围大，被询问者有较充裕的时间考虑如何回答，费用较少；缺点是问卷的回收率一般较低，而且不适宜调查较为复杂的问题。

2. 访问面谈法

访问面谈法就是调查人员直接访问被调查者，通过面对面的交谈收集市场信息。这种方法的优点是当面交流，不受问卷的约束，比较灵活，可以在交谈中互相发言、互相探讨，容易获得更深层次的信息和资料，并能增进了解，发展与顾客的关系；缺点是费时，调查结果受被调查人员素质的影响。因此，这种调查事先也要拟好提纲，并要驾驭谈话的局面。

3. 台面设计法

台面设计法就是将容易引起顾客不满并带有普遍性的问题设计成问卷，放在餐桌上，让顾客在就餐时主动填写。这种方法是餐饮业中比较常见的。其优点是顾客有意见能随时提出，便于企业随时改正，而不至于造成大的影响。另外，顾客也会有较长的时间用问卷上的问题来观察餐厅，所以，这样收回的意见或建议具有真实性和积极意义。但是，这种调查的缺点是不能主动地让顾客填写，所以回收率低。

4. 电话询问法

电话询问法就是通过电话询问被调查者问题或征求意见。这种方法主要用于对团队顾客的调查，对散客一般不采用这种方法。这种方法的优点是方便、迅速、费用低，缺点是受时间限制而不能询问比较复杂的问题。

（二）观察法

观察法是由调查人员到调查现场直接进行观察的一种调研方法。观察法的优点是运用观察代替当面询问，使被调查者没有意识到自己被调查，从而获得更加客观的第一手资料。另外，对于一些不宜询问的内容可以采取观察法，如餐厅门前的人流量、车流量、就餐人数、每桌的就餐人数等。观察者可以是市场调查人员，也可以是服务人员，还可以借助辅助手段，如摄像机、照相机等。

1. 直接观察法

直接观察法就是由市场调查人员直接到企业处观察市场的消费情况，以取得所需的信息。

2. 实际测定法

实际测定法是对某项市场营销活动的效果进行实际的测定，以取得信息。例如，打折以后的就餐人数、酒水免费以后的翻台率或经营收入的变化情况等。

3. 行为记录法

行为记录法是由调查人员用特定的方法，把被调查者在一定时间内的行为记录下来，再从记录中找出所需的信息资料。例如，消费者点菜的时间、人均菜肴数量、就餐的时间等。

（三）实验法

实验法就是在一定条件下进行小规模的实验，通过观察、询问、分析，了解其发展趋势的一种方法。例如，餐厅将个别菜肴的价格调高或调低，观察或访问消费者的反应，来判断价格变动后对销售量的影响。又如，想新上哪些品种或什么风味，事先也可以在小范围内实验，征求意见，摸清菜式或风味的走向，再决定是否改变。

（四）资料分析法

资料分析法是利用内外部现成资料，运用统计的方法对调查项目进行分析的一种调查方法。这是一种间接的调查方法，它简便易行，节省人力和财力。采用这种方法应尽量将各种所需资料收集齐全，请熟悉业务人员共同分析研究。这种方法还可以弥补直接调查的不足。但是资料分析法所依据的是历史资料，现实正在发生变化的各种因素不在其内，这是其缺点。

资料分析法常用的形式有以下两种。

1. 发展趋势分析

发展趋势分析是将过去的资料积累起来进行分析对比，进行合理的延伸以分析发展的趋势。例如，通过对全国餐饮业近 5 年的年营业收入情况的统计分析，能得到全国餐饮业营业收入的增加或递减的趋势。但这种方法只能强调分析某一变量，至于什么引起的这种变化还要通过别的调查方法获得。

2. 相关分析

为求得某一变量与另一变量之间的关系可以分析正负相关因素。例如，市场的烹调原料的涨跌，势必影响到菜肴的价格。如果菜肴的价格不变，势必影响到毛利率或利润率。又如餐厅门前修路可能会影响餐厅的营业。像这样由一种因素的变化而引起了相关因素的变化的情况，是市场调研中常遇到的问题。

（五）委托法

委托法即委托调查机构进行资料信息收集，再整理出对企业有用的信息，从而决定企业的投资意向、经营策略、定场定位等。特别是现代餐饮企业开拓异地市场一定要进行市场调研，一定要了解当地消费者对企业经营产品的接受程度、文化的认同感、消费者的消费能力、消费习惯等。比如，川菜企业在南方经营发展和在北方经营发展是有很大差异的，南方人不太饮酒，而北方人饮酒，这些决定在菜式开发及菜品毛利率等方面是不相同的。

六、设计调研问卷

（一）问卷设计的概念

在现代市场调查中，应有事先准备好的询问提纲或调查表作为调查的依据，这些文件统称问卷。它系统地记载了所需调查的具体内容，是了解市场信息资料、实现调查目的和任务的一种重要形式。采用问卷进行调查是国际通行的一种调查方式，也是我国近年来推行最快、应用最广的一种调查手段。

问卷设计是根据调查目的，将所需调查的问题具体化，直接获取必要的信息资料，并便于统计分析。由于问卷方式通常是靠被调查者通过问卷间接地向调查者提供资料，所以，作为调查者与被调查者之间中介物的调查问卷，其设计是否科学合理，将直接影响问卷的回收率，影响数据的真实性、实用性。因此，在市场调查中，应对问卷设计给予足够的重视。

（二）问卷设计的格式

一份完整的调查问卷通常包括问卷标题、问卷说明、被调查者基本情况、调查的主题内容、编码、调查者情况等内容。

1. 问卷标题

问卷标题是概括说明调查研究主题，使被调查者对所要回答的问题有一个大致的了解。标题应简明扼要，易于引起回答者的兴趣。如"大学生消费状况调查""我与广告——公众广告意识调查"等。而不要简单采用"问卷调查"这样的标题，它容易引起回答者因不必要的怀疑而拒答。

2. 问卷说明

问卷说明旨在向被调查者说明调查的目的、意义。有些问卷还有填表须知、交表时间、地点及其他事项说明等。问卷说明一般放在问卷开头，通过它可以使被调查者了解调查目的，消除顾虑，并按一定的要求填写问卷。问卷说明既可采取比较简洁、开门见山的方式，也可在问卷说明中进行一定的宣传，以引起调查对象对问卷的重视。

3. 被调查者基本情况

被调查者基本情况是指被调查者的一些主要特征，如在消费者调查中，消费者的性别、年龄、民族、家庭人口、婚姻状况、文化程度、职业、单位、收入、所在地区等。又如，对企业调查中的企业名称、地址、所有制性质、主管部门、职工人数、商品销售额（或产品销售量）等情况。这些项目便于对调查资料进行统计分组、分析。在实际调查中，列入哪些项目，列入多少项目，应根据调查目的、调查要求而定，并非多多益善。

4. 调查的主题内容

调查的主题内容是调查者所要了解的基本内容，也是调查问卷中最重要的部分。它主要是以提问的形式呈现给被调查者，这部分内容设计的好坏直接影响整个调查的价值。主题内容主要包括以下几方面。

（1）对人们的行为进行调查。包括对被调查者本人行为进行了解或通过被调查者了解他人的行为。

（2）对人们的行为后果进行调查。

（3）对人们的态度、意见、感觉、偏好等进行调查。

5. 编码

编码是将问卷中的调查项目变成数字的工作过程，大多数市场调查问卷均需加以编码，以便进行分类整理，便于进行计算机处理和统计分析。所以，在问卷设计时，应确定每一个调查项目的编号和为相应的编码做准备。通常是在每一个调查项目的最左边按顺序编号。如：①您的姓名；②您的职业；……而在调查项目的最右边，根据每一个调查项目允许选择的数目，在其下方划上相应的若干短线，以便编码时填上相应的数字代号。

6. 调查者情况

在调查表的最后，附上调查员的姓名、访问日期、时间等，以明确调查人员完成任务的性质。如有必要，还可写上被调查者的姓名、单位或家庭住址、电话等，以便于审核和进一步追踪调查，但对于一些涉及被调查者隐私的问卷内容则不宜列入。

（三）问卷设计面临的困难

一个成功的问卷设计应该具备两个功能：一是能将所要调查的问题明确地传达给被调查者；二是设法取得对方合作，并取得真实、准确的答案。但在实际调查中，由于被调查者的个性不同，受教育程度、理解能力、道德标准、宗教信仰、生活习惯、职业和家庭背景等都存在较大差异，会给调查者带来困难，并影响调查的结果。具体表现为以下几方面。

知识小看板：被调查者拒绝回答的原因

（1）被调查者不了解或是误解问句的含义，不是无法回答就是答非所问。

（2）被调查者虽了解问句的含义，愿意回答，但是记忆模糊。

（3）被调查者了解问句的含义，也具备回答的条件，但不愿意回答，即拒答。

（4）被调查者愿意回答，但无能力回答，包括回答者不善于表达、不适合回答和不知道自己所拥有的答案等。例如，当询问消费者购买某种商品的动机时，有些消费者对动机的含义不了解，很难作出具体回答。

（四）问卷设计的原则

1. 目的性原则

问卷调查是通过向被调查者询问问题来进行调查的，所以，询问的问题必须与调查主题有密切关联。这就要求在做问卷设计时，重点突出，避免可有可无的问题，并把主题分解为更详细的细目，即把它分别做成具体的询问形式供被调查者回答。

2. 可接受性原则

调查表的设计要比较容易让被调查者接受。由于被调查者对是否参加调查有着绝对的自由，调查对他们来说是一种额外负担，他们既可以采取合作的态度，接受调查；也可以采取对抗行为，拒答。因此，请求合作就成为问卷设计中一个十分重要的问题。应在问卷说明词中，将调查目的明确告诉被调查者，让对方知道该项调查的意义和自身回答对整个调查结果的重要性。问卷说明要亲切、温和，提问部分要自然、有礼貌和有趣味，必要时可采用一些物质鼓励，并代被调查者保密，以消除其某种心理压力，使被调查者自愿参与，认真填好问卷。此外，还应使用适合被调查者身份、水平的用语，尽量避免列入一些会令被调查者难堪或反感的问题。

3. 顺序性原则

顺序性原则是指在设计问卷时，要讲究问题的排列顺序，使问卷条理清楚，以提高回答问题的效果。问卷中的问题一般可按下列顺序排列。

容易回答的问题（如行为性问题）放在前面；较难回答的问题（如态度性问题）放在中间；敏感性问题（如动机性、涉及隐私等问题）放在后面；关于个人情况的事实性问题放在末尾。

封闭性问题放在前面，开放性问题放在后面。这是由于封闭性问题已由设计者列出备选的全部答案，较易回答，而开放性问题需被调查者花费一些时间考虑，放在前面易使被调查者产生畏难情绪。

4. 简明性原则

（1）调查内容要简明。没有价值或无关紧要的问题不要列入，同时要避免出现重复，力求以最少的项目设计必要的、完整的信息资料。

（2）调查时间要简短，问题和整个问卷都不宜过长。设计问卷时，不能单纯从调查者角度出发，而要为被调查者着想。调查内容过多，调查时间过长，都会招致被调查者的反感。通常调查的场合为路上、店内或居民家中，被调查者行色匆匆，或不愿让调查者在家中久留，而有些问卷多达几十页，让被调查者望而生畏，一时勉强作答也只有草率应付。根据经验，一般问卷回答时间应控制在15分钟之内。

（3）问卷设计的形式要简明易懂、易读。

5. 匹配性原则

匹配性原则是指要使被调查者的回答便于进行检查、数据处理和分析。所提问题都应事先考虑到能对问题结果做适当分类和解释，使所得资料便于做交叉分析。

（五）问卷设计的程序

问卷设计是由一系列相关工作过程所构成的，为使问卷具有科学性和可行性，需要按照一定的程序进行。

1. 准备阶段

准备阶段是根据调查问卷需要确定调查主题的范围及调查项目，将所需获得的信息一一列出，分析哪些是主要的，哪些是次要的，哪些是必须获得的信息，哪些是可要可不要的信息，并分析哪些信息需要通过问卷来取得，需要向谁调查等。同时要分析调查对象的各种特征，即分析了解各被调查对象的社会阶层、行为规范、社会环境等社会特征；文化程度、知识水平、理解能力等文化特征；需求动机、行为等心理特征；以此作为拟定问卷的基础。在此阶段，应充分征求有关各类人员的意见，以了解问卷中可能出现的问题，力求使问卷切合实际，能够充分满足各方面分析研究的需要。可以说，问卷设计的准备阶段是整个问卷设计的基础，是问卷调查能否成功的前提条件。

2. 问卷设计

在准备工作基础上，设计者就可以根据收集到的资料，按照设计原则设计问卷初稿。主要是确定问卷结构，拟定并编排问题。在初步设计中，首先要明确需要采用何种方式提问，并尽量详尽地列出各种问题，然后对问题进行检查、筛选、编排、设计每个项目。对提出的每个问题，都要充分考虑是否必要，能否得到答案。同时，要考虑问卷是否需要编码，或需要向被调查者说明调查目的、要求、基本注意事项等。这些都是设计调查问卷时十分重要的工作，必须精心研究，反复推敲。

3. 试答和修改

一般说来，所有设计出来的问卷都存在某些问题，因此，需要将初步设计出来的问卷在小范围内进行试验性调查，以便弄清问卷在初稿中存在的问题，了解被调查者是否乐意回答和能够回答所有的问题，哪些语句不清、多余或遗漏，问题的顺序是否符合逻辑，回答的时间是否过长等。如果发现问题，应做必要的修改，使问卷更加完善。试调查与正式调查的目的是不一样的，试调查并非要获得完整的问卷答案，而是要求回答者对问卷各方面提出意见，以便于修改。

4. 复印或电子转发

复印就是将最后定稿的问卷，按照调查工作的需要打印复制，制成正式问卷。在新时期，多采用电子问卷的方式进行调研，若是电子问卷，则无须复印，只要形成链接以邮件或其他移动自媒体手段进行转发和传播即可。

任务实施

小艾开始与魏铭共同为接下来的餐厅开业筹备，开始进行餐饮企业、经营环境等方面的市场调研。

步骤一：确定调研目的和要求。

步骤二：明确调查对象。

步骤三：完善调查内容。

步骤四：圈定调查范围。

步骤五：抽取调查样本。

步骤六：资料搜集与数据整理。

能力训练

餐饮市场调研

训练目标：通过训练，使学生掌握餐饮市场调研的程序和方法。

训练方式：以小组为单位完成任务。

训练内容：讲述所在小组所进行的市场调研的实施过程，并对结果进行分析。

训练步骤：学生自由分组→按人数编好序号→依次在本组内讲解→推选本小组最优秀的成员→去其他小组讲解（抽签决定去哪组）→撰写实训报告。

训练要求：内容全面，知识完整，语言流利。

任务二　餐厅选址

任务描述

通过魏铭与小艾的共同努力，在对餐饮行业企业和经营环境进行充分调研的基础上，魏铭已经基本明确了新筹备餐厅的风格特色、经营方向、主题定位等。但是关于开店的具体位置，魏铭又犯了难。魏铭深知选址对餐厅经营的重要性，显然不是头脑一热、脑门一拍就能决定的。

任务分析

魏铭还是不熟悉餐厅选址方面的业务，于是又找到了大学同学小艾，请小艾帮助进行选址分析。

知识储备

餐厅选址是指餐厅营业场所的位置选择。店址选择不仅关系到餐厅企业的市场开发能力大小、对消费者吸引力的大小，更重要的是对长期效益的取得具有战略性的影响。相关数据显示，餐厅位置的好坏，对餐厅成功运营的直接和间接的影响在众多相关因素中占60%左右，因此，餐厅选址是一项重要的工作，餐厅地址的选择是决定餐厅成功运营的一个重要因素。

一、餐厅选址的原则

（一）市场原则

餐厅的地理位置、规模档次、设施设备、餐饮内容和服务都应以目标客源市场作为出发点，餐厅选址应尽可能地方便目标客源，并且与目标客源所属的地区相吻合。如果餐厅主营快餐，那么理想区域是流动人口较多的商业购物区、大中专院校附近、主要交通干道附近等场所；如果其用餐环境较为雅致、菜肴精美、讲究服务和用具，那么此类餐厅最好开在高档住宅区、金融机构等所在地区，主要针对的客源市场是商务宴请、社交活动以及高收入者。

（二）投资回报原则

由于餐饮投资的回收时间越来越长，因此选址时要充分评估地价、租金、基础设施费用、劳动力成本、原材料供应、各种税费的有关规定等成本费用因素，并且预测餐厅可能的销售收入，以及经营过程中可能碰到的问题。

思政小课堂：餐饮企业应追求三大效益相结合

（三）方便性原则

方便性原则表现在选址地点应尽可能靠近顾客所在地或适当方便顾客前来餐厅用餐的地点，如人流较为集中，交通便利的车站、公园、娱乐场所、居民区、购物区等。还应考虑人的流动特点和停留特点。

（四）稳定性原则

餐厅选址应尽可能地选择经济和治安比较稳定的区域，重点还要考虑所选地点在预期经营期内不能受到城市扩建、改造、违章的影响。

（五）可见度原则

评价餐厅可见度高低的办法就是看餐厅能够从几个方向观察到。一般来说餐厅最好直接面对街道或者其他顾客能直接看到的位置。

二、餐厅选址应考虑的因素

（一）影响餐厅宏观位置选择的因素

餐厅宏观位置的决策是一个定性分析和定量分析相结合的综合考虑的过程，影响的因素是多方面的，这些因素包括以下几个因素。

1. 土地成本

租用或购买土地都需要大量资金，位于不同区域，市中心或城市郊区，所付出的土地成本有比较大的差异。这个因素对投资者是非常重要的。

2. 交通成本

交通是否便捷，餐饮原料是否能在当地获得供应，对交通成本影响很大。

3. 劳动力成本

餐饮企业大都属于劳动力密集型企业组织，劳动力成本所占比例较大，所以应成为一个重要的选址标准。发达国家的餐饮企业进行国际化拓展时，劳动力成本因素通常被列入首要考虑因素之一。

4. 社区因素

社区因素是指有可能对餐饮企业产生影响的当地政治、经济和文化环境因素，主要包括地方税务政策、投资方向政策（如鼓励或限制某项投资）、政府对某些行业的财政支持、政府宏观规划的支持（如配套设施等）、政治稳定性、当地劳动力状况、环境保护政策等。

（二）影响餐厅微观位置选择的因素

服务地点的宏观位置确定后，餐饮企业还需要考虑具体地点选择上的环境细节，主要包括下列内容。

1. 可进入性

可进入性主要是指公共交通是否能够到达，进入地点的公路便捷情况或当地人口情况等。

2. 可见性

可见性主要是指示牌设置是否清楚醒目，是否临街等。

3. 交通因素

交通因素主要是指交通拥挤或者畅通情况，来往的人流量或车流量大小（表明潜在的消费者多少）。

4. 停车设施

是否有停车设施是餐饮服务选址的重要考虑因素，如是否有足够的停车位，停车场的环境因素等。

5. 可扩展的余地

可扩展的余地主要是指服务地点周围是否留有扩大服务规模的余地、余地大小等。

6. 竞争对手的相对位置

竞争对手的相对位置主要是指与竞争对手的服务网点是否过于靠近，客流是否有被竞争对手拦截的可能等。

任务实施

小艾开始与魏铭共同为接下来的餐厅开业进行筹备，开始进行餐厅选址方面的分析与统筹。

步骤一：进行宏观环境分析。
步骤二：进行微观环境分析。
步骤三：确定经营目标。
步骤四：进行市场定位。
步骤五：进行选址外围环境分析。
步骤六：根据餐厅功能定位选择合适的地址。

能力训练

餐 厅 选 址

训练目标：通过训练，使学生掌握餐厅选址的程序和方法。
训练方式：以小组为单位完成任务。
训练内容：讲述所在小组所进行的市场调研的实施过程，并对结果进行分析。

训练步骤：学生自由分组→按人数编好序号→依次在本组内讲解→推选本小组最优秀的成员→去其他小组讲解（抽签决定去哪组）→撰写实训报告。

训练要求：内容全面，知识完整，语言流利。

项目小结

俗话说，良好的开端就是成功的一半，要想筹备和开业一家成功的餐厅，前期的市场调研和选址非常重要。采取合适的调研方法，运用合理的调研工具，对餐饮行业、竞争对手、经营环境、顾客需求等进行充分的调研，掌握科学而全面的第一手数据，才能为下一步的经营决策提供依据。餐厅的开业运营离不开具体的位置，一家选址成功的餐厅在经营上可以达到事半功倍的效果。要充分考虑选址时所应注意的事项和因素，结合餐厅的经营方向、目标和定位，才能选到合适的地址。

项目训练

一、单选题

1. 下列选项不属于问卷设计的原则的是（   ）。
   A. 目的性原则　　　B. 随意性原则　　　C. 顺序性原则　　　D. 可接受性原则
2. 下列选项不属于观察法的具体方法的是（   ）。
   A. 行为记录法　　　B. 直接观察法　　　C. 间接观察法　　　D. 实际测定法
3. 匹配性原则是指要使（   ）的回答便于进行检查、数据处理和分析。
   A. 被调查者　　　　B. 员工　　　　　　C. 客户　　　　　　D. 供应商
4. 试答是指在（   ）内进行试验性调查，以便弄清问卷在初稿中存在的问题
   A. 大范围　　　　　B. 小范围　　　　　C. 局部范围　　　　D. 全部范围
5. 下列选项不属于餐厅选址的原则的是（   ）。
   A. 方便性原则　　　　　　　　　　　　B. 市场原则
   C. 稳定性原则　　　　　　　　　　　　D. 经济利益最大化原则
6. 下列选项不属于餐厅选址应该考虑的宏观因素的是（   ）。
   A. 土地成本　　　　B. 交通成本　　　　C. 可进入性　　　　D. 社区因素
7. 餐厅选址程序中的第一步是指（   ）。
   A. 确定饭店的长远经营目标　　　　　　B. 根据长远经营目标确定目标市场
   C. 根据目标市场确定饭店功能类型　　　D. 根据功能类型进行选址
8. 下列选项不属于市场调研中的市场背景的是（   ）。
   A. 居民收入水平　　　　　　　　　　　B. 当地经济发展状况
   C. 区域文化背景　　　　　　　　　　　D. 餐饮消费时尚

二、判断题

1. 餐饮市场调研即运用科学的方法和手段，随意地针对餐饮市场需求的数量等情况进行调查。（   ）
2. 通过餐饮市场调研，能够准确把握竞争对手情况。（   ）
3. 完善调查内容是做好餐饮市场调研的第一步。（   ）

4. 餐饮市场调研中,无需对周边经济环境进行调查。(　　)

5. 委托法即委托调查机构进行资料信息搜集,再整理出对企业有用的信息,从而决定企业的投资意向和经营策略。(　　)

6. 所谓问卷设计,是根据调查目的,将所需调查的问题具体化,使调查者能顺利地获取必要的信息资料,并便于统计分析。(　　)

7. 一份完整的调查问卷通常包括标题、问卷说明、被调查者基本情况、调查内容、编码号、调查者情况等内容。(　　)

8. 设计调查问卷应该逻辑清晰,简明扼要,不能重复烦琐、不知所云。(　　)

9. 问卷设计完成之后可以直接付印、发放,无须试答。(　　)

10. 设计调查问卷时,应该避免提令被调查者难堪的问题。(　　)

三、案例分析题

林先生原本是一家IT公司高管,在成功赚到了人生的第一桶金后,开始把视线投向了传统餐饮行业。林先生虽说对餐饮业有着极大的热情,但没有餐饮行业的相关经验,在征询了朋友的建议后他决定加盟一家成熟的品牌,这样借助别人的成熟品牌和管理可以让他这个外行也能变内行。经过一番选择和比较,林先生最终选择了一家在行业内有极强品牌影响力的火锅餐饮企业。同时,林先生的选址计划也在进行中。很快,一个位于十字路口黄金码头的门面进入了林先生的视线。林先生有个观点:经营餐饮店,地段很重要。贵一点儿不要紧,关键要看人气。这个位置周边就是几家大的手机卖场,没有同类火锅店的竞争对手,林先生似乎看到了市场的蓝海。按照总部对物业的要求,几轮谈判,场地很快就敲定了。开业、促销都按照计划如期进行着,生意却不尽人意,即使是开业促销,也是勉强坐满。林先生开始有点儿不明白了,如此黄金位置,人流也不缺乏,为什么生意却火不起来呢?然而就在距离他店面不到一千米远的另外一条街上,七八家火锅店每日顾客盈门,排队候餐的场景每天都在上演。前期的大手笔投入和现在不温不火的现状让林先生陷入了困惑之中。

问题:
请从餐厅选址的角度分析一下,林先生餐厅陷入困境的原因是什么?

四、体验练习题

参观走访三家不同的餐厅,分析一下这三家餐厅的营业状况,并从选址的角度谈一谈它们成功或失败的原因。

学习评价

组建一个高效的餐饮团队

学习目标

【知识目标】
1. 剖析餐饮组织的基本形态。
2. 构建餐饮组织的要点。
3. 了解餐饮企业各部门职责。
4. 掌握员工岗位职责与素质要求。
5. 餐饮企业员工招聘现状。
6. 餐饮企业员招聘管理。
7. 餐饮员工培训需求分析。
8. 餐饮员工培训内容与方法。
9. 员工激励管理。

【能力目标】
1. 能够根据不同的餐饮业态设计其组织结构。
2. 掌握各部门的业务内容。
3. 掌握各岗位员工的工作职责与素养。
4. 能够根据餐厅规模提炼出招聘优势。
5. 能根据餐厅运营结果制订培训计划。
6. 掌握新老员工不同的培训方法。
7. 掌握员工激励的系统方法。

【素质目标】
1. 培养问题分析能力、自我认知能力。
2. 培养分析总结能力、面试谈判能力。
3. 培养自我激励能力。

【课程思政】
1. 提升团队荣誉感与合作能力。
2. 了解餐饮行业，培养社会责任感。

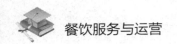

学习导图

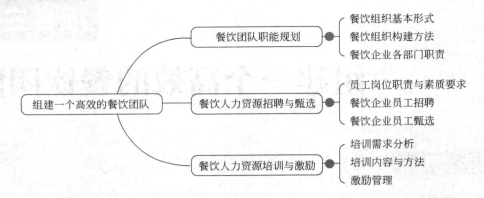

任务一　餐饮团队职能规划

任务描述

小艾在一家高星级酒店任餐饮部总监。同学魏铭打算开一家高档餐厅，但是他对餐饮行业不是很了解，所以想找小艾学习一下。小艾欣然答应，那么问题来了：高星级酒店和普通餐厅的团队组织有哪些区别呢？

任务分析

小艾的工作是什么组织形态？和单店有哪些本质的区别？

知识储备

组织的定义。ISO管理体系标准中，我们经常看到组织这个词。管理学家提出众多关于组织的理论，对组织的概念各有其解释。各种理论的角度不同，对组织的概念的解释相差较大。组织特指那些为实现目标，由职责、权限和相互关系构成自身功能的一个人或一组人。组织的概念包括但不限于代理商、公司、集团、商行、企事业单位、行政机构、合资公司、协会、慈善机构或研究机构，或上述组织的部分或组合，无论是否为法人组织，公有或私有。在现代社会活动中，人们已普遍认识到组织是人们按照一定的目的任务和形式编制起来的社会集团组织，不仅是社会的细胞、社会的基本单元，而且可以说是社会的基础。组织的特征可以概括为以下三点。

（1）有明确的目标。没有目标，就不是组织，而仅是一个人群。目标是组织的愿望和外部环境结合的产物，所以组织的目的性不是无限的，而是受环境影响和制约的。这个环境包括物质环境及社会文化环境，有了目标后组织才能确定方向。

（2）拥有资源。这种资源主要包括五大类：人、财、物、信息和时间。

（3）保持一定的权责结构。这种权责结构表现为层次清晰、任务有明确的承担者，并且权利和责任是对等的。

一、餐饮组织基本形式

（一）餐饮企业集团和连锁餐饮企业总部的组织形式

餐饮企业集团和连锁餐饮企业总部的组织形式是按照加盟、直营及区域化管理的一种矩阵式组织形式，如图 3-1 所示。

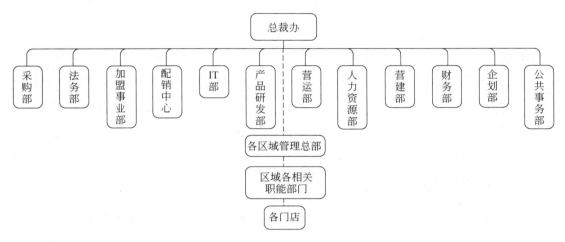

图 3-1　餐饮企业集团和连锁餐饮企业总部的组织形式

（二）大中型的单体餐饮企业的组织形式

大中型的单体餐饮企业的组织形式是指按照职能划分的部门与按照产品或项目部结合成矩阵式的一种组织形式，如图 3-2 所示。

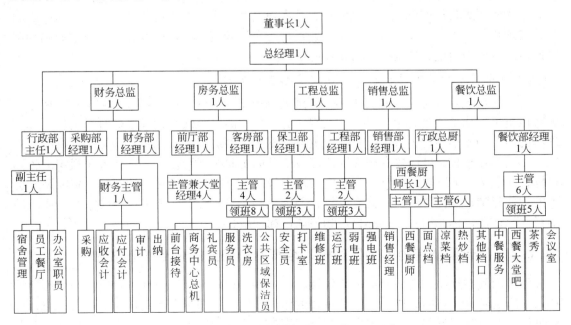

图 3-2　大中型的单体餐饮企业的组织形式

(三)小型餐饮企业的组织形式

采用小型餐饮企业的组织形式的单体餐厅相对于高星级酒店而言简单许多,其营业面积、工种及用工人数相对较少,但员工的分工、层级十分明确,如图3-3所示。

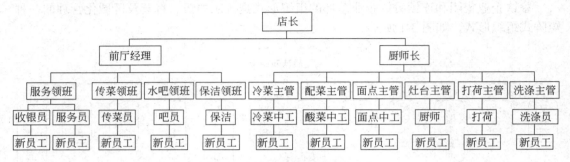

图3-3 小型餐饮企业的组织形式

二、餐饮组织构建方法

为了使组织构架科学合理、高效明晰,在建立之初应考虑以下几方面因素。

(一)根据实际,建立符合企业自身特点的组织目标体系

1. 明确企业的愿景和使命,提炼公司核心价值观

组织目标是所有参加者间接的个人目标,它是组织参加者们一起进行组织活动,以满足各自不同动机的手段。组织可以通过组织同化,培养员工对组织的认同感、归属感,使员工将组织目标内在化为个人目标,这时员工对组织目标的追求就成为自觉的、主动的行为。这样,组织目标就能逐步得到实现,从而也给员工带来个人价值的实现。因此组织的愿景必须具有前瞻性、实际性、想象力、震撼力和清晰度,弘扬企业文化,通过原则和制度使核心价值观落地,增强员工对企业的认可度。

2. 建立科学的治理结构,促进组织战略目标实施

为了使组织目标更好地和员工的工作绩效相衔接,组织需进一步分解和细化,使之成为考核员工工作绩效的标准,要力求做到:目标要简洁、明确,设置目标时,用员工都能理解的语言和术语来讨论在一定期限内必须完成的主要任务及其目标;目标要具有可评估性,多用量化指标;目标要有相容性,即各子目标之间相互衔接,并且相容于组织的整体目标;目标要有挑战性,富有挑战性的目标本身及其可能带来的更多的奖酬,更能激发员工的工作热情;各种目标要有优先秩序,并形成一个目标体系;组织目标体系本身要求短期目标和长期目标相结合,局部目标和整体目标相结合。

(二)打造团结有力的领导班子,培育积极向上的企业核心文化

领导因其在组织结构中具有的系统性、动态性、权威性、综合性、超前性和战略性等特点,决定着其将在组织中发挥极其重要的作用。优秀的领导者不仅在推动员工参与管理的过程中要发挥主导作用,还可以在维持高度参与式组织持续成功的进程中,建立一个重

要的推动机制。以让员工了解自己的工作是整个企业宏伟蓝图的一部分来激励他们，并根据员工的业绩是否有助于蓝图的实现，对其业绩和成效情况进行反馈，从而使员工对企业目标和战略的认同达到最大值。同时，授予员工一定的自主权，激发其创造力、创新力和潜能，为达成组织目标的实现共同努力。

（三）组织构架设计的合理性

企业的组织架构就是一种决策权的划分体系以及各部门的分工协作体系。组织架构需要根据企业总目标，把企业管理要素配置在一定的方位上，确定其活动条件，规定其活动范围，形成相对稳定的科学的管理体系。组织架构设计不合理会严重阻碍企业的正常运作，造成组织内部信息传导效率降低、失真严重；决策低效甚至错误；部门设置臃肿，责任不清，企业内耗严重等，因此，组织结构设计的合理性、科学性至关重要。

1. 内外结合，以内为主，充分认识、系统规划

企业在组织设计过程中，应从组织目标出发，确定组织职能，然后进行工作划分（部门化、岗位化）。在实际的组织设计操作过程中，更要注重组织设计的开展思路和工作的原则。因为整个组织的变革工作的"艺术性"（个体性因素）要远远大于"科学性"（标准化）的成分。最终企业选择何种模式，主要还是取决于企业自身的组织协调能力的估计。

企业是一个系统而又复杂的组织体，也是一个开放和动态的有机体，进行组织设计时，必须着眼于这个组织的整体性和系统性，同时又要考虑到各个不同组织之间的差异性和矛盾关系，因此，建立系统化的工作思路是必要的前提和基础。

2. "因事设岗"而非"因人设岗"

在组织的岗位设计工作中，从理论上讲，因人设岗的设计思想，会造成组织的功效发挥更大程度上简单地基于现有资源的情况。它忽视了组织目标和企业发展需要。往往会产生组织效率逐步降低、内部的业绩管理体系难以建立等弊病。多数企业的组织结构图中往往带有浓厚的人文色彩，在管理中更加注重的是"人治"，而并非注重制度建设和流程化运行，因此在组织建设时应考虑企业内部的文化因素，进行既符合实际又科学的工作分析。

3. 根据战略要求界定关键活动，设计层次化、结构化的流程体系和部门分工

其实质是企业活动分析，唯有对企业的活动进行深入分析才能准确把握这个企业需要那些职能，哪些是关键职能。这就需要对企业的业务进行梳理，企业从事的是何种业务、此业务有什么特点。业务部门的设置是由业务活动的特点决定的，比如作为高新技术企业，支持这个行业的一是科研技术力量，二是生产经营能力，企业就需要围绕这两个核心职能来进行设计。在设计结构的时候要充分分析，在部门设置后还需要进行决策分析，各种不同信息汇报到不同层次的人，供其决策。通过这样的分析来决定企业需要什么样的高层管理结构，以及同级的主管需要拥有哪些权责。企业内的活动不可能由某一个部门独立完成，其中牵扯到哪些活动，因此需要哪些管理者参与决策，哪些人需要知道决策结果，对这些问题进行详细分析后，汇总关系以及流程中关键控制点就清晰可见了。最终的目的就是不断补充、完善基本职能，建立优秀的关键职能，同时打破部门壁垒，不断优化流程，压缩非增值活动，提高效率，这也是组织结构设计的重中之重。

4. 强调信息管理和信息系统的重要性和基础性作用

向员工提供企业最新信息和企业长期发展取向的信息系统，不论对于员工实施最大的

自我管理，还是参与和其他员工开展横向协作，都意义重大。不管是信息的向下流动、信息的向上流动和横向流动，还是多沟通渠道和技术来促进组织内部的交流，单单依靠提供信息并不能使组织转变成高度参与式组织，但如果权力下放，实现一个控制和决策权在整个组织中快速有效地移动，那这个组织就更加完善了。

三、餐饮企业各部门职责

制定企业各部门职责的目的，是令公司全体员工在结合公司组织架构图的提示下，能够清晰地了解总部各职能部门的主要职责是什么，在发生相应的业务或工作协调时，能够清晰明了相对接的部门及部门负责人，例如，费用报销由财务部受理、人员招聘由行政人事部受理等，极大地缩减了沟通存在障碍所耗费的大量时间与精力。

（一）总经办职责

（1）制定公司经营发展战略。
（2）审批监督公司各项制度规定形成及执行。
（3）建立公司企业文化并进行宣导推广。
（4）制定企业经营发展目标，分解到各部门并监督执行。
（5）寻找与开发重要潜在客户，并指导市场营销部进行营销策划市场推广。
（6）维护优质客户关系，保持与行政机关单位协助关系。
（7）对企业重大开发投资项目进行评估与决策，确保合理投资及利润回报。
（8）对公司重大安全事故进行指导处理，确保公司损失降到最低点。
（9）签批公司经理级以上重要岗位任免书，并有计划地培养和提升中层、基层管理干部。
（10）监督指导行政、营运日常管理，确保公司正常、有序、快速发展。

（二）行政人事部职责

（1）认真执行国家劳动法律法规，规范合理用工。
（2）协助总经理制定公司发展战略。
（3）编制科学合理的公司组织架构。
（4）制定符合公司发展的制度规定并有效执行。
（5）结合企业发展战略制定人力资源规划。
（6）进行科学合理的员工招聘与配置、薪酬、培训、绩效管理。
（7）负责建立多层次的员工关系管理体系。
（8）维护劳动和社会保障部门友好关系。
（9）建立健全行政事务监督与管理制度。
（10）全力推动企业文化建设活动的推广。

（三）稽查小组职责

（1）ISO质量体系的建立及完善。
（2）食品安全与卫生监督检查评比。

（3）食品安全生产监督与指导。
（4）办公室环境卫生检查评比与指导。
（5）培训与督导各区域各分店食品卫生、质量体系要求。
（6）不达标分店培训指导及勒令整改。
（7）监督公司制度规定传达贯彻情况。
（8）员工满意度调查及客户满意度调查。
（9）出品质量、成本控制等检查监督。
（10）各区域各店日常管理检查监督。

（四）财务部职责

（1）认真理解、遵守、贯彻、运用执行国家有关的财经法规和规章管理制度。
（2）根据公司发展战略，制定公司财务战略及实施计划。
（3）建立健全严密可行的财务内部管理制度和控制体系。
（4）按公司的经营特点和管理要求，根据会计税务法规对会计信息进行审核、归集、加工，编制财务报告和进行财务经营分析。
（5）按管理和保密要求，提供各种内部管理信息。
（6）组织编制财务预算，并定期对计划的执行情况进行分析、控制和调整，确保各项计划和预算得到有效实施。
（7）审核公司的各种合同并监督其实施。
（8）负责营业款项的收取监管工作。
（9）负责仓库物资的管理工作。
（10）制订资金计划和资金预算，根据公司的投资计划、生产计划及资金情况等进行资金的筹集、调配，确保公司资金的平衡。
（11）加强公司的税务筹划工作，使公司在按章纳税的同时，能合理避税，整体上降低税负。
（12）协调财政、税务、银行等有关机构、部门的关系，为公司营造一个良好的外部环境。
（13）掌握最新财经信息，用好用足国家有关行业政策。

（五）营运部职责

（1）协助总经办制定公司发展战略。
（2）完成总经办下达的各项营业目标。
（3）强化内部管理，令客户满意、员工满意、公司满意。
（4）维护公司品牌，提高企业知名度。
（5）严抓成本控制，使企业利润最大化。
（6）严格执行质量管理体系及食品卫生管理体系，杜绝安全事故。
（7）发掘和培养中、基层管理人员，为员工职业发展奠定基础。
（8）优化生产工艺，提升管理团队管理素质与水平，提升整体利润。
（9）严格费用控制，落实各项费用使用。
（10）制定各操作流程及标准并组织培训考核。

（六）市场营销部职责

（1）严格遵守商业道德、保守商业秘密。
（2）负责公司业务拓展与品牌推广。
（3）做出销售预测，提出未来市场的分析、发展方向的规划。
（4）建立和完善营销信息收集、处理、沟通及保密系统。
（5）收集竞争对手的服务、价格、营销手段等信息，加以整理和分析。
（6）实施客户的日常关系维护，进行客户满意度调查。
（7）对公司重要活动及节假日活动组织营销策划并推广。
（8）对公司网络推广渠道进行完善及维护，及时更新网站最新动态。
（9）对目标客户进行市场调研与分析，专项跟踪投标、中标、签约、合作、客户沟通、结算程序。
（10）完成总经办下达的市场推广任务。

（七）采购配送中心职责

（1）完成总经办下达的业绩指标。
（2）严格费用控制，提升业绩指标。
（3）严格采购管理规定，严抓采购成本控制。
（4）建立健全供应商资料库，要求索证达100%。
（5）提高客户服务质量、要求客户满意度不低于95%。
（6）车辆规范管理，责任落实到人，杜绝交通事故。
（7）及时提交采购分析报告供上一层领导决策。
（8）采购原料符合食品安全体系要求。
（9）日常管理符合ISO质量管理体系要求。
（10）严格遵守国家财经法规。

任务实施

小艾和魏铭一起讨论餐饮组织的设置依据。
步骤一：了解餐饮的业态。
快餐店的组织形态和中餐厅、火锅店、自助餐都有不同，业态不同，服务流程及产品操作都有不同，涉及关键岗位的设置就在所难免。
步骤二：了解餐厅接待能力的大小。
涉及餐厅规模及接待能力，家常菜餐厅和宴会酒店又有明显流水线变化。
步骤三：了解餐饮经营的专业化程度。
高星级酒店不同于家常菜餐厅，高星级酒店的组织形态相对规范，阶层相对复杂。对服务质量的要求高。
步骤三：了解餐饮经营的市场环境。
整体市场在不断地变化，组织形态就要遵循市场规律适时变化。

能力训练

了解餐饮团队的职能规划

训练目标：通过训练，使学生深入了解餐饮团队的职能规划。

训练方式：以小组为单位完成任务。

训练内容：讲述该如何构建餐饮组织以及各部门主要职责，学生轮流在组内讲解，然后推选出本组代表去其他小组讲解。

训练步骤：学生自由分组→按人数编好序号→依次在本组内讲解→推选本小组最优秀的成员→去其他小组讲解（抽签决定去哪组）→撰写实训报告。

训练要求：内容全面，知识完整，语言流利，讲解清楚。

任务二 餐饮人力资源招聘与甄选

任务描述

通过和小艾的进一步交流，魏铭了解了餐饮的基本组织形态、餐饮组织，以及餐饮企业各部门职责，但是对于如何招才纳士又有了新的困惑，紧接着又向小艾请教招聘方面的知识。

任务分析

魏铭对于组建团队招聘甄选没有概念，因此，小艾要从具体的岗位需求与员工素养、员工招募及甄选逐步进行讲解。

知识储备

一、员工岗位职责与素质要求

（一）员工岗位职责

1. 店面经理

（1）店面经理直接向总经理负责，负责餐厅的各项管理工作。制订并组织实施餐厅经营的所有计划。经常制订和改善各项经营与管理的新计划、新措施。

（2）制定和推行本部门的各项管理制度。负责制定服务标准和操作规范，检查管理人员的工作和服务人员的服务态度以及服务规程、规章制度。审批和签署本部门使用的一切物资与用品的明细单据。

（3）熟悉目标市场，了解顾客需求，与行政总厨筹划和设计菜单，及时开发符合当地需求的餐饮产品。共同健全厨房组织，控制菜肴的质量。

（4）拟订餐厅每年的预算方案和营业指标，审阅餐厅每天的营业报表，进行营业分析，作出经营决策。制订餐厅推销计划，扩大餐厅销售渠道，提高餐厅的销售量。

（5）考核部门各级管理人员的业绩并实施激励和培训。熟悉和掌握员工的思想状况，工作表现和业务水平，注意培训，考核和选拔人才，通过组织员工活动，激发员工的工作积极性。制订本部门的培训计划，实施有效的激励手段，亲自组织和指挥大型宴会的重要接待活动。

（6）控制食品和饮品的标准、规格和要求，准确掌握毛利率，严格控制成本。加强食品原料及物品的管理，降低费用，增加利润。

（7）加强餐厅的业务管理，提高服务质量。检查营运部门中各分部的经营情况、产品质量等。加强管事部的管理，做好保管、卫生等清洁工作，抓好设备设施的保养和管理工作。

（8）加强本部门的安全及防火工作，并进行及时的检查。

（9）对部属管理人员进行督导，帮助他们不断提高业务能力。

2. 厨师长

（1）根据餐厅的特点和要求，制定各餐厅的菜单和厨房菜谱。根据不同季节和重大节日，组织特色食品节，推出时令菜式，增加花式品种，以促进销售。

（2）制定各厨房的操作规程及岗位责任制，确保厨房工作正常进行。确保合理使用原材料，控制菜品的式样、规格和数量，把好质量关，减少损耗，降低成本。检查各厨房设备运转情况和厨具、用具的使用情况，制订年度订购计划。

（3）根据各厨房原料使用情况和库存货数量，制订原料订购计划，控制原料的进货质量。负责签批原料出库单及填写厨房原料使用报表。经常检查原材料库存情况，防止变质、短缺等。

（4）巡视检查各厨房工作情况，合理安排人力及技术力量，统筹各个工作环节。亲自组织和指挥大型宴会等重要接待活动。

（5）听取顾客意见，了解销售情况，不断改进、提高食品质量。

（6）每日检查厨房卫生，把好食品卫生关，贯彻执行食品卫生法规和厨房卫生制度。加强本部门的安全及防火工作，并进行及时的检查。

（7）定期实施厨师技术培训。组织厨师学习新技术和先进经验，定期或不定期对厨师技术进行考核。制定值班表，评估厨师工作，对厨师的晋升调动提出意见。对部属管理人员进行督导，帮助他们不断提高业务能力。

3. 餐厅主管

（1）了解管理层制定的经营理念和服务标准。上班时要了解全餐厅及本区域的位置的订座、订餐情况。了解顾客姓名与特殊要求及喜好，协助咨客做好顾客档案建立。

（2）根据每天的工作情况和接待任务带领服务员做好准备工作，检查员工仪容仪表及摆台、卫生是否符合标准，餐具及布草件数量是否充足，了解掌控区域的易耗品以及做好小件物品的每日盘点。要与各区域同事充分合作，互相帮助。

（3）训练督促服务员、实习生，公平合理地分配工作。负责本组员工的考勤工作。需要了解员工的思想动态，并及时上报上级领导。

（4）了解当日厨师推荐及厨房供应的菜肴，与传菜部协调合作。

（5）营业中要每时每刻注意顾客情况，并安排服务员服务。营业中要随时与上级联系，并及时解决工作中的问题。全面控制本区域内顾客的用餐情况，及时解决顾客问题，并适当处理顾客的投诉。

（6）餐厅营业结束后，做好餐厅卫生，恢复餐厅完好状态，并与下一班做好交班工作，隔市的交班要善于利用交班登记本。

（7）当属下在工作中犯错误时，适当督导并纠正，顾客就餐完毕，要督促值台员或亲自将菜单、酒水单汇总为顾客结账，防止走单、漏单，并做好送客服务。

（8）填写每日工作日志，定期对员工进行培训，积极提高本班的员工素质，确保员工按照服务程序和标准为顾客提供服务。

4. 迎宾员

（1）接受电话预订及现场订座，细心听取顾客的要求，并认真做好记录。普通订座和宴会订座记录如下。

① 普通订座（姓名、人数、电话、日期、用餐时间、记录人姓名、记录时间、特殊要求）。
② 宴会订座（姓名、公司名称、人数、记录人、菜价、特别要求、宴会性质、标准）。

（2）做好顾客预订回访工作，如顾客取消订座，立即通知经理或副经理，妥善处理，并在订座本上注明签名。对顾客资料做好存档。

（3）做好开餐前的准备工作，摆正清洁咨客台，备好干净的菜单。

（4）餐厅是顾客消费的场所，为保证顾客用餐的舒适和安全，非经理级以上或公关部门带来参观的顾客，一律谢绝参观及拍照摄像。

（5）营业时间要笑脸相迎，要使用标准的礼貌用语。记住常客的姓名及习惯、喜好。当顾客再次光临时，要冠以姓名加职务称呼。

（6）负责了解餐厅内座位情况，以便随时、机动地安排顾客就座。以优雅、正确的手势引领顾客入座，引领顾客入座后与当区领班及服务员交接完毕后方可离去。

（7）热情友善地回答顾客提出的问题，但不允许泄露本餐厅的商业机密。

（8）负责替顾客存放贵重物品，保管顾客遗留物品，并交于失物招领部。

（9）顾客离去时，要使用"谢谢""再见""请再光临"等礼貌用语。

5. 服务员

（1）了解管理层制定的经营理念和服务标准，熟悉餐厅的服务程序。

（2）熟悉菜单及酒水价钱，根据顾客需要做好推销工作，提高销售额。

（3）做好餐前的各项准备工作，及时为顾客提供良好的服务。

（4）按照领班指示，负责餐桌、餐椅的摆设和餐厅的卫生清理，负责餐厅所有餐具、布草件的更换与补充。

（5）要尽量避免餐具破损，轻拿轻放，自己在工作中要尽职尽责。

（6）上班时要保持良好的心态，控制自己的情绪。要热情、耐心有礼貌地为顾客提供服务。

（7）注意对顾客所点的菜品进行跟踪催促，尽量帮助顾客解决就餐过程中遇到的各类问题，若自己不能解决的要及时上报上级领导。

（8）负责好餐后的各项收尾工作，清洁好卫生，做好交接工作。

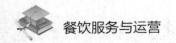

6. 保洁员

（1）负责餐厅的卫生清扫工作，做到优质文明服务。

（2）上班前应检查清洁用品，及时领用必需品。

（3）负责餐厅地面的清洁卫生，随时清理地面的遗留杂物，清扫积水。

（4）餐厅走廊墙壁、楼梯、扶手干净无污迹，无乱抹、乱画现象。

（5）每日清扫卫生死角、门窗、门帘等。

（6）餐厅卫生清扫完毕后，整理卫生工具（拖把、笤帚、抹布都清洗一遍），使其摆放有序，放置在指定位置。

（7）负责清扫卫生间及墙面、地面卫生，做到厕所清洁无异味，地面干净无污迹、积水、纸屑，保证墙面瓷砖光亮，无水印、无污迹，及时清倒垃圾桶内垃圾。

（8）必须认真学习有关消毒知识，熟练掌握各种消毒方法。

（9）服从领班以上领导指挥，积极配合各部门工作。

7. 收银员

（1）执行餐厅经理的工作指令，向其负责并报告工作。按照规章制度和工作流程进行业务操作。

（2）熟练掌握各种经营品种的价格，准确开列发票账单。保管好账单、发票，并按规定使用、登记。

（3）熟悉掌握收款机的操作技术，熟悉收款业务知识和服务规范。

（4）每天核对备用周转金，不得随意挪用，借给他人；对每天收入的现金必须做到日结日清，"长缴短补"，不得"以长补短"，发现长短款必须及时查明原因，及时向经理汇报。

（5）当班结束后，认真签阅交班登记簿，及时交接当日营业款项、当班报表、账单，明确当天应处理的业务。完成当班营业日报、财务报表。

（6）熟悉餐厅优惠卡、优惠券的使用规范，消费项目可打折范围和领导权限。

8. 酒吧服务员

（1）认识、了解所供酒水的特性和饮用形式，掌握一定的酒水知识。

（2）精通业务，熟练掌握吧台各类工具、器具的使用方法。

（3）严格把握质量关，不出售变质过期的酒水、食品。根据保质期合理安排销售。酒水摆放整齐、美观，储备充足。

（4）各类物品要见单付货，不得私自外借。

（5）认真填写每日的消耗报表，不得随意涂抹或更改，并且要做到账物相符。

（6）认真执行餐厅的卫生制度，掌握一定的饮食卫生知识，严格遵守物品、酒具消毒的有关程序。保持良好的卫生环境，做好日常的清理工作。

（7）坚守岗位，不得随意空岗。认真交接班，交接时点清各种商品。

（二）员工基本素质要求

1. 树立正确的服务观念

（1）树立一切从顾客出发的观念。现代餐厅是服务性行业，主要向顾客提供服务商品。餐厅员工应该树立正确、全面的服务观念。服务观念的树立，对做好餐厅经营管理、提高服务质量、取得双重效益都有极大的意义。

一位经济学家曾经说过：市场经济就是消费者至上的经济，市场经济带来了产品的竞争、销售的竞争，要想在竞争中取胜，就要牢固树立适应市场需要、一切为顾客着想、一切从顾客出发的观念。现代的许多餐厅为了吸引更多的顾客，想方设法增加各种便利顾客的服务项目，力求完美周到。

（2）更新服务理念是提高餐厅服务质量的保证。一些人由于缺乏对服务工作的正确理解和认识，曲解了社会分工中人与人之间的关系，当然也就缺乏应有的敬业乐业精神。而如果以这种缺乏敬业乐业的精神状态投入工作，只能是敷衍了事，而且容易产生自我疑虑和自我轻视的意识。同时，也存在着另一种思想：或是认为服务人员的服务是单向付出，顾客来餐厅用餐是有求于我；或是认为，同样是人，为什么一方是尽情享受而另一方却是尽力服务，心理不平衡，因而对工作抱着一种怨气，总想发泄，或是态度蛮横。结果降低了餐厅人员整体素质，餐厅服务工作被动，服务意识淡漠。以这种状况从事餐厅服务工作，质量可想而知。因此，对于餐厅从业人员来说，更新服务理念是提高餐厅服务质量的保证。

2. 培养良好的服务意识

意识是人类所固有的一种特性，它是人的头脑对于客观世界的一种反映，是感觉、思维等各种心理活动的总和。存在决定意识，意识又反作用于存在。意识是通过感觉、经过思维而形成的，思维是人类特有的反映现实的高级形式。服务意识是通过对服务的感觉、认识、思维而形成的，它是与餐厅精神、职业道德、价值观念和文化修养等密切地联系在一起的。

餐厅精神、职业道德、价值观念、文化修养等决定着服务意识。餐厅员工有什么样的服务意识，就有什么样的服务质量。有好的服务意识，提供的就是优质的服务；而差的服务意识，提供的自然就是劣质的服务。因此，服务意识关系着服务水准、服务质量。餐厅若要使自己立于常胜之地，就必须培养良好的服务意识。

3. 餐厅优质服务的要求

餐厅优质服务是在保证良好用餐环境和餐饮产品质量的前提下，以劳务活动满足顾客的消费需求。因此，餐厅员工必须遵循下列基本要求。

（1）主动热情，坚持顾客至上。主动热情是员工主观愿望的本质表现，是提供优质服务的基础。主动就是要充分发挥主人翁责任感，杜绝消极应付、马马虎虎。主动热情的具体要求包括以下四个方面。

① 主动要有坚实的思想基础。就是要热爱本职工作，尊重顾客，牢固树立"顾客至上、服务第一"的思想。清除雇佣观念，以主人翁的态度和高度的责任感对待自己所从事的服务工作。

② 主动要有严格的组织纪律性。要坚守工作岗位，自觉遵守纪律，严格执行服务程序和操作规程，树立整体观念，发扬团结友爱和协作精神。主动了解顾客的需求和心理，有针对性地提供优质服务。

③ 主动要养成良好的工作习惯，要做到头脑冷静、处事沉着、行动敏捷。服务过程中做到眼勤、口勤、手勤、腿勤。能够听声音、看表情，服务于顾客开口之前。同时，主动检查自己的工作，不断总结经验，改进服务方法，才能提供优质服务。

④ 热情就是对待工作、同事和顾客要有热烈而真挚的感情，要像对待亲人一样，以

诚恳的态度、亲切友好的语言和助人为乐的精神做好工作。

（2）耐心周到，做到体贴入微。耐心周到的餐厅优质服务的要求，也是优良服务态度的重要体现。耐心就是要有耐性，不急躁、不厌烦、态度和蔼，办事认真，使每位顾客高兴而来，满意而归。具体要求包括以下几点。

① 要保持平静的心情，沉着冷静，特别是在工作繁忙、顾客较多时更要如此。顾客有困难，要耐心帮助；顾客有问题，要耐心解答；顾客有意见，要耐心听取并不断改进工作。

② 要有恒心和勇气。只有保持恒心和勇气，具有强烈的服务意识和广博的服务知识，认真对待每一次具体服务活动，有不怕艰苦、不怕困难、不怕麻烦，不达目的不罢休的思想，才能始终如一地耐心为顾客服务。

③ 要有忍耐精神。服务过程中发生误会，个别顾客态度不好，有时出现差错是难免的。而服务公式是 $100-1=0$，所以服务人员要有忍耐精神，不能和顾客发生争吵。

④ 周到就是要把服务工作做得细致入微，完全彻底，表里如一。防止当面一套，背后一套，周到的具体要求包括态度诚恳、工作认真。要善于从顾客的表情和神态中了解顾客的要求，处处为顾客着想，尊重顾客的选择。考虑问题要周全、详细，每一项服务工作完成后要认真检查。要站在顾客的角度设身处地地体察顾客的心理，做好每一项服务工作。

（3）礼貌服务，发扬民族美德。礼貌服务反映一个国家的精神文明和文化修养，体现餐厅服务人员的道德风尚。坚持礼貌服务，是发扬民族美德的需要，也是餐厅优质服务的基本要求。礼貌服务的具体要求包括以下几点。

① 礼貌服务要讲究仪容仪表。在外表形象上要给人以庄重、大方、美观、舒适的感觉。因此，要衣着整洁、注意发式、举止大方、不卑不亢，坐、立、行、说要符合规范，不能奇装异服、浓妆艳抹。

② 礼貌服务要讲究语言艺术。按不同对象用好敬语、问候语、称呼语，做到说话和气，语言亲切、文雅、准确。同时说话时要注意面部表情，注意语音、语调，符合讲话场合，给顾客留下美好的印象。

③ 礼貌服务要尊重顾客的风俗习惯。不同国家和地区有不同的礼仪方式和不同的风俗习惯，因此，餐厅提供优质服务，尊重顾客的风俗习惯是很重要的。

（4）清洁卫生，保证顾客用餐安全。清洁卫生既是优质服务的要求，又是服务质量的重要内容，因此，餐厅要提供优质服务，必须严格遵守卫生操作规程，每天打扫好餐厅、厅堂，保持公共场所的清洁卫生；同时要制定卫生标准，严格检查，使卫生工作做到制度化、标准化、程序化、经常化。在保证卫生质量的条件下，安全也是餐厅优质服务的要求。担心交通事故、火灾、财物被盗、食物中毒等事情发生，是人们外出期间的共同心理，因此，餐厅提供优质服务，必须保证顾客安全。在日常服务过程中，要提高警惕，贯彻预防为主的方针，坚持内紧外松的原则。餐厅还应该有完善的安全措施，实行专职人员和群众管理相结合。加强各部门的密切配合，严格实行安全措施。

（5）讲究服务技巧，提高工作效率。餐厅提供优质服务主要是以劳务活动方式供顾客消费的，所以必须讲究服务技巧，提高服务工作效率。餐厅服务技巧所涉及的内容很多，部门不同，服务项目不同，服务技术和技巧的要求不同。餐饮部门主要讲究烹调技术、配酒技术、铺台技术、用餐服务、宴会服务技术等，服务人员只有根据不同工种的性质灵活运用服务技巧，才能提供优质服务。在讲究服务技巧的前提下，还要提高服务工作效率。

（6）顾客至上的服务意识。"顾客至上"可以说是现代餐厅服务行业的普遍共识。但这一共识有时却缺乏可操作性。这一意识如何具体到一个餐厅中成为全体员工共同的可操作的行为准则呢？

我们把它归结为"竭诚为顾客提供最美好的消费感受"。这样就为"顾客至上、服务第一"的行业口号填充了具体操作的标准，既有原则性，又体现了灵活性。这种归结是一切服务规范程序方式所必须遵循的基本的而且是唯一的原则。在特定场合，只要符合这一条，就可以变通既定的规范程式，从而显示出对顾客服务的灵活性。同时，决定了餐厅所提供产品具有独一性，即无论餐厅的服务项目有多少，服务时间有多长，服务人员变换多少次，对于顾客而言，这只是一个产品。因而每一个环节、每一时刻，若稍出差错，就不可能给顾客提供"最美好的消费感受"。这就要求餐厅的每一位员工时刻自觉地切换思考问题的角度，变"我想怎样"为"顾客会怎样认为"。这样的归结从很大程度上保证了每一位到餐厅的顾客自其进入餐厅员工的视野就成了餐厅员工心目中的"上帝"。

4. 一视同仁的服务意识

餐厅应为所有来餐厅就餐的顾客提供相同的优质服务，不管顾客的背景、地位、经济状况、外观衣着有何不同，都要遵循平等原则。对餐厅来说，热情微笑、殷勤周到的服务正是和顾客互相平等的必要条件，做不到这一点，餐厅就是怠慢了顾客，平衡的天平就会发生倾斜。再者，在人格上，顾客之间、餐厅员工和顾客之间也都是平等的。对每位顾客的尊重，对每位顾客提供优质服务正是这种平等观念的外在表现形式。

5. 顾客对餐饮服务的心理需求

（1）清洁卫生。就餐顾客对就餐的卫生要求非常高，这也是顾客对安全需要的一种反映。同时，就餐卫生情况对顾客情绪的好坏会产生直接的影响，顾客只有处在清洁卫生的就餐环境中，才能产生安全感和舒适感。顾客对餐饮卫生的要求体现在环境、餐具和食品几方面。

（2）快速。顾客到餐厅就餐时希望餐厅能提供快速的服务。其原因是以下几个方面：一是习惯，因为现代生活的快节奏使人们形成了一种时间的紧迫感，养成了快速的心理节律定势；二是一些顾客就餐后还有很多事要做，所以他们要求餐厅提供快速的餐饮服务；三是顾客饥肠辘辘时如果餐厅上菜时间过长，更会使顾客难以忍受。

（3）公平。公平合理也是顾客对餐厅服务的基本要求。只有当顾客认为在接待上、价格上是公平合理的，才会产生心理上的平衡，感到没有受到歧视和欺骗。

（4）尊重。餐厅服务人员在服务中，要注意满足顾客的尊重需要。尊重需要作为人的一种高层次的需要，贯穿整个就餐活动，在餐厅服务心理中表现得尤为突出。

（三）餐厅员工应具备的职业心理素质

1. 良好的性格

良好的性格是服务人员能够热情为顾客服务的重要心理条件，服务人员良好的性格主要包括以下几点。

（1）乐观自信。一个良好的性格基础就是乐观自信。要做一个优秀的服务人员首先要做一个生活中的强者，追求更多、更好、更高层次的满足。心理学家马斯洛说过，人有一种"向前的力量"，也有一种"向后的力量"，并不是人人都能让前一种倾向胜过后一种倾向。只有乐观自信的人才会永远向前，无论是身处顺境还是身处逆境，都能给自己带来阳光，这一点是每个人事业成功、干好工作的保证，做好服务任务也不例外。

（2）礼貌热情。服务人员给顾客提供服务的过程本身就是人际交往的过程，那么人们是愿意和礼貌热情的人交往还是愿意同冷冰冰的人交往呢？如果我们面对两个人，其中的一个对你嘘寒问暖，而另一个人对你冷若冰霜，很显然，热情的人更容易获得好感。作为服务人员，宗旨就是让顾客满意，获得了顾客的好感，就是成功的服务工作。

（3）真诚友善。真诚友善就是以诚相待，表里如一，与人为善，从善如流。在服务工作中，以善良的愿望同对方相处，会赢得顾客的信任，很快被顾客所接纳，消除人与人之间的陌生感、隔膜感，在短时间内融洽主客关系，促使顾客接受服务。

（4）豁达宽容。在这里豁达主要是指一种处世的态度，生活本身总是充满矛盾的，头脑必须是容得下矛盾的头脑，胸怀必须是容得下矛盾的胸怀，努力去改变那些可以改变的事情，同时坦然接受那些在一定条件下无法改变的事情。在这种豁达的处世态度下，待人的态度一定要宽容，尤其是做服务工作，宽容更为重要，因为"顾客总是对的"。

2. 积极的情感

情感会对人的整个思想行为产生影响。服务人员具有积极的情感，才会全身心地投入工作中。

（1）崇高向上。服务人员对待工作、顾客的热情，应当是建立在维护消费者利益、维护企业利益、维护国家利益的基础之上的，而不应该是只想自己赚钱，坑害消费者和集体的利益。我们说，同样是热情的情感，但前者是崇高的，后者是错误的。

（2）深厚持久。对待工作的热爱不能靠一时冲动，它是一种在相当长的时间内不变化的情感，只有这样，服务人员才会把积极的情绪稳定而持久地控制在对工作的热情上，控制在为顾客服务上。

（3）注重实效。情感的效能是指情感在人的实践活动中所发挥作用的程度，情感效能高的服务人员能将其转化为积极学习、努力工作的动力；而情感效能低的服务人员则空有愿望，是"语言上的巨人，行动上的矮子"。

3. 坚强的意志

服务工作是极其复杂的工作，需要服务人员不断克服主客观方面的各种困难和障碍，所以只有不断地增强意志力，才能做好服务工作，优秀的意志品质有以下四种。

（1）自觉性。意志的自觉性是指人对其行动的目的及其社会意义有正确而深刻的认识，并能自觉地支配自己的行动，使之服从活动目的的品质。与之相反的是盲目性和独断性，前者缺乏理智的分析和判断，盲目轻信别人的意见；后者拒绝别人的合理建议和忠告，缺乏理智，刚愎自用。

（2）果断性。果断性是指一个能迅速有效地、不失时机地采取决断的品质。服务人员必须具备驾驭复杂事态的能力，迅速权衡，准确决断。与之相反的是优柔寡断和草率鲁莽，前者患得患失，当断不断，缺乏主见，错过时机；后者不加分析，不管实际，不顾后果，轻举妄动。

（3）坚韧性。坚韧性是指在执行决定的过程中，以坚持不懈的精神克服困难，不达目的誓不罢休的品质。服务人员就应当具备这样的品质，胜不骄，败不馁，锲而不舍。

（4）自制力。自制力是指一个人善于管理自己的能力。自制力强的人在对待顾客上善于克己忍耐，善于把握自己的分寸，不失礼于人；在对待工作上，遇到困难繁重的任务不回避，不感情用事。

4. 出色的能力

服务人员的能力直接影响到服务效率和服务效果，一个出色的服务人员应具备以下一些能力。

（1）敏锐的观察力。服务人员要想服务好顾客，首先要了解顾客的心理，才能投其所好，有的放矢，但是，人的心理是内隐的，所以只能通过观察外显的行为去了解他的心理，而人的行为在很多时候并不去表现自己真实的想法，甚至故意做出与自己内心相反的举动来。这就需要服务人员细心观察，捕捉顾客无意流露或有意传递的信息，然后根据当时特定的背景分析顾客的真实意图。

（2）良好的记忆力。服务人员都需要记忆什么呢？主要有两个方面：第一，服务业务方面的知识，即本职工作要做到烂熟于心，顾客提问，有问必答；第二，记住有关顾客的资料，比如姓名、职业、职位、爱好甚至禁忌等，这样才能为顾客提供针对性的服务。

思政小课堂：职业知识

（3）交际能力。服务就是主客之间以各种方式进行交际，交际是实现服务工作的主要途径。服务人员在与顾客的交往中要注意：首先，应重视给顾客的第一印象；其次，要有简洁流畅的语言表达能力，同时，要有妥善处理各种矛盾的能力；最后，也是非常重要的，要有招徕顾客的能力，即吸引顾客，促其消费。

二、餐饮企业员工招聘

员工招聘是餐饮企业获得员工的一个重要手段，有了员工才能够保证餐饮企业经营活动的正常运作，但前提是餐饮企业首先能够招聘到合格的员工，并经过后续对其进行培训及培养，使其成为优秀的员工，这样获得使企业和顾客都满意的员工就比较容易。为了能够达到最终的目的，餐饮企业在招聘工作之初，就需要明确自身的用人需求，制订相应的招聘计划和用人要求，按照一定的招聘程序进行招聘，才能确保招聘工作的有序进行。

常见的员工招聘有两种渠道：内部调配及外部招聘。

（一）内部调配

大多数餐饮企业在需要用人时首先采取的是内部人员的调配工作，即通过内部人员的调配这种方式。内部调配的渠道通常有以下几种。

1. 档案法

档案法主要通过查阅内部在职员工档案的方式，获得各位员工的相关信息，从而帮助人力资源档案部门或实际用人部门迅速找到适合空缺岗位的人员补充该岗位。

2. 公示法

餐饮企业将所空缺的岗位其职责及任职资格等要求信息以公告的形式公布出来，从而让企业内部的员工都能获得此条招聘信息。凡是认为符合该招聘岗位要求的员工都可以通过公布的渠道来申请该职位，最后由人力资源部门或实际用人部门来进行选择。这种方法是餐饮企业最常用的方法。

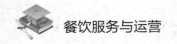

3. 推荐介绍

通常是当岗位出现空缺时，在本企业工作的员工可根据相关要求推荐符合的被推荐者，并进一步由人力资源部门或实际用人部门进行考核审查，并最终决定是否选用。

（二）外部招聘

餐饮企业除内部调配这一渠道外，同时又因其员工流动率较大的特点，外部招聘也是一个重要的招聘手段。外部招聘的方式更能够满足其用人数量较多这一实际需求。通常外部招聘的渠道有以下几种。

1. 广告招聘

广告招聘是企业最常采用的招聘方式。主要是餐饮企业通过现有的媒体形式，将招聘需求向社会传递，从而引起相关求职者的兴趣，吸引他们到企业求职。餐饮企业可以在报纸、杂志等纸质媒介刊登招聘信息，也可以在企业自身的网页上发布招聘信息。

2. 就业中介服务机构推荐

餐饮企业向中介服务机构发布招聘信息，将企业所需人员的素质要求和技能要求向服务机构提供，以便于其按照这些基本的要求、标准承担相关招聘人员的找寻及初步筛选工作。

3. 校园招聘

校园招聘通常是指餐饮企业到一些院校内招聘应届毕业生，用人企业和应届毕业生通过简短沟通，初步确定就业意向，并最终录用应届毕业生进入餐饮企业入职。此种招聘方式可以为餐饮企业在最短时间内招聘到足够数量的优秀人员。

4. 网络招聘

随着网络应用的普及，餐饮企业为提高工作效率，也充分利用网络平台帮助企业自身开展相关管理工作。餐饮企业通过网络信息技术，利用自身的平台或其他形式平台对外发布招聘信息，并通过合法渠道获得网络应聘者的相关资料，再进一步通过视频面试或简历面试的方式，完成合格员工的选拔。此种招聘方式以网络信息技术为依托，以现有诸多网络应用为平台，用最短的时间、最节省人力的方式完成员工招聘工作。

三、餐饮企业员工甄选

在初步完成招聘的前期工作后，餐饮企业要对应聘者进行更为严格的甄选工作。餐饮企业由于招聘的岗位各不相同，因此需要采用多种甄选方式进行甄选。常见的甄选方式有面试、笔试、技能操作测试等。

（一）面试

根据面试的形式及所要达到的目标，现有面试可以分为非结构化面试、半结构化面试、结构化面试、系列化面试、情景模拟面试、压力面试等。多种面试形式可以帮助餐饮企业了解求职者的兴趣和特长，求职者的管理能力、技术能力和性格类型等情况，还能评测求职者的素质能力是否符合求职岗位的基本要求。

（二）笔试

此种考核方式主要评测求职者的学业水平，考核其基本知识、专业知识、管理知识、综合分析能力等素质状况。

（三）技能操作测试

由于餐饮企业的各类岗位都具有较强的技术性，因此面试官需要提前知晓求职者其技术等级或是职业资格证书，并查验证书的真伪性及有效期限。技能操作测试可以使餐饮企业面试官快速了解求职者是否能够胜任所应聘的岗位，能够帮助餐饮企业判断该求职者多长时间能够完全掌握所应聘岗位的技术能力。

（四）复试

再次考察应聘者的专业能力，同时向应聘者明确应聘岗位的职责、试用期约定条件、薪酬待遇等事宜，并在面试评价表中签署面试意见。

高层管理岗位（含财务部负责人）：由拟聘岗位的直接上级、总经理对应聘者进行复试。

中层管理岗位：由组织、拟聘岗位的直接上级、总经理办公会成员共同对应聘者进行复试。

普通岗位：由组织、拟聘岗位的直接上级进行复试。

（五）背景调查

对新入职人员，餐饮企业均须进行背景调查工作，以电话方式（特殊情况须到原单位亲自了解）与应聘者原工作单位上司、同事、下属进行访谈，确定应聘者的职业道德及提供个人信息的可靠性。

（六）体检

综合部通知面试通过人员，在其入职审批之前到公司指定医院体检，体检内容包括常规检查、乙肝、胸透、心电图等内容。

（七）办理入职手续

综合部组织填报人员入职审批表（表3-1），审批权限如下。

（1）高层管理岗（含财务负责人）：由总经理最终审批，综合部核准后执行。
（2）中层管理岗：由总经理审批，综合部核准后执行。
（3）基层及以下：由总经理审批，综合部备案。
（4）离职返聘人员：中层以上岗位由总经理最终审批；普通岗位分管领导最终审批，综合部备案。
（5）入职审批完毕后，综合部通知候选人报到。

表3-1 员工入职审批表

姓名		部门职位		拟入职时间	
学历		专　　业		职　　称	

续表

拟确认职级		硬件评分		薪酬总额	
拟聘用员工面试情况					
面试内容	评价等级				备注
	优	良	中	差	
仪容仪表					
语言表达能力					
应变能力					
环境适应能力					
相关工作经验					
相关专业知识					
工作动机及愿望					
个人品质					
个人理想与企业一致					
供职部门评定意见				签章： 年　月　日	
人力资源部意见				签章： 年　月　日	

任务实施

一般的面试程序是：人力资源部门的初步面试——把握应聘者基本素质关，专业能力由专业的部门经理把握。重要的岗位以及经理级人选一般再加一道或两道面试程序，由高层领导面试；普通员工则由门店店长直接面试。

步骤一：梳理出餐饮企业的用工优势，没有优势打造优势。

步骤二：根据用工需求，梳理出适合自身的招聘渠道，尤其是App应用和员工引荐的方案制定。

步骤三：注意面试的技巧，本着"要么成为同事，要么成为客户"的原则去面谈。

步骤四：选择适合自身餐饮企业的甄选方式，招进优秀的人才。

能力训练

了解餐饮人力资源的招聘与甄选

训练目标： 通过训练，使学生深入了解餐饮人力资源的招聘与甄选。

训练方式： 以小组为单位完成任务。

训练内容： 讲述该如何进行人力资源的招聘与甄选，学生轮流在组内讲解，然后推选出本组代表去其他小组讲解。

训练步骤： 学生自由分组→按人数编好序号→依次在本组内讲解→推选本小组最优秀的成员→去其他小组讲解（抽签决定去哪组）→撰写实训报告。

训练要求： 内容全面，知识完整，语言流利。

任务三 餐饮人力资源培训与激励

任务描述

通过和小艾的不断沟通及学习,魏铭总算了解了各岗位员工的岗位职责及素质要求,并清楚了员工招聘和甄选,但后来发现很多人招进来之后并不能胜任工作岗位,自己又不会培训和激励,这可难住了魏铭,于是,魏铭又找到小艾,咨询到底该如何进行员工培训和激励。

任务分析

魏铭对于员工培训和激励没有概念,这一次,小艾要从具体的培训需求分析,传授其培训内容以及方法,同时还要教会魏铭如何对员工进行激励。

知识储备

"无问题,不培训"一直以来是专业培训师的座右铭,不能为了培训而培训,否则劳民伤财,员工还怨声载道。培训需求分析是员工培训与开发工作中的一项基本内容,是人力资源六大模块之一。培训规划设计通常要经过以下五个步骤:员工培训需求分析;明确员工培训目标;培训课程设计与开发;培训预算确定;培训实施;培训效果评估。所谓培训需求分析就是在规划与设计培训之前确定是否需要培训、谁需要培训及需要什么培训的一种活动。在实际的工作中,培训需求分析的结果既取决于客观培训工作的开展情况,又与人力资源部培训经理的主观意愿与决策水平息息相关。

一、培训需求分析

(一)培训需求分析的目的

培训首先要回答五个问题:第一,谁要参加培训;第二,他们为什么需要接受培训;第三,怎样培训;第四,由谁来组织并实施培训;第五,培训结束之后怎样去评价。

培训需求分析的目的正是根据培训要回答的这五个问题确立的。

(1)可以正确制定企业的培训战略和计划,恰当确定培训内容和方法,以提高培训的质量及效果,提高企业领导者对培训部门的信任度。

(2)使企业内部形成一种有利于培训和巩固培训成果的良好气氛。

(3)通过培训需求分析,培训者可以与培训对象之间建立一种相互了解、信任的紧密关系。

(4)通过培训需求分析,培训者能获得培训所需的实例资料,加强培训的针对性。

（二）培训需求分析的层次

从总体上来讲，培训需求分析的层次可分为组织层面分析、任务层面分析以及个人层面分析。

1. 组织层面分析

组织层面分析的对象是整个企业，确定培训在何处开展。它指的是确定组织范围内的培训需求，以保证培训计划与组织的整体目标与战略要求相符合。企业组织层面的培训需求表现的是某个企业的员工在整体上是否有必要进行培训。企业组织层面分析主要是通过对组织的外部环境以及内部气氛、竞争对手的具体情况、企业自身的发展目标和战略、企业生产效率等进行分析，寻求组织目标和培训需求间的联系。限于组织的资源有限，所有的问题无法同时得到解决，这时就要通过组织分析的着眼点找出最需要解决的问题，解决这样的问题能给组织分析带来最大的效益。组织分析的着眼点包括组织的目标和战略、组织的资源、影响组织的外部因素和培训成功的可能性。

2. 任务层面分析

任务层面分析指的是确定员工为了有效地完成工作任务所必须掌握的能力与技能。这一层面的培训需求决定了培训内容。任务层面分析需要确定两个主要因素：水平和重要性。水平就是员工完成任务的能力。重要性和具体任务、行为以及发生这些行为的频率有关。

任务层面需求分析的步骤如下。

首先，确认任务类型。在分析时，无法对所有任务都进行分析，因此，要了解存在的问题属于何种任务类型。

其次，分析工作过程。就是将整个工作分解成为几个关键部分，然后，从关键部分中找出完成任务所需的技能和知识。

最后，分析任务结果。确认并列出存在问题的关键部分，列出这些关键部分的工作标准，再找出完成这些工作对员工在知识技能上的具体要求。

3. 个人层面分析

个人层面分析指的是将员工目前的实际绩效与企业员工绩效的标准对员工技能上的要求进行对比，确认两者之间是否存在差距。简单来说，就是将个人与具体要求进行对比分析。确定培训是否值得，然后进行成本分析，个人层面分析的要点就是要确认绩效方面的问题与差距，再确认分析重点，即员工是否了解工作的内容和绩效标准，是否具有能胜任工作的技能，是否愿意这样去做，最后要求员工进一步去了解明确标准。

个人层面分析的结果是确认员工在绩效上的差距，并列出可以通过培训而解决的问题，然后用具体行为描述的方法，写出需要根据培训知识、技能和需要而转变的态度。

二、培训内容与方法

（一）培训内容

1. 服务技能培训

基本服务技能是餐饮企业服务的主要"工具"。对新老员工进行相关内容的培训，能够使其分别掌握不同程度水平的服务技能技巧。对新员工的培训更侧重于基础服务内容、操作流程、服务动作及标准方面；对老员工的培训则侧重于服务技能的提升及服务技巧的提炼。

2. 仪容仪表及仪态培训

仪容仪表及仪态培训主要针对餐饮企业的员工个人的仪容、仪表等方面进行培训，使其更加符合岗位的实际要求。其中主要包括员工仪容方面，如面部修饰规范、头发修饰规范、肢体修饰规范、化妆修饰规范、服饰修饰规范等。员工仪态方面，如站姿规范、坐姿规范、走姿规范、蹲姿规范、手势规范、表情规范等方面。

3. 服务意识和职业素养培训

服务意识和职业素养培训主要让员工正确认识餐饮服务行业，清楚自身的工作职责及岗位性质，掌握所从事行业的职业道德及职业素养，帮助员工树立正确的对顾客服务的思想意识，真正明白顾客至上的服务理念。

4. 人际交往能力培训

餐饮服务是人与人沟通交流的服务。餐饮从业人员一方面需要与进行餐饮消费的顾客进行沟通交流，同时还要与周围的领导、同事共同完成对客服务。这些都离不开基础的人际交往。提高人际交往能力能够更有利于迅速开展对客服务工作，同时也能提高自身与周围团队的协同服务能力。

（二）培训方法

1. 传统讲授法

此种培训方法类似于传统课堂教学模式，围绕着一个主题，由培训者向受培训者进行知识的传授，从而使受培训者从中获得所需掌握的相关知识。它是最为基础、最为行之有效的培训方法。

2. 案例教学法

案例教学法是结合培训目标，把真实的情景加以典型化处理，形成可供受培训的员工去思考、分析的案例，通过研究和相互讨论的方式，提高受培训员工的分析问题及解决问题能力的培训方法。案例的选择更具针对性。

3. 头脑风暴法

所谓头脑风暴，其出发点是不限制思考的方式及方向，通过突发奇想的方式思考问题。它的目的在于通过这种讨论方式，使受培训者能够积极踊跃去主动思考，从相互的思想交流中产生"碰撞的火花"，激发受培训员工的思维创造力，从而形成更多的可供使用的方案。

4. 角色扮演法

这种方法是由培训者为受培训的员工提供一种特定的场景，让受培训的员工在担任各个角色的过程中体验不同角色的心理，从而达到理解对方的目的。也可被称为"换位思考"。这种培训方法生动、形象，更容易为受培训者所接受，且培训效果好。

5. 操作示范法

为了使受培训的员工能够更加直观接受培训内容，更加准确无误地掌握工作的程序及正确的操作方法，在操作现场或工作的环境中利用实际使用的设备及材料边讲解边演示，这种方法称为操作示范法。操作示范法因较强的直观性及即时性而深受餐饮企业培训者们的信赖及喜欢。

6. 研究讨论法

研究讨论法是指为了让受培训员工更好地理解和掌握某些培训内容，在培训者的引导下，通过集体讨论的方式，来接受培训内容的培训方法。受训员工主动参与讨论，主动思考，对于所培训内容的学习及掌握将更加迅速、有效率。

知识小看板：培训的流程

三、激励管理

餐饮业作为劳动密集型的行业，其竞争的本质是人才的竞争。激励是餐饮企业人力资源管理的重要环节，是关系到餐饮企业可持续发展动力的核心问题。

（一）理论基础及研究现状

1. 激励

管理的核心在于人，如何激发和鼓励员工的创造性和积极性，是管理人员必须解决的问题。激励是用人艺术的一个重要组成部分，也是管理者的一项主要职能。激励这个概念用于企业管理，是指用各种有效的方法激发员工的工作动机，调动人的积极性和创造性，充分发挥人的主观能动作用，以保证组织目标的实现。

2. 激励理论

激励理论可分为需求层次理论、双因素理论、期望理论和公平理论等，用于分析餐饮业员工的需要、激励制度的评价。

（1）马斯洛的需求层次理论。马斯洛将人类的需求分为以下五个不同的层次：生理需求、安全需求、归属需求、尊重需求和自我实现需求。这些需求从基本需求开始排列，依次上升到最高需求。

（2）赫茨伯格的双因素理论。赫茨伯格认为，导致员工对工作满意的因素往往与工作内容和工作本身的特点有关（即激励因素）；员工感到不满意的因素则往往与工作环境或外部因素有关（即保健因素）。所谓激励因素，就是那些使员工感到满意的因素，它们的改善能让员工感到满意，给员工以较高的激励，能调动积极性，提高劳动生产效率。所谓保健因素，就是那些造成员工不满的因素，它们的改善能够解除员工的不满，但不能使员工感到满意而激发积极性。

（3）维克托弗鲁姆的期望理论。该理论认为，当员工预期自己的行动将达到某个他向往的目标时，就定会被激发竭力去实现这个目标。一个目标激励作用 M 的大小取决于两个因素：期望值 E 和效价 V，即 $M = EV$ 值。期望值 E 表示被激励者达到目标的可能性大小；效价 V 是被激励者对目标的重要性评价。

（4）亚当斯的公平理论。亚当斯通过大量的调查发现：员工总是自觉不自觉地将自己的付出与自己的所得与相关人员进行比较。公平理论认为，员工在工作中所注意的，并不是自己所得的绝对值，而是与他人比较的相对值。

（二）国内的餐饮业激励研究

在餐饮业激励管理方面的探讨上，国内研究者把员工作为企业发展的核心，从激励对餐饮企业可持续发展的重要性角度，来对餐饮业的人力资源激励管理进行探讨，并对现代餐饮企业经营管理提供一些合理建议与措施，使企业可以更好地吸引员工，留住人才；有学者从激励效果评价的角度去分析激励机制，提出餐饮业激励不仅要根据激励对象的需求差异，采取多样化、动态化的激励策略和方案，而且需要及时地对激励过程、激励方案进行全面、有效的评价和反馈。

1. 餐饮企业激励机制存在的问题

餐饮企业的发展如火如荼，大大促进了我国国民经济的腾飞，并已成为市场主体的中坚力量。然而，由于餐饮企业固有的管理模式，其激励机制仍存在诸多问题，主要有以下五点。

（1）留不住人。伴随餐饮企业的迅猛发展，服务员的高离职率问题逐渐凸显，有的企业的离职率已经突破了警戒线。服务员难招、"餐饮人才荒"的消息见诸网络、报纸等媒体。在餐饮企业中，员工普遍有"打短工"意识，他们对企业没有归属感。

（2）没有综合运用各类激励手段。许多餐饮企业经营者仍然把员工当作"经济人"来看待，缺乏与员工的感情交流，单纯地、简单地通过物质利益的满足对员工进行激励，忽视了对员工的精神激励。

（3）员工关系管理不足。餐饮业劳动力密集，必然存在着员工关系复杂、人际关系过于紧张等问题，这些问题将会导致员工工作责任心低、工作积极性不够，严重的表现为员工和管理层冲突不断。

（4）没有形成与餐饮业发展战略相匹配的系统性、持续性的培训机制。许多餐饮企业不愿在员工培训上多投入，认为人才培养的成本高于直接招聘的成本，或者认为把人才培养得技术越高，人才流失得越快，所以不重视也不愿意进行人才培养，招致人力资源的贬值和浪费。另外，有些餐饮企业虽然比较重视人才的培养，但只重视对新人的培养，忽视了对旧人的再培养，这种做法不仅压制了员工的积极性和创造性，造成人力资源的严重浪费，也抑制了餐饮业的竞争活力。

（5）企业决策的专制性。目前，我国大多数餐饮企业的决策、管理实行的是以家族主义为基础的家长制式的管理，餐饮企业的"家长"——创业者一言九鼎，专制独裁，对员工积极的、合理的建议置若罔闻，严重地挫伤了员工参与管理的积极性。

2. 餐饮企业激励机制优化途径

（1）保持良好的薪酬体系。餐饮企业员工普遍关注物质激励。员工会用报酬来衡量自己的价值，并且相对工资水平也会影响员工的公平感。虽然薪酬和福利不是激励员工的充分条件，却是必要手段。

（2）体现公平性。员工对薪酬体系感觉不公平时，可能会采取一些类似降低责任心、辞职等消极的应对措施。公平的薪酬制度不但包括内部的公平，还包括外部的公平。

（3）体现激励性。餐饮企业是薪酬水平较低的企业，因此可采用高稳定的薪酬模式，增加基本薪酬和保险福利的构成比例，缩小绩效薪酬的构成比例，让员工有安全感。绩效薪酬还是必须有的，并且考核指标要有顾客满意度、劳动时间等关键指标。企业在指定激励体系时要有明确一致的原则，有统一、可以执行的规范作为依据，激励性报酬的各岗位之间的工资差距都要有一定的依据，做到全面合理。为了降低员工离职率，留住核心人才，企业可采用部分员工持股、股票期权等具有长期激励效果的薪酬制度。

任务实施

小艾要从具体的培训需求分析，传授培训内容以及方法，同时还要教会魏铭如何对员工进行激励。

步骤一：无问题，不培训！先梳理出培训需求，不能为了培训而培训。
步骤二：明确员工培训目标。
步骤三：开发出门店必备六类课程。
步骤四：培训预算确定。
步骤五：培训实施。
步骤六：培训效果评估。

能力训练

了解餐厅

训练目标：通过训练，使学生掌握培训方法与激励技巧。
训练方式：以小组为单位完成任务。
训练内容：每位学生随机组织一堂课，与其他学生分享，题材为：梳理出培训需求、员工培训目标、门店必备六类课程、员工激励。从中任选一个。
训练步骤：学生自由分组→写出需要查阅的资料目录→任务分解→资料整合→制作成PPT→小组派代表在班级汇报→撰写实训报告。
训练要求：内容全面，创新独特，PPT制作精美，汇报语言流利。

项目小结

组建一个高效率的餐饮团队，不但要懂得分工协作，还要了解餐饮团队职能规划，了解组织的基本形态，构建餐饮组织，懂得招聘与甄选，更要掌握培训需求分析以及培训的内容和方法，最后，懂得员工的激励。

项目训练

一、单选题

1. 下列不是面试氛围营造四要素的是（　　）。
   A. 一个称谓　　　　B. 一个表格　　　　C. 一个肯定　　　　D. 一杯茶水
2. 下列不属于招聘目的的是（　　）。
   A. 明确招人原则和操作流程，完善人员招聘管理体系
   B. 在保证公司战略发展的前提下，合理控制人力成本
   C. 优化人力资源配置，为业务发展提供人力资源保障

D. 不缺人不招聘，确保没有闲职人员
3. 下列不属于餐饮组织的设置依据的是（　　）。
   A. 餐饮的业态　　　　　　　　　　B. 餐厅接待能力的大小
   C. 餐饮经营的专业化程度　　　　　D. 餐饮设计的专业程度
   E. 餐饮经营的市场环境
4. 下列不属于餐饮企业员工甄选方法的选项是（　　）。
   A. 简历甄选　　　B. 电话甄选　　　C. 知识体验甄选　　　D. 看才艺表演
   E. 心理测试甄选
5. 下列不属于员工形体规范的是（　　）。
   A. 表情　　　　　B. 站姿　　　　　C. 声音　　　　　　　D. 坐姿
   E. 走姿
6. 培训需求分析的层次不包含（　　）。
   A. 组织面层分析　B. 任务层面分析　C. 个人层面分析　　　D. 地域层面分析
7. 以下不属于在进行培训规划设计中通常要经过的步骤的是（　　）。
   A. 员工培训需求分析　　　　　　　B. 明确员工培训目标
   C. 培训课程设计与开发　　　　　　D. 提供场地与设备
   E. 培训预算确定　　　　　　　　　F. 培训效果评估
   G. 提供Wi-Fi
8. 下列不属于使用工作激励手段的是（　　）。
   A. 工作目标激励　B. 工作过程激励　C. 工作完成激励　　　D. 工作持续激励
9. 下列不属于精神激励的是（　　）。
   A. 工作激励　　　B. 荣誉激励　　　C. 人才选用机制　　　D. 生日激励
   E. 完善培训机制
10. 关于人效的描述中，不正确的是（　　）。
    A. 个体因素　　　B. 组织因素　　　C. 环境因素　　　　　D. 工资因素

二、判断题

1. 构建餐饮组织，洗涤岗位可有可无。（　　）
2. 企业员工招聘，能多招就多招，这样便于优化人员。（　　）
3. 餐饮企业招聘过来的员工可以先上班再培训。（　　）
4. 进行员工甄选的目的是不招残障人士。（　　）
5. 简历甄选的价值大于面试甄选。（　　）
6. 招聘环节中一定要给倒茶水，抓住第一印象。（　　）
7. 无问题，不培训！这句话是对的。（　　）
8. 激励是对员工需求的满足，员工的需求是多样的，但激励的途径是相同的。（　　）
9. 老员工什么都会了，可以不参加餐厅组织的培训。（　　）
10. 因为很多餐厅营业额保密，所以不能做营业额目标激励。（　　）

三、案例分析题

一盘扬州炒饭

某天中午，酒店的长住客Eren先生来餐厅用餐，他还是同往常一样点几个平时最爱吃的菜，其中有一道是扬州炒饭。其实，所有服务员都认识他，也了解他的喜好，并且也知道他不吃猪肉。但由于这位点菜员的疏忽，未在菜单上标明，导致扬州炒饭上来时，因为炒饭里有火腿引起 Eren 先生的强烈不满。事后虽厅面主管及时向顾客致歉并很快重新端出一盘饭，但他还是觉得不愉快。

问题：
1. 为什么会出现这样的情况？
2. 如何进行细节培训？

四、体验练习

在酒店招聘网中搜索五家不同的招聘信息，对比岗位要求和待遇。

学习评价

模块二　服务与设计

项目四

餐厅服务基本功训练

学习目标

【知识目标】

1. 了解托盘基本知识,掌握托盘操作要领。
2. 了解摆台基本知识,掌握摆台操作要领。
3. 了解餐巾折花基本知识,掌握餐巾折花操作方法。
4. 了解斟酒基本知识,掌握斟酒操作要领。
5. 了解上菜基本知识,掌握上菜操作方法。
6. 了解分菜基本知识,掌握分菜操作要领。
7. 了解撤换餐具基本知识,掌握撤换餐具操作要领。

【能力目标】

1. 能够正确使用托盘为顾客服务。
2. 能够根据餐厅服务类型进行摆台设计。
3. 能够根据顾客的特点进行餐巾折花设计。
4. 根据顾客所点酒水提供斟酒服务,熟练为顾客提供上菜服务。
5. 能够根据顾客需求提供分菜服务。
6. 可以熟练地为顾客提供撤换餐具服务。

【素质目标】

1. 培养分析问题、解决问题能力。
2. 培养专业审美能力、人际沟通能力。
3. 培养信息整合能力、自主学习能力。
4. 培养创新创意能力。

【课程思政】

1. 树立对职业敬畏、对工作执着的态度。
2. 注重细节,培养责任感与服务意识。
3. 将一丝不苟、精益求精的工匠精神融入每一个服务环节。

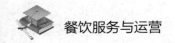

餐饮服务与运营

学习导图

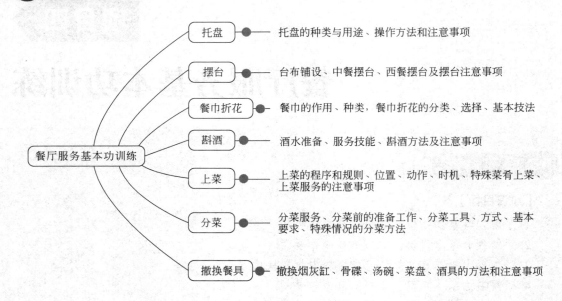

任务一 托盘

任务描述

小艾接到人力资源部的电话，说下周要新来一批实习生到餐饮部，请餐饮部做好实习生的基本技能培训工作。小艾思考了一下，决定把这个培训任务交给新上任的餐饮部主管张新。

任务分析

张新刚刚上任餐饮部主管，虽然业务能力很强，但是没有培训服务员的经验，这项任务对他来说具有挑战性。托盘服务是餐厅服务必备的基本技能，也是服务的基础，为了能够顺利地完成任务，张新决定首先培训实习生的托盘技能。

知识储备

托盘是餐厅服务中餐前摆台，餐中为顾客端送酒水、菜点等各种物品，餐后收台整理时常用工具之一。托盘比手推车灵活、方便，比徒手端托卫生、安全。端托是在摆台、斟酒、上菜等操作过程中必须掌握的一项基本操作技能。为了提高服务质量和服务效率，正确使用托盘是每一位服务员所必须掌握的基本功，是规范化服务和文明操作的基本要求，是创造餐厅动线环境的重要因素之一，因此，餐厅服务员必须了解托盘的种类、规格及使用知识、操作技能。

一、托盘的种类与用途

（1）按照托盘的形状可分为长方形托盘、圆形托盘、正方形托盘、异形托盘。
（2）按照托盘的质地可分为塑胶托盘、木制托盘、金属托盘等。
（3）按照托盘的规格可分为小托盘、中托盘、大托盘。在服务过程中，小托盘主要用于托送账单、信件、湿巾等小件物品；中托盘通常用来斟酒、上菜、展示饮品等；大托盘一般用于托运菜点、酒水和盘碟等较重的物品。

二、托盘的操作方法

托盘的操作方法按照所盛装的物品重量不同可以分为轻托和重托。

（一）轻托

轻托就是托送比较轻的物品或用于上菜、斟酒操作，通常使用中、小圆托盘或小方托盘。因为盘中运送的物品重量较轻，一般在5kg以内，所以我们称这种方法为"轻托"。又因盘子平托于胸前，所以又称为"平托"或"胸前托"。

接下来介绍轻托的操作程序与方法。

1. 理盘

运送物品时，应该选择与所托物品大小相称的托盘，将托盘洗净、擦干。防滑托盘可以不需要垫布，如果所使用的托盘不是防滑托盘，要垫上托盘布。托盘布的大小要与托盘匹配，最好专一使用，不要与餐巾混用。为避免垫布自身滑动，可将垫布适当蘸些水，使垫布半干半湿以阻隔热量传递和防止物品在运送过程中在托盘内滑倒。

2. 装盘

装盘时根据所盛物品的形状、高度、重量以及先后使用顺序合理安排。轻托的物件一般是平摆，不要重叠摆放。注意所有物品平均而且要重量平衡，做到安全稳妥，便于运输。一般应将重物、高物放于靠近身体的一侧，这样易于掌握托盘重心；将轻物、低物或先派用的物品装在盘的外侧，使盘内物品分布得当，方便自己的服务工作。这样既稳妥，又避免盘面过多的转动或右手在交叉取物时可能造成的自身碰撞。用圆托盘时，码放物品呈弧形；用方托盘时横竖成行，但二者的重心应在托盘的中心部分，摆匀放均。

3. 起托

完成装盘后，托盘从桌面起托时应注意正确的姿势，注意手、脚、身体的配合动作。首先将左脚迈前半步，站立成弓步形，上身前倾，把托盘看作表盘，右手抓托盘6点钟位置，拉出托盘1/3时，将左手伸进盘底，左手在托盘下选好位置，找好平衡；左手托起托盘，右手可帮助一下，待左手掌握中心后应将右手放开。同时左脚收回，右脚向前跟进，直腰，蹬地立直，保持托盘平稳，使身体成站立姿势。具体如图4-1所示。

4. 托盘

用左手托盘，左臂自然弯曲，大臂自然下垂，小臂与大臂呈90°，利用左手手腕灵活转向。手肘尖与腰相距 10cm，托盘平托于胸前，略低于胸部，基本保持在第二和第三枚衣扣之间。用手指和掌底托住盘底，伸开手掌，掌心向上，掌心位于托盘中心下方，掌心不与盘底接触，手掌自然形成凹形，重心压在手掌底部，使左手手掌底部和 5 个指端成为 6 个力点，利用 5 根手指的弹性掌握盘面的平衡。具体如图 4-2 所示。

图 4-1 起托

图 4-2 托盘

5. 行走

行走是指服务员托起托盘走动时的动作。托盘行走时，头正肩平，上身挺直，注视前方，脚步轻缓，动作敏捷，步伐稳健，行走自如，使托盘随走动的步伐自然摆动。还应特别注意在为顾客服务的过程中使持托盘的左手离上身有一定间距，不能紧贴上身，因为人体在走动时有轻微的摇动，如果托盘随步左右摇动就会使托盘中的物品产生滑动或菜汁、汤水外溢。

6. 落托

在落托盘时，一要慢，二要稳，三要平。左脚向前迈进半步，直腰屈膝下蹲，使托盘与工作台相平，托盘的边缘搭在台面上，注意不要将多余的垫布卷在下面，把托盘看作表盘，右手扶 4 点钟位置。用左手将盘向前推进，放稳后再取物品，从托盘两边交替拿下。

思政小课堂：吃苦耐劳是中华民族的传统美德

（二）重托

重托与轻托的操作程序大致相同，在具体方法上略有差别。

1. 理盘

重托常用于送菜、送汤和收拾碗碟，一般油腻较大，使用前必须清洁盘面并消毒，铺上洁净的专用盘巾，起到防油、防滑的作用。

2. 装盘

托盘内的物品应分类码放均匀得体，使物品的重量在盘中分布均匀，并注重把物品按高、矮、大、小摆放协调，切忌将物品无层次地混合摆放，以免造成餐具破损。装盘时还要使物与物之间留有适当的间隔，以免端托行走时发生碰撞而产生声响。重托装汤锅一般能装三只汤锅，在装盘时应将两只汤锅装在近身的一边，另一只汤锅则可装在外框处，成斜"品"字形，这种方法比较安全。在收拾台面餐具时，最好能将物品分门别类地装盘，切忌将所有物品不分大小、形状、种类混装在一个盘内，这样物品容易滑动，甚至落地打碎。

3. 起托

起托时应先将托盘用右手相助拉出 1/3，右手扶托盘将托盘托平，双脚分开呈八字形，双腿下蹲，略成骑马蹲裆势，腰部略向前弯曲。左手五指分开，用整个手掌托住托盘的底部，手掌移动找到托盘的重心。掌握好重心后，用右手协助左手向上用力将盘慢慢托起，在托起的同时，左手和托盘向上向左旋转过程中送至左肩外上方。做到盘底不搁肩、盘前不靠嘴、盘后不靠发。

4. 行走

行走时，表情轻松自然，步伐不宜过大、过急，盘面应始终保持平衡平稳，防止汤水外溢。右手自然摆动，或扶住盘前角，遇到顾客要礼貌避让。

5. 落托

落托时，左脚向前迈一步，用右手扶住托盘边缘，左手向右转动手腕，同时托盘向右旋转，待盘面从左肩移至与台面平行时，再用左臂和右手向前推进。

重托操作时要求做到"平、稳、松"。"平"就是在托盘的各个操作环节中都要掌握好重心，保持平稳，不使汤汁外溢，行走时盘要平，肩要平，两眼要平视前方；"稳"就是装盘合理稳妥，托盘稳而不晃动，行走时步稳不摇摆；"松"就是动作表情要轻松，面容自然，上身挺直，行走自如。

任务实施

编写托盘培训计划。

1. 计划概要

本计划主要内容为酒店新来实习生托盘培训的内容、时间安排等。目的在于加强对培训工作的管理，提高培训工作的计划性、有效性和系统性，使培训工作能够促进整体服务水平的提高，从而让新来的实习生能够尽快上岗独立工作。

2. 计划依据

根据实习生目前的托盘技能现状，结合各部门的培训需求，制订本计划。

3. 培训原则

实用性、有效性、系统性。

4. 培训目标

（1）建立培训体系、传承酒店文化、规范服务技能、提升服务质量。

（2）实习生托盘操作考核，合格率达 100%。

5. 培训项目及日期

培训项目及日期见表 4-1，其中"★"表示当日安排培训项目。

表 4-1 培训项目及日期表

日期	托盘基本知识	空托盘练习	托矿泉水瓶练习	托装水的啤酒瓶	托装水的红酒瓶	托没有开瓶的白酒瓶、啤酒瓶、红酒瓶	托盘考核
周一	★	★					
周二		★	★				

续表

日期	托盘基本知识	空托盘练习	托矿泉水瓶练习	托装水的啤酒瓶	托装水的红酒瓶	托没有开瓶的白酒瓶、啤酒瓶、红酒瓶	托盘考核
周三			★	★			
周四				★	★		
周五						★	★

6. 托盘技能考核

托盘技能考核见表4-2。

表4-2 托盘技能考核表

考核项目	操作要求	配分	得分
理盘	洗净,擦干,垫好盘巾	10分	
装盘	物品摆放合理,符合要求,重心均衡	10分	
起托	左脚向前迈一步,右手将托盘拉出台面1/3	5分	
	托盘重心位于掌心处,保持盘面平衡	5分	
	左手掌呈凹形,不与盘底接触	10分	
	托稳,右手放回体侧成站立姿势	10分	
行走	头正肩平,上身挺直	10分	
	步伐轻盈,稳健自如	10分	
	目视前方,表情自然,精力集中,姿态优美	10分	
	托盘随着步伐在胸前自然摆动	10分	
落托	左脚向前迈一步,用右手协助左手把托盘小心推至工作台面	5分	
	放稳托盘,卸下所托物品	5分	
合计		100分	

能力训练

托盘服务技能

训练目标:通过训练,使学生掌握托盘操作技能。

训练方式:以小组为单位完成任务。

训练内容:托盘的基本知识,轻托、重托的操作要领。

训练步骤:学生自由分组→按人数编好序号→依次在本组内扮演培训主管→对本组队员进行托盘培训→选出本组最优秀的队员→去其他小组担任培训主管(抽签决定去哪组)→撰写实训报告。

训练要求:内容全面,知识完整,技能标准,语言流利。

任务二　摆台

任务描述

随着餐饮行业的竞争越来越激烈，中餐宴会摆台设计的"特色化"和"个性化"也越来越被经营者所看重，并慢慢成为餐饮企业吸引顾客、创造利润的关键，如商务宴会摆台、婚宴摆台、生日宴会摆台等。个性化的主题宴往往更能抓住就餐者的心理，从而达到刺激餐饮消费的目的。结合所学知识，编写摆台培训计划。

任务分析

摆台是餐厅服务的一项非常重要的技能，项目内容比较多，包括台布铺设、中餐摆台和西餐摆台等，摆台前要准备摆台的所有物品，然后根据酒店特点和顾客需求进行摆台设计。

知识储备

餐台是餐厅为顾客提供服务的主要服务设施之一。餐台、席位的安排和台面的摆设称为摆台，是将餐具、酒具以及辅助用品按照一定的规格整齐美观地铺设在餐桌上的操作过程。

摆台的基本要求是：餐具图案对正，距离匀称，整齐美观，清洁大方，为顾客提供一个舒适的就餐位置和一套必需的就餐用具。

一、台布铺设

台布铺设是用适合的方法将台布平整地铺在餐桌上的过程。

（一）推拉式

服务员选好台布，站在主人座位处，用双手将台布打开后放至餐台上，用两手的大拇指和食指分别夹住台布的一边，其余三指抓住台布，将台布贴着餐台平行推出去再拉回来。铺好的台布中间的折线对准正、副主位，十字居中，四边下垂部分对称并且遮住台脚的大部分。这种铺法多用于零点餐厅或较小的餐厅，当有顾客就座于餐台周围等候用餐时，或在地方窄小的情况下，选用这种推拉式的方法进行铺台。

（二）抖铺式

服务员选好台布，站在主人座位处，用双手将台布打开，用两手的大拇指和食指分别夹住台布的一边，其余三指将多余台布提拿于胸前，身体呈正位站立式，利用双腕的力量，将台布向前一次性抖开并平铺于餐台上。这种铺台方法适合于较宽敞的餐厅或在周围没有顾客就座的情况下进行。

（三）撒网式

服务员选好台布，站在主人座位处，呈右脚在前、左脚在后的站立姿势，将台布正面朝上打开，用两手的大拇指和食指分别夹住台布的一边，其余三指将多余台布提拿至左肩后方，上身向左转体，下肢不动并在右臂与身体回转时，台布斜着向前撒出去，将台布抛至前方时，上身转体回位并恢复至正位站立，这时台布应平铺于餐台上。这种铺台方法多用于宽大场地或技术比赛场合。

二、中餐摆台

（一）中餐零点摆台

（1）铺台布。按照铺台布的操作程序铺设。

（2）骨碟定位。骨碟摆放在餐位正前方，骨碟边沿距桌边1.5cm。

（3）摆汤碗、汤匙。汤碗摆在骨碟左上方，距骨碟2cm；汤匙放在汤碗中，匙把向左。

（4）摆放水杯。水杯摆在汤碗的右前方，汤碗的中心与水杯的中心在一条直线上，与汤碗的距离为2cm。

（5）摆放筷架、筷子。筷架摆在骨碟的右侧，筷子摆在筷架上，筷末端距桌边1.5cm，筷套字样正面朝向顾客。

（6）摆放餐巾，如图4-3所示。

（7）如摆茶碗，则扣放在茶碟中，杯耳朝右，茶碟距筷子及桌边均为2cm。

（8）摆调味壶、牙签盅、插花。圆桌摆放：调味壶摆在餐桌的左侧，牙签盅在右侧。方桌摆放：调味壶摆在餐桌的右下角，牙签盅放在左上角。插花居桌中而放。

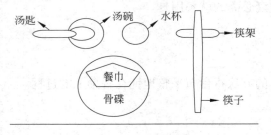

图4-3　中餐零点摆台

（二）团体包餐摆台

（1）团体包餐的摆台方法是按餐食标准来摆放的。摆放方法与散座基本相同，但团体包餐一般不饮酒，除特殊要求外，一般不摆放酒杯。

（2）团体包餐一般用大圆桌进行集体就餐，所以在餐桌中央应放置转台。转台上应对称摆放两套公用餐具和调味品，整个台面要求匀称、和谐、美观，方便用餐。

（三）中餐宴会摆台

左手托盘，右手摆放餐具，从主位开始摆起。

摆台的标准和要求是：摆放餐具要相对集中，餐具酒具配套齐全、合理，图案、花纹要对正，整齐划一，符合规范标准，整齐美观，科学卫生，既方便顾客用餐又便于服务员席间操作，每个餐桌的餐具应该多备出20%，以备使用。具体见表4-3，如图4-4所示。

表4-3　中餐宴会摆台程序表

项　目	具　体　步　骤
摆台准备	1. 洗净双手 2. 领取各类餐具、台布、餐巾、台裙、转盘等 3. 用干净的布擦亮餐具、各种玻璃器具，要求无任何破损、污迹、手印，洁净光亮 4. 检查台布、餐巾、台裙是否干净，是否有皱纹、小洞、油迹等，不符合要求应另外调换 5. 洗净所有调味品瓶及垫底的小碟，重新装好 6. 餐巾折花
铺设台布	按要求铺设台布
摆椅	1. 从主人位开始，用双手轻扶椅背，将餐椅提起并拉出 2. 顺时针绕台进行，餐椅前端距下垂桌布1cm，每把餐椅都直对桌心，相邻餐椅距离匀称，角度均等
摆放餐碟	1. 将餐具码放在托盘内，左手托盘，右手摆放 2. 从主人席位开始，按顺时针方向绕台依次进行 3. 要求定位距离均匀、准确，花纹、桌面、店徽正面朝向顾客位，协调一致，骨碟放在距桌边1.5cm处，两两相对，整齐一致
摆放味碟	味碟摆在餐碟的正前方1cm处
摆汤碗和汤匙	1. 汤碗摆在骨碟的左侧的位置 2. 汤碗边缘与骨碟边缘相距1cm 3. 汤匙放在汤碗内，匙把朝向左侧，要求方向一致
摆放筷架、筷子、长柄汤匙、牙签	1. 摆放筷架置于骨碟和酒具的右侧 2. 筷子架为勺托与筷架两用的，筷子左边放长柄勺，右边放筷子，中间放牙签，筷子摆放在筷架1/3处，末端距桌边1.5cm，牙签与长柄勺末端平齐
摆放酒具	1. 将酒杯收入托盘，口朝上，注意间距，方便取用 2. 从主人位开始，取拿杯脚部位，按照标准摆放 3. 先放红酒杯，摆在味碟在正上方，红酒杯距味碟2cm 4. 白酒杯摆在红酒杯的右侧，红酒杯与白酒杯之间相距1cm 5. 后放水杯，如果选用杯花，则在备餐台叠好餐巾花，插入水杯中，摆在红酒杯左侧，与红酒杯之间的距离为1cm，三个杯的中心点成一条斜线，餐巾花的观赏面朝向顾客。如果是动物造型，其头部向右，避免一部分餐巾花遮盖红酒杯杯口，造成斟酒不便 6. 整个操作中手不得接触杯口、杯身等部位，注意托盘平衡
摆放公用餐具	1. 在正副主人杯具的前方各摆放一套公用餐具，先筷后勺，筷尾朝右，勺柄朝右 2. 在正副主人餐具的右侧各摆放一份菜单 3. 台号放在副主位前方，正面朝门口的方向。花瓶（插花）放在餐台的正中位置

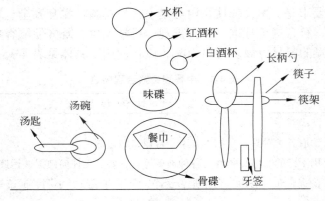

图 4-4 中餐宴会摆台示例图

三、西餐摆台

（一）西餐便餐摆台

西餐便餐一般使用小方台和小圆台，餐具摆放比较简单。摆放顺序是：餐盘放在正中，对准椅位中线（圆台是顺时针方向按人数等距定位摆盘）；口布折花放在餐盘内；餐叉放在餐盘的左边，叉尖向上；餐刀和汤匙放在餐盘上方；面包盘放在餐叉上方或左边，黄油刀横放在餐盘上方，刀口向内；水杯放在餐刀尖的上方，酒杯靠水杯右侧呈直线、三角形或弧形；若有烟灰缸，则烟灰缸放在餐盘正上方，胡椒瓶和盐瓶放置于烟灰缸左侧，牙签盅放在椒盐瓶左侧；花瓶放在烟灰缸的上方；糖缸和奶缸呈直线放在烟灰缸的右边。西餐便餐摆台如图 4-5 所示。

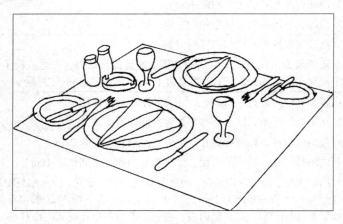

图 4-5 西餐便餐摆台

（二）西餐宴会摆台

左手托盘，右手摆放餐具，摆放的顺序是：按照顺时针的方向，按照人数等距定位摆盘，将餐巾折花放在餐盘中。在餐盘的左侧放餐叉，餐盘的右侧放置餐刀，在餐刀右边放汤匙，面包盘、黄油碟放在餐叉左侧，黄油刀刀口朝左竖放在面包盘上，甜品叉匙放在餐盘的正上方，酒杯、水杯共三只，摆放在餐刀上方。酒杯的摆放方法多种多样，可以摆成直线形、斜线形、三角形或者圆弧形，先用的放在外侧，后用的放在内侧；甜点叉的左上方放盐、胡椒瓶。注意西餐的餐具按照宴会菜单摆放，每道菜应该换一副刀叉，放置时要根据上菜的顺序从外侧到内侧，一般不超过七件（三叉、三刀、一匙），如果精美的宴席有多道菜，则在上新菜前追加刀叉。摆放餐具后应该仔细核对，观察餐具是否整齐划一。具体见表4-4，如图4-6所示。

表4-4　西餐宴会摆台程序表

项　目	具　体　步　骤
确定席位	根据餐桌确定席位
准备餐具	根据菜单要求准备餐具，整齐统一，美观实用
餐具摆放要求	按餐盘正中，左叉右刀，刀尖朝上，刀刃朝盘，先外后里的顺序摆放
装饰盘摆放	可用托盘端托，也可用左手垫好口布，口布垫在餐盘盘底，把装饰盘托起，从主人位开始，按顺时针方向用右手将餐盘摆放于餐位正前方，盘内的店徽图案要端正，盘与盘之间距离相等，盘边距桌边2cm
刀叉摆放	1. 装饰盘左侧按从左至右的顺序依次摆放开胃品叉、鱼叉、主餐叉，各相距0.5cm，手柄距桌边2cm，叉尖朝上。鱼叉距离桌边5cm 2. 装饰盘的右侧按从左到右的顺序依次摆放主餐刀、鱼刀、开胃品刀。主餐刀刀刃向左，刀柄距桌边2cm。鱼刀距离桌边5cm 3. 鱼刀右侧0.5cm处摆放汤匙，匙面向上。汤匙右侧0.5cm处摆放沙拉刀，刀刃向左 4. 甜品叉、甜品匙平行摆放在装饰盘的正前方1cm处，叉在下，叉柄向左，匙在上，匙柄朝右，甜品叉、甜品匙手柄相距1cm
面包盘、黄油碟、黄油刀的摆放	1. 装饰盘左侧摆面包盘，面包盘与装饰盘的中心轴对齐，黄油盘摆放在面包盘右上方，相距3cm处 2. 黄油刀摆放面包盘上右1/3处，黄油刀中心与面包盘的中心线吻合
酒具的摆放	1. 水杯摆放在主餐刀正前方，杯底中心在主餐刀的中心线上，杯底距主餐刀尖2cm 2. 红葡萄酒杯摆在水杯的右上方，杯底中心与水杯杯底中心的连线与餐台边呈45°，杯壁间距0.5cm 3. 白葡萄酒杯摆在红葡萄酒杯的右下方，其他标准同上。摆酒具时要拿酒具的杯托或杯底部
蜡烛台和椒、盐瓶的摆放	1. 西餐宴会如是长台一般摆两个蜡烛台，蜡烛台摆在台布的鼓缝线上、餐台两端适当的位置上，调味品（左椒右盐）、牙签筒，按四人一套的标准摆放在餐台鼓缝线位置上，并等距离摆放数个花瓶，鲜花不要遮挡顾客视线 2. 如是圆台，台心位置摆放蜡烛台，椒、盐瓶摆在台布鼓缝线上按左椒右盐的要求对称摆放，瓶壁相距0.5cm，瓶底与蜡烛台台底相距2cm

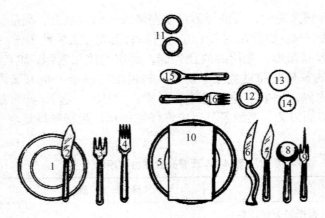

1—面包盘；2—黄油刀；3—鱼叉；4—餐叉；5—餐盘；6—牛排刀；7—鱼刀；
8—清汤匙；9—生蚝叉；10—餐巾；11—盐和胡椒粉瓶；12—水杯；13—红酒杯；
14—白葡萄酒杯；15—甜品匙；16—甜品叉

图 4-6　西餐宴会摆台示意图

任务实施

编写摆台培训计划。

1. 计划概要

本计划主要内容为酒店新员工培训的内容、时间安排等。目的在于加强对培训工作的管理，提高培训工作的计划性、有效性和系统性，让新员工尽快学会酒店的摆台程序，能够独立进行摆台服务操作。

2. 计划依据

根据新员工目前的摆台技能现状，结合部门的培训需求，制订本计划。

3. 培训原则

实用性、有效性、系统性。

4. 培训目标

（1）规范摆台服务技能、提升服务质量。

（2）新员工摆台考核，合格率达100%。

5. 培训项目及日期

培训项目及日期见表4-5。

表 4-5　培训项目及日期表

日　期	铺　台　布	中　餐　摆　台	西　餐　摆　台
周一	★		
周二		★	
周三		★	
周四			★
周五			★

6. 摆台技能考核

摆台技能考核表见表4-6。

表4-6 摆台技能考核表

考核项目	操作要求	配分	得分
铺台布	准确无误地将台布一次性铺在餐桌上	20分	
中餐摆台	物品准备齐全	40分	
	摆放顺序正确		
	摆放位置准确		
	注重礼貌礼节		
	手法操作卫生		
西餐摆台	物品准备齐全	40分	
	摆放顺序正确		
	摆放位置准确		
	注重礼貌礼节		
	手法操作卫生		
合计		100分	

能力训练

摆台操作技能

训练目标：通过训练，使学生掌握摆台操作技能。
训练方式：以小组为单位完成任务。
训练内容：铺台布、中餐摆台、西餐摆台。
训练步骤：学生自由分组→按人数编好序号→依次在本组内扮演培训主管→对本组队员进行摆台培训→选出本组最优秀的队员→去其他小组担任培训主管（抽签决定去哪组）→撰写实训报告。
训练要求：内容全面，知识完整，技能标准，语言流利。

任务三 餐巾折花

任务描述

张女士40岁，很时尚，之前一直在日本留学，最近打算回中国过生日，请为她的生日宴会设计餐巾花形。

任务分析

餐巾折花设计应该考虑宴会的特点、顾客的特点、喜好和禁忌等。

知识储备

餐巾英文为"Napkin",又称口布、饭巾、席巾、花巾、茶巾等。它既是宴会、酒席以及家庭宴会使用的卫生用品,又有装饰美化餐台的作用。因此,许多宾馆、酒店餐厅都把它作为提高服务质量的重要内容。餐巾折花是餐厅服务员的一项基本功,餐厅服务员通过艺术创造,将餐巾折成各种动、植物形态,插摆在口杯、盘碟中供人们欣赏。

一、餐巾的作用

(一)卫生清洁

顾客用餐时,餐厅服务员将餐巾放在顾客的膝上或餐位前,餐巾可用来擦嘴或防止汤汁、酒水弄脏衣物。餐巾直接接触顾客的手和嘴,因此在卫生程度上要特别注意。

(二)装饰美化

形状各异的餐巾花摆放在餐台上,既美化了餐台,又增添了庄重热烈的气氛,给人以美的享受。若餐巾花型与美味佳肴相呼应、协调一致、美观统一,则会收到美食美器的良好效果。

(三)突出宴会主题

不同的餐巾花形蕴含着不同的宴会主题。如用餐巾折成迎宾花篮、和平鸽等花形,表示欢快、和平、友好,给人以诚悦之感;如折出比翼齐飞、鸳鸯等花型送给一对新人,可以表示出永结同心、百年好合的美好祝愿。

(四)凸显主要顾客席位

独特的口布花形及摆设,可以标志主要的席位,顾客一步入餐厅就可从不同的花形中辨认出自己的位置。在折餐巾花时应选择好主要顾客的花形,主人花形高度应高于其他花形高度以示尊贵。

二、餐巾的种类

餐巾的种类很多,常用的大体上可以从质地、颜色和规格上区分。

(一)按质地分

餐巾质地分有纯棉、棉麻混纺和化纤的、纸质的。棉质的餐巾吸水性强,触感好,色彩丰富,易折叠造型,容易褪色,不够挺括,每次洗涤需上浆,比较麻烦;一般化纤餐巾价格适中,造型效果好,但吸水性弱;维萨餐巾(Visa)特点是色彩鲜艳丰富,挺括,触感好,方便洗涤,不褪色并且经久耐用,但吸水去污性较差,价格也较高;纸质餐巾特点是一次性使用,成本较低,一般用在快餐厅和团队餐厅。

（二）按颜色分

餐巾按颜色分，有白色和彩色两大类。白色餐巾用途较广泛，白色给人以清洁卫生、典雅文静的感觉，适合大型的宴会。彩色餐巾一般可分为暖色调和冷色调两大类。暖色调的餐巾颜色通常有红色、粉色、橘黄色等。暖色调的餐巾给人以兴奋热烈、富丽堂皇、鲜艳醒目的感觉，多用于婚宴、寿宴、迎宾宴等场合。冷色调餐巾的颜色常有浅绿色、浅蓝色等。冷色调餐巾使人有平静、舒适、清凉的感觉。总之，彩色餐巾适合宴会主题，选择得当可以烘托宴会气氛，渲染情绪，收到特有的宴会摆台的艺术效果。

（三）按规格分

餐巾有大小之分，一般常见的有45cm见方的餐巾、50cm见方的餐巾、大的有55~65cm见方的餐巾。应根据花形来选择餐巾的大小，以使用方便为宜。

三、餐巾折花的分类

（一）按放置用具分

1. 杯花

杯花是将折好的餐巾插入饮料杯或葡萄酒杯中，特点是立体感强，造型逼真，从杯中取出后即散形，杯花常用于各种大型宴席。

2. 盘花

盘花是将折叠好的餐巾直接放在餐盘中或台面上，特点是造型完整，成型后不会自行散开，手法卫生简捷，可以提前折叠便于储存，打开后平整。

3. 环花

环花是将餐巾平整卷好或折叠成造型，套在餐巾环内。餐巾环也称为餐巾扣，有瓷制、银制、塑料、骨制等。此外，餐巾环也可用色彩鲜明、对比感较强的丝带或丝穗带代替，将餐巾卷成造型，中央系成蝴蝶结状，然后配以鲜花；餐巾环花通常放置在装饰盘或餐盘上，特点是传统、简洁和雅致。

（二）按造型外观分类

1. 动物类造型

动物类造型包括鱼虫鸟兽造型，如鸽子、海鸥、金鱼、蝴蝶、孔雀、燕子、长颈鹿、大虾、松鼠等，形态逼真，生动活泼。

2. 植物类造型

植物类造型包括各种花草和果实造型，如月季、荷花、水仙花、竹笋和玉米等。其造型美观，千姿百态，变化多样，是餐巾花品种中的一大类。

3. 实物类造型

实物类造型包括模仿自然界和日常生活中的各种形态的实物造型，如挪威冰川、折扇、水晶鞋、花篮、领带、迎风帆船等。

四、餐巾折花造型的选择

餐巾花形的选择和运用，一般应根据宴会的性质、规模、规格、冷菜名称、季节时令、顾客的宗教信仰、风俗习惯、宾主座位的安排、台面的摆设需要等方面的因素进行考虑。总体原则如下。

（一）根据宴会的性质来选择花形

花形可根据宴会的性质来选择，如以欢迎答谢表示友好为目的的宴会餐巾花可设计成友谊花篮及和平鸽等，可以表达热爱和平、友谊长存之意；婚宴可以选用"鸳鸯""喜鹊""比翼双飞"等，有庆祝花好月圆、夫妻恩爱、天长地久之意。

（二）根据宴会的规模来选择花形

一般大型宴会可选用简单、快捷、挺拔、美观的花形；小型宴会可以同一桌上使用各种不同的花形，形成既多样、又协调的布局。

（三）根据花式冷拼选用与之相配的花形

如上蝴蝶冷盘，可选择花卉的花形，使整个台面形成"花丛蝴蝶"的画面。此外，还可根据风味宴、名菜宴的菜单选择花形。如以海鲜为主的宴席，可选用鱼虾的花形等。花形与宴会内容配合，既可形成台面的和谐美，紧密配合宴会主题，又可突出中餐美食的特色。

（四）根据时令季节选择花形

用台面上的花形反映季节特色，使之富有时令感。例如，春季宴会酒席可选择月季、迎春等花卉花形，以示春色满园；夏天选用"荷花""扇子"等；秋季可选择一片叶、鸡冠花等；冬天选用"梅花""企鹅"等。

（五）根据顾客身份、风俗习惯、兴趣和爱好来选择花形

接待对象可分为不同国家和地区的顾客，根据不同的宗教信仰、风俗习惯、性别、年龄选择花形，以示对顾客的尊重。通常情况下，日本人喜樱花、忌用荷花，美国人喜山茶花，法国人喜百合花，英国人喜蔷薇花等。婚礼可用玫瑰花、鸳鸯等。

（六）根据宾主席位的安排来选择花形

宴会主人座位上的餐巾花称为主花，主花要选择美观而醒目的花形，其目的是使宴会的主位更加突出。如在接待国际友人宴会上，叠和平鸽表示和平，叠花篮表示欢迎，为女宾叠孔雀表示美丽，为儿童叠小鸟表示活泼可爱，使宾主均感到亲切。

餐巾折花的总体要求：要根据宴会主题设计折叠不同的餐巾花。要灵活掌握，力求简便、快捷、整齐、美观大方。

知识小看板：我国古代的餐巾

五、餐巾折花的基本技法

餐巾折花的基本技法有叠、推、卷、穿、翻、拉、捏、掰等。餐厅的服务人员应掌握娴熟的餐巾折花基本技能，达到手法灵活，运用自如，提高摆台的工作效率和艺术性。

（一）叠

叠是最基本的餐巾折花手法，几乎所有的造型都要使用。叠就是将餐巾一折为二，二折为四，或折成三角形、长方形、菱形、梯形、锯齿形等形状。叠有折叠、分叠两种。叠时要熟悉造型，看准角度一次叠成。如有反复，就会在餐巾上留下痕迹，影响挺括。叠的基本要领是找好角度一次叠成。

（二）推

推是打褶时运用的一种手法，就是将餐巾叠面折成褶皱的形状，使花形层次丰富、紧凑、美观。打褶时，用双手的拇指和食指分别捏住餐巾两头的第一个褶皱，两个大拇指相对成一线，指面向外。再用两手中指按住餐巾，并控制好下一个褶皱的距离。拇指、食指的指面握紧餐巾向前推折至中指外，用食指将推折的褶皱挡住。中指腾出去控制下一个褶皱的距离，三个手指如此互相配合。推可分为直褶和斜褶两种方法，两头一样大小的褶用直推，一头大一头小或折半圆形或圆弧形的斜褶用斜推。推的要领是推出的褶裥均匀整齐。

（三）卷

卷是用大拇指、食指、中指三个手指相互配合，将餐巾卷成圆筒状。卷分为直卷和螺旋卷。直卷有单头卷、双头卷、平头卷。直卷要求餐巾两头一定要卷平。螺旋卷分两种，一种是先将餐巾叠成三角形，餐巾边参差不齐；另一种是将餐巾一头固定，卷另一头，或一头多卷，另一头少卷。使卷筒一头大，一头小。不管是直卷还是螺旋卷，餐巾都要卷得紧凑、挺括，否则会因松软无力、弯曲变形而影响造型。卷的要领是卷紧、卷挺。

（四）穿

将餐巾先折好后攥在左手掌心内，用筷子一头穿进餐巾的褶缝里，然后用右手的大拇指和食指将筷子上的餐巾一点儿一点儿向后拨，直至把筷子穿出餐巾为止。穿好后先把餐巾花插入杯子内，然后再把筷子抽掉，否则容易松散。根据需要，一般只穿1~2根筷子。穿的要领是穿好的褶皱要平、直、细小、均匀。

（五）翻

翻大多用于折花鸟造型。操作时，一手拿餐巾，一手将下垂的餐巾翻起一只角，翻成花卉或鸟的头颈、翅膀、尾等形状。翻花叶时，要注意叶子对称，大小一致，距离相等。翻鸟的翅膀、尾巴或头颈时，一定要翻挺，不要软折。翻的要领是注意大小适宜，自然美观。

（六）拉

拉一般在餐巾花半成型时进行。把半成型的餐巾花攥在左手中，用右手拉出一只角或几只角来。拉的要领是大小比例适当，造型挺括。

（七）捏

捏主要用于折鸟的头部造型。操作时先将餐巾的一角拉挺做颈部，然后用一只手的大拇指、食指、中指三个指头捏住鸟颈的顶端，食指向下，将巾角尖端向里压下，用中指与拇指将压下的巾角捏出尖嘴状，作为鸟头。捏的要领是棱角分明，头顶角、嘴尖角到位。

（八）掰

将餐巾做好的褶用左手一层一层掰出层次，成花蕾状。掰时不要用力过大，以免松散。掰的要领是层次分明，间距均匀。

以上介绍的仅是折花的基本手法，其实在折花时往往是多种手法的有机结合与综合运用。如"孔雀开屏"就用了叠、折、翻、穿、拉、捏等多种手法。只要善于观察、常练习，熟练掌握各种技法，就能折制出挺括美观、种类繁多的花形。

任务实施

根据宴会特点进行餐巾折花设计。

1. 宴会分析

张女士40岁，很时尚，之前一直在日本留学，回到中国过生日，需要提前和张女士确认来宾人数，询问喜好和禁忌。

2. 餐巾折花选择

首先选择餐巾折花的颜色，然后确定花形。

3. 确定花形

经过和张女士沟通，共有10位顾客参加宴会。餐巾颜色选择雾蓝色。花形为：主位花形：花枝玉树；副主位花形：含苞待放；其他餐位花形：海螺。

能力训练

餐巾折花技能

训练目标：通过训练，使学生掌握餐巾折花技能。

训练方式：以小组为单位完成任务。

训练内容：餐巾折花的基本知识、操作要领。

训练步骤：学生自由分组→选出队长、队长带领队员练习餐巾折花具体花形→选出本组最优秀的队员各组→选出的队员进行餐巾折花比赛→评选出餐巾折花小能手→撰写实训报告。

训练要求：手法正确，操作卫生，技能标准，花形新颖。

任务四　斟酒

任务描述

酒店的二楼宴会厅正在举办张先生的生日宴会。顾客兴高采烈，服务人员也在有条不紊地为顾客提供餐中服务。小赵已经在餐厅工作两年，是名副其实的老服务员了。本次生日宴会由小赵负责主桌，上菜、斟酒、收拾台面他都非常娴熟。这时，张先生让服务员小赵帮忙把自带的酒打开瓶，小赵欣然答应。张先生说，这瓶酒是他从外国带回来的名酒，让大家尝尝。小赵第一次看到这种酒瓶，一时还不知道怎么启，又不好意思问顾客，所以就按照国内相类似的酒瓶启法试图把酒瓶打开。只听"啪"的一声，酒瓶打开了，小赵暗自惊喜，可是他把酒瓶拿起来看后，就惊呆了，酒瓶是打开了，但是瓶口有破裂，碎渣掉到了酒瓶里……

你能告诉小赵，做好斟酒工作，他应该掌握哪些知识和技能吗？

要求：内容具体，方法得当。

任务分析

斟酒是酒店服务中一项技术要求较高的技能，服务员在每一次服务中都要做到服务一丝不苟。

知识储备

给顾客斟倒酒水或饮料是餐厅服务员的重要工作内容之一。餐厅服务员给顾客斟酒时，斟酒操作动作要正确、迅速、优美、规范，这样才会给顾客留下美好的印象。餐厅服务员娴熟的斟酒技术及热忱周到的服务，会让参加饮宴的顾客得到精神上的享受与满足，同时还可以增添热烈友好的饮宴气氛。因此，斟酒服务操作技术不仅需要服务者有广博的酒品知识和服务技术，还要具备一定的表演天赋。

一、酒水准备工作

准备工作包括酒水的准备、酒杯的准备、酒水温度的处理。

（一）酒水的准备

从吧台领出酒水后，先检查酒水是否为顾客所需要的酒水，如不是应及时调换；接着检查酒水的质量，如发现酒瓶有破裂或酒水中有浑浊沉淀物等变质现象时，也应调换。

服务员要将领出的酒水瓶身、瓶口擦干净。用托盘盛装酒水、饮料为顾客服务或提供给顾客选择时，要将瓶子较高的酒水、饮料放在内侧，瓶子低的放在外侧，方便取用。

（二）酒杯的准备

备有为各种不同的酒而设计的酒杯对专门销售食品与酒水的餐厅是非常重要的。如啤酒杯的容量大，杯壁厚，这样可较好地保持它冰镇过的效果；葡萄酒杯做成郁金香花型，是考虑到当酒斟至杯中面积最大处时，可使酒与空气保持充分接触，让酒的香醇味道更好地挥发；烈性酒杯容量较小，玲珑精致，使人感到杯中酒的名贵与纯正。餐厅服务员应根据酒类品种配备酒杯，并检查酒杯的洁净和完好程度。

（三）酒水温度的处理

明确酒品的最佳饮用温度。白葡萄酒、玫瑰红葡萄酒、香槟酒和葡萄汽酒的最佳饮用温度约为10~12℃，红葡萄酒的最佳饮用温度为10~18℃。如果能在饮用前打开瓶塞，让酒液与空气接触，红葡萄酒会更香醇。酒精度较高的加强葡萄酒，如波特酒和雪利酒的最佳饮用温度为室内温度15~20℃。白兰地、威士忌饮用温度通常为室内温度，也可根据顾客需要加入冰块。中国烈性白酒及黄酒的最佳饮用温度是室温或稍加热度。啤酒的最佳饮用温度为8~10℃，夏天可适当降低，在4~10℃。矿泉水的最佳饮用温度约为4℃，服务员当着顾客的面开瓶。任何冷饮，尤其是矿泉水在没有得到顾客同意时，不要在水中加冰块或柠檬片。

降温的方法通常有用冰块冰镇和冰箱冷藏冰镇两种。冰块冰镇的方法是：准备好需要冰镇的酒品和冰桶，并用冰桶架架放在餐桌一侧，桶中放入冰块（冰块不宜过大或过碎），将酒瓶插入冰块中。一般十几分钟，冰镇即可达到效果。冰箱冷藏冰镇的方法则需要提前将酒品放入冷藏柜内，使其缓缓降至饮用温度。

除对饮用酒进行降温处理外，对盛酒品用的杯具也要进行降温处理，其方法是：服务员手持酒杯的下部，杯中放入一块冰块，摇转杯子，以降低杯子的温度，即所谓的"溜杯"。升温的方法有水烫、烧煮、燃烧，水烫和燃烧一般是当着顾客的面操作的。

二、酒水服务技能

（一）示瓶

各种酒的品种和产地非常多，尤其是葡萄酒，因此在开瓶之前，都应让顾客鉴定一下酒的名称、商标、产地、年限和级别等内容。示酒是指服务员站在点酒顾客的右侧，左手托瓶底，右手扶瓶颈，酒标朝向顾客，让顾客辨认。这种服务程序的目的，是让顾客鉴定该酒品的质量，同时也是表示对顾客的尊重。示酒是斟酒服务的第一道程序，它标志着服务操作的开始。实际上显示酒瓶商标还是开瓶服务的一部分。

（二）开瓶

酒水的种类繁多，故而形成了多种多样的包装，常见的有瓶装、罐装和坛装。在开启瓶塞、瓶盖和打开罐口、坛口时，应该选配适用的开酒用具，并注意动作要规范、优美。

1. 正确选用开酒器

常用的开酒器有两大类，一类是专门开启木塞瓶的螺丝拔，又名酒钻；另一类是专门开启瓶盖的扳手，又名酒起子。

选用酒钻时应注意，酒钻的螺旋部分应大些，钻头尖而不带刃，最好选用带有一个起拔杆的，以便使用时可使瓶塞平行拔起，从而加快开酒速度。

2. 开酒的动作

餐厅服务员开酒时，一般都在操作台上进行，餐厅服务员要注意站立姿势及握拿开酒器的方法。开酒时的动作应正确、规范、优美。开酒后，应注意酒品卫生和酒塞整洁。

三、斟酒方法

斟酒的基本方法有两种，一种是桌斟，另一种是捧斟。

（一）桌斟（托盘斟酒）

餐厅服务员斟酒时要站在顾客身后右侧，面向顾客，左手托盘（若徒手斟酒，左手应持一块洁净的餐巾随时擦拭瓶口），右手握住酒瓶的下部位置，为顾客斟酒。要注意掌握斟酒的程度。有些酒需少斟，有些酒需多斟，但不要过分。

酒瓶的商标朝向顾客一方（让顾客可以看到），斟酒时瓶口对准杯口，与杯沿须保持一定的距离，一般以1cm为宜，缓缓把酒注入杯中，切忌将瓶口与杯口相碰或采取高溅注酒的错误的方法。

（二）捧斟

捧斟是指餐厅服务员站立在顾客右后侧，右手握瓶，左手将顾客酒杯握在手中，向杯中斟酒，再将装有酒水的酒杯放回原来位置的一种斟酒方法。斟酒动作应在台面以外的空间进行，然后将斟好酒的杯子放置在顾客的右手处。捧斟适用于非冰镇处理的酒。捧斟取送酒杯时服务员要做到准确、优雅，大方。

四、位置与姿势

（1）斟酒时，服务员要站在顾客身后右侧。

（2）服务员斟酒时，面向顾客，身体微向前倾，右腿伸入两客座椅之间，重心放在右脚上。

（3）服务员每斟完一杯酒后，即用左手所持的餐巾把残留在瓶口的酒液擦掉，避免酒水滴洒在台布或顾客身上。

（4）每斟一杯，都要换一下位置，站到下一位顾客的右后侧，将手臂横越顾客是不礼貌的行为。

（5）为顾客斟酒时要与顾客保持一定的距离，不可靠在顾客身上。

五、斟酒要领

（1）斟酒时，瓶口对准杯口，与杯口之间需保持一定的距离，一般以1cm为宜，不可将瓶口搭在杯口上。

（2）斟酒时，右手握酒瓶中下半部分，商标朝向顾客，便于顾客看见酒水商标（在欧洲也有示瓶后将商标握在手中的）；同时向顾客说明酒水的特点。

（3）斟酒时，要控制斟酒的速度，掌握酒瓶的倾斜度。当斟至适量时旋转瓶身，抬起瓶口，使最后一滴随着瓶身的旋转均匀分布在瓶口上，以免滴落在台布或顾客身上。

六、斟酒顺序

（一）中餐斟酒顺序

大型筵席、宴会一般在开席前10分钟左右，把烈性酒和葡萄酒斟好。斟酒时可以从主人位置开始，按顺时针方向依次斟酒。来宾入座后，服务员及时间斟啤酒和饮料等。其顺序是：从主宾开始，按男主宾、女主宾再主人的顺序顺时针方向依次进行。如是两位服务员同时服务，则一位从主宾开始，另一位从副主位开始，按顺时针方向进行。一般场合，餐厅服务员可以先为一桌的长者斟酒；对于一对夫妻，应先为女士斟倒。

（二）西餐斟酒顺序

西餐宴会用酒较多，高级的西餐宴会用酒可达7种。几乎每道菜都跟一种酒，吃什么菜跟什么酒，喝什么酒用什么杯。西餐是先斟酒后上菜。斟酒前先请主人确认所点酒水的标识，并请主人先品尝，然后按女主宾、女宾、女主人、男主宾、男主人顺序依次斟酒。

七、斟酒量

（1）中餐斟倒各种酒水，一般以八分满为宜，以示对顾客的尊重。

（2）西餐斟酒不宜太满，一般以红葡萄酒斟倒1/2、白葡萄酒斟倒2/3为宜。

（3）斟香槟酒要分两次进行，先斟至杯的1/3处，待泡沫平息后，再斟至杯的2/3处即可。

（4）白兰地斟一盎司（将标准白兰地杯横放，杯内的酒液与杯口平）。

（5）啤酒顺杯壁斟倒，以酒液占酒杯的八成、泡沫齐杯口不溢出为标准。

八、酒水斟倒要求

在特殊酒水斟倒服务中，餐厅服务员要做到以下几个方面。

（一）确认酒水品牌

斟酒前一定要请顾客自己选酒，当顾客选定酒品后，在酒品开封前，请顾客再次进行确认，在确认无误后方可开封，然后进行酒水斟倒服务。

（二）正确选用饮酒用具

斟倒特殊酒水时，一定要配用专门的酒具及酒水斟倒服务所必须配用的附属用品，如加温器、冰桶、布巾等。

（三）正确掌握斟酒标准

不同的酒品其斟倒标准不同，餐厅服务员应按照酒品的特点，准确地将酒水斟入杯中。

特殊酒水服务中，应针对不同特点的酒水及顾客的不同需要，提供相应的服务，以满足顾客的特殊需求。

酒水、饮料在日常保管中一定要注意其保质期，同时，保管中要注意温度，啤酒不可冰冻，也不可温度过高，汽酒不可在高温处存放。

任务实施

掌握斟酒的基本知识与服务技能。

1. 分析整理斟酒服务所需要的基本知识

斟酒服务需要准备酒水，对酒水进行温度处理等。

2. 分析斟酒服务所需要的技能

在斟酒的过程中，需要规范服务，步骤正确，不滴不洒。

3. 制作斟酒知识和技能一览表

制作如表 4-7 所示斟酒知识和技能一览表。

表 4-7　斟酒知识和技能一览表

序　号	斟酒基本知识	斟酒技能
1	酒水准备	示瓶
2	准备酒杯	开瓶
3	酒水温度处理	斟酒方法
4	斟酒的位置	斟酒的姿势
5	斟酒的顺序	酒水的斟倒要求
6	斟酒量	
7	斟酒的注意事项	

能力训练

斟　酒　技　能

训练目标：通过训练，使学生掌握斟酒技能。

训练方式：以小组为单位完成任务。

训练内容：斟酒基本知识，操作要领。

训练步骤：学生自由分组→轮流扮演服务员→为本组队员进行斟酒→团队选出代表进行点评→评选出本组斟酒小能手→撰写实训报告。

训练要求：手法正确，操作卫生，技能标准，不滴不洒。

餐饮服务与运营

任务五 上菜

任务描述

食街顾客投诉食街有时沽清菜式太多且上菜速度慢（生意较好时），而服务员在向顾客解释时含糊不清，造成顾客多次退菜。请分析原因及整改措施。

任务分析

在上菜服务的时候要注意观察顾客，要考虑周全，做好细节服务。

知识储备

上菜和分菜是菜点服务的主要环节，宴会的上菜和分菜要求较高，对于上菜程序、上菜位置、服务节奏、菜肴台面图案等均有讲究，特别是分菜更是一项技术较高的工作，因此，餐厅服务要求服务员要熟练掌握上菜与分菜的技巧。

一、上菜的程序和规则

中国地方菜系很多，宴会的种类也多，如燕翅席、海参席、全鸭席、全素席、满汉全席等。宴会主题不同、地方菜系不同，其菜肴设计安排上也就不同，在上菜程序上也不可能完全相同。例如，将全鸭内脏和其他部分烹制出特色菜肴，最后才上烤鸭，人们称其为"千呼万唤始出来"。又如上点心的时间各地方习惯不同，有的是在宴会上根据宴会的类型、特点和需要，因人、因时、因事而定，不能都一样，但是又要按照中餐宴会相对固定的上菜程序来进行。

（一）上菜程序

一般中餐宴会上菜的程序是：第一道是凉菜，第二道是主菜（较高贵的名菜），第三道是热菜（数量较多），第四道是汤菜，第五道是甜菜（随上点心），最后上水果。

（二）上菜规则

中餐上菜根据不同的菜系，就餐与上菜的顺序会有一点儿不同，但一般的上菜原则是：先凉菜，后热菜；先咸味菜，后甜味菜；先佐酒菜，后下饭菜；先荤菜，后素菜；先优质菜或风味菜，后一般菜；先干菜，后汤菜；先浓味菜，后清淡菜；先菜肴，后点心、水果。如顾客对上菜有特殊要求，应灵活掌握。

88

二、上菜位置、动作与时机

餐厅服务中在为顾客上菜时，应选择正确位置。中餐宴会上菜一般选在陪同和次要顾客之间，并始终保持在一个位置。上菜时，餐厅服务员将菜肴放在托盘内端至桌前，左手托盘，右腿在前，插站在两位顾客座椅间，左腿在后，侧身用右手上菜，把菜品送到转台上，报清菜品名称，然后按顺利时针方向旋转一圈，等顾客观赏菜肴品质，转至主宾面前，让其品尝。上后一道菜品时，将前一道菜移到其他位置，将新菜放在主宾面前。残菜应随时撤下，但不要撤得太多。菜盘应及时调整，注意盘与盘之间的距离，保持桌面整法、美观。中餐散座上菜与宴会上菜基本相同，但应注意上菜的位置不能选在老人或儿童身边，以免出现意外。同时，上菜的时机也要把握得恰到好处。

三、特殊菜肴上菜

（一）易变形的油炸菜

上这类菜的方法是，厨师先将装在油锅的菜端到落菜台旁，当厨师将菜装上盘子后，服务员要立即将菜端上桌面供客人食用，这样才能使菜保持原汁原味，如果动作较慢，菜就会干瘪变形。

（二）泥包、纸包、荷叶包的菜

上泥包、纸包、荷叶包的菜，如叫花鸡、纸包鸡、荷香鸡等，餐厅员工应先将菜拿给顾客观赏，然后再送到操作台上，在顾客的注视下打开或打破，然后用餐具分到每一位顾客的餐盘中。如果先行打开或打破，再拿到顾客面前来，则会失去菜的特色，并使这类菜不能保持其原有的温度和香味。

（三）上有响声的菜

上有响声的菜，如锅巴海参、锅巴鱿鱼、锅巴肉片等，这些菜一出锅，服务员就要以最快速度将其端上餐台，并立即把汤汁浇在锅巴上，使之发出响声，以达到烘托宴席气氛的目的。

（四）上拔丝菜

上拔丝菜如拔丝苹果、拔丝山药、拔丝土豆、拔丝鱼条等菜肴时，应先上凉开水，再上拔丝菜。

（五）上有带佐料的菜肴

上有带佐料的菜时，佐料应跟菜肴一起上桌，如清蒸鱼跟带姜汁醋，北京烤鸭跟带葱段、面酱、荷叶饼，在上菜时可作说明。

（六）上原盅炖品菜

上原盅炖品菜，如冬瓜盅、西瓜盅、原盅鸡等菜，上桌后要当着顾客的面揭盖，以保持炖品的原汁香味在餐台上散发。揭盖时要翻转移开，以免把盖上的蒸汽水滴洒在顾客身上。

四、上菜服务的注意事项

（1）服务员上菜时应熟悉菜单，仔细核对，检查所上菜肴与顾客所点菜肴是否一致。特别是清蒸的海鲜类菜肴，要注意顾客所点的数量和重量。

（2）上菜时应说"打扰了，请慢回身"，以提醒顾客防止发生碰撞。不能从顾客的肩上、头上越过而引起顾客不满。

（3）注意菜肴调味佐料的跟用。

（4）第一道热菜应放在主宾的前面，后面菜可遵循同样的原则。

（5）遵循"鸡不献头，鸭不献尾，鱼不献脊"的传统礼貌习惯，即在给顾客送上鸡、鸭、鱼一类的菜时，不要将鸡头、鸭尾、鱼脊对着主宾，而应当将鸡头与鸭尾朝右边放置。上整鱼时，由于鱼腹的刺较少，肉味鲜美细嫩，所以应将鱼腹而不是鱼脊对着主宾，表示对主宾的尊重。

（6）观察菜肴色泽、新鲜程度，注意有无异常气味。

（7）检查菜肴有无灰尘、飞虫等不洁之物。

（8）检查菜肴卫生，严禁用手翻动或用嘴吹除，如必须翻动，要用消毒过的器具。

（9）对凉菜尤其要注意其新鲜程度，不能上变质、变味和发黏等不符合卫生标准的菜。

（10）菜肴上桌后，退后一步报菜名，如是特色菜、名菜应作简单介绍。

任务实施

食街顾客投诉食街有时沽清菜式太多且上菜速度慢（生意较好时），而服务员在向顾客解释时含糊不清，造成顾客多次退菜。

1. 分析原因

（1）厨房当日沽清不明确，没有将沽清品种及数量准确无误地及时传达至楼面；楼面服务员对当日沽清也没有及时了解，在点菜过程中失误，造成顾客退菜（厨房与服务员协调不到位）。

（2）一楼厨房与二楼厨房协调不到位。经部门调查，平时一楼沽清菜式，在二楼有原料，因为一楼和二楼衔接不够，造成一楼出品不能满足顾客需求，从而造成顾客投诉。

（3）除此之外，服务人员也应提高应答技巧，在向顾客作好相关解释工作的同时引导顾客消费其他菜式，尽可能地满足顾客的需求。

2. 解决问题

及时地向顾客道歉，并委婉地跟顾客解释所点菜式已沽清，并及时帮顾客更换容易制作的菜式，有利于加快上菜速度。对不能清晰、明确回答顾客问题的服务员，部门有针对性地进行培训。

能力训练

上菜技能

训练目标：通过训练，使学生掌握上菜技能。
训练方式：以小组为单位完成任务。
训练内容：上菜基本知识，操作要领。
训练步骤：学生自由分组→轮流扮演服务员→为本组队员进行上菜→团队选出代表进行点评→评选出本组上菜小能手→撰写实训报告。
训练要求：手法正确，操作卫生，位置正确，流程标准。

任务六　分菜

任务描述

小王今年刚从某大学旅游系酒店管理专业毕业，来到海口某五星级酒店餐厅实习。酒店接到一个大型会议团，这十几天生意火爆。酒店全体上下忙得不亦乐乎，餐厅员工更是加班加点。

中午12∶15，小王从厨房部端着一盘清蒸石斑鱼出来准备上菜时，顾客要求分鱼。小王不知所措……

你能告诉小王，他应该掌握哪些分菜知识和技能吗？

任务分析

分鱼是分菜服务中一项重要的服务技能，要求剔除鱼骨，并把鱼均匀地分给顾客。需要撰写分鱼标准。

知识储备

中餐分菜历史悠久，早在古代帝王饮宴时就已出现了。当时，每位进餐者席地而坐，一人一桌，所上食品一人一份。中餐分菜由此产生，并随着人们饮宴形式的变化而发展。

无论在中餐厅还是西餐厅，分菜服务都是餐厅服务员的工作之一。分菜服务既体现着餐厅服务员的工作态度，又反映出餐厅的服务水平，因此，服务人员必须熟练掌握服务技巧。

一、分菜服务

分菜服务就是在顾客观赏后由服务人员主动、均匀地为顾客分菜分汤，也叫派菜或让菜。西餐中的美式服务不要求服务员掌握分菜技术，俄式服务要求服务员有较高的分菜技术，法式服务要求服务员有分切技术。

二、分菜前的准备工作

菜品端上餐台之前，值台的餐厅服务员要准备好分菜所用的各种餐具及用具。

（一）分菜工具的准备

分菜服务前，餐厅服务员应将分菜所需的工具、用具准备齐全。分炒菜前，应准备分菜所需相应数量的骨碟；分汤菜前，应准备分汤菜所需相应数量的汤碗与汤匙；分蟹类菜肴时，应按相应的人数准备好骨碟与蟹钳等。

（二）菜肴展示

当传菜员将菜由厨房送至前台后，值台服务员在分菜服务前，应将菜肴端至顾客面前（或放在餐台上或端托在手上）向顾客展示。展示的同时，要向顾客介绍菜肴的特点、烹调方法等有关内容。当顾客观赏后，方可进行分菜服务。

三、分菜的工具

（一）分菜工具的分类

（1）中餐分菜的工具：分菜叉（服务叉）、分菜勺（服务勺）、公用勺、公用筷、长把勺等。
（2）俄式服务的分菜工具：叉和勺。
（3）法式服务的分切工具：服务车、分割切板、刀、叉、分调味汁的叉和勺。

（二）分菜工具的使用方法

服务叉、勺的使用方法：服务员右手握住叉的后部，勺心向上，叉的底部向勺心；在夹菜肴和点心时，主要依靠手指来控制；右手食指插在叉和勺把之间与拇指酌情合捏住叉把，中指控制勺把，无名指和小指起稳定作用；分带汁菜肴时用服务勺盛汁。

服务叉、勺的握法有以下几种。

1. 指握法

指握法是将一对服务叉、勺握于右手，正面向上，叉子在上方，服务勺在下方，横过中指、无名指与小指，将叉、勺的底部与小指的底部对齐并且轻握住叉、勺的后端，将食指伸进叉、勺之间，用食指和拇指尖握住叉、勺。如图4-7所示。

2. 指夹法

指夹法是将一对叉勺握于右手，正面向上，叉子在上，服务勺在下方，使中指及小指在下方而无名指在上方夹住服务勺。将食指伸进叉勺之间，用食指与拇指尖握住叉子，使之固定。此种方法使用灵活。如图4-8所示。

3. 右勺左叉法

右勺左叉法是右手握住服务勺，左手握住服务叉，左右来回移动叉勺，适用于派送体积较大的食物。如图4-9所示。

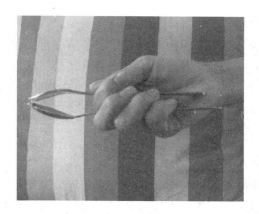

图 4-7　指握法

图 4-8　指夹法

图 4-9　右勺左叉法

四、分菜的方式

分菜有三种方法，即餐台分菜、分菜台分菜和厨房分菜。前两种分菜是在顾客面前，餐厅服务员现场操作分菜服务，其分菜技术要求高。这里介绍前两种分菜方式。

（一）餐台分菜

1. 分让式餐台分菜

进行分菜服务时，餐厅服务员左手垫上餐巾布，将菜盘托起，右手拿分菜用的餐叉、餐勺进行分让。

2. 二人合作餐台分菜

二人合作餐台分菜指分菜服务时由两名餐厅服务员配合操作，即一名餐厅服务员负责分菜，另一名餐厅服务员负责为顾客递送分好的菜肴食品。这种分菜服务时，餐厅服务员应站在翻译与陪同人员的中间位置上，右手持餐叉、餐勺盛取菜肴，左手持长把勺接挡下方，以防菜汁滴落在台面上；另一名餐厅服务员站在顾客的左侧，把餐碟递给分菜的餐厅服务员，待菜肴分好后，将餐碟放回顾客面前。

（二）分菜台分菜

首先在分菜台上准备好干净的餐盘，备好叉、勺等分菜工具。当菜肴从厨房递送到前台后，餐厅服务员应先将菜放在餐台上进行展示，介绍菜名、特色，然后将菜取下放到分菜台上进行分菜操作。分菜时要求快速、均匀。待菜分好后，将装菜碟放在托盘内，端托至顾客的左侧递送到顾客面前。其分送顺序与餐台分菜顺序相同。

五、分菜的基本要求

（1）将菜点向顾客展示，并介绍名称和特色后，方可分让。大型宴会，每一桌服务人员的派菜方法应一致。

（2）分菜时留意菜的质量和菜内有无异物，及时将不合标准的菜送回厨房更换。顾客表示不要此菜，则不必勉强。此外，应将有骨头的菜肴，如鱼、鸡等的大骨头剔除。

（3）分菜时要胆大心细，掌握好菜的份数与总量，做到分派均匀。

（4）凡配有佐料的菜，在分派时要先沾上佐料再分到餐碟里。

（5）分菜的顺序应是：先依次分送给主宾、主人，然后按顺时针方向依次分送。

六、特殊情况的分菜方法

（一）造型菜肴的分让方法

将造型的菜肴均匀地分给每位顾客。如果造型较大，可先分一半，处理完上半部分造型物后再分其余的一半。也可将食用的造型物均匀地分给顾客，不可食用的，分完菜后撤下。

（二）卷食菜肴的分让方法

一般情况是由顾客自己取拿卷食。老人或儿童多的情况，则需要分菜服务。方法是：服务员将吃碟摆放于菜肴的周围；放好铺卷的外层，然后逐一将被卷物放于铺卷的外层上；最后逐一卷上送到每位顾客面前。

（三）拔丝类菜肴的分让方法

由一位服务员取菜分菜，另一位服务员快速递给顾客。

（四）汤类菜肴的分让方法

先将盛器内的汤分进顾客的碗内，然后再将汤中的原料均匀地分入顾客的汤碗中。

任务实施

餐饮分鱼的标准

分鱼服务是餐厅服务员应掌握的服务技巧之一。餐厅服务员要想做好分鱼服务,首先应掌握所分鱼的品种及其烹调方法,根据其不同的食用方法进行不同的分割装碟。

1. 分鱼用具

常用的分鱼用具有鱼刀、鱼叉、鱼勺。分鱼配用的餐具应根据鱼的烹调方法而定,如分糖醋整鱼时,因其焦酥,可带鱼骨分用,故而应配用餐叉、餐勺;分干烧整鱼、红烧整鱼、清蒸整鱼时,要将鱼骨、鱼肉分离,故而应配用餐刀别出鱼骨刺及切割鱼肉,配以餐叉、餐勺用于分鱼装碟。

2. 分鱼要求

分鱼操作前,应先备好餐碟、刀、叉、勺,并将要拆分的整形鱼向顾客进行展示。展示的方法有两种,一种为端托式展示,即餐厅服务员用托盘将放有鱼的盘子托至顾客面前,向顾客介绍菜肴,在介绍的过程中向顾客进行菜肴的展示;另一种为桌展,即将烹制好的鱼放在餐台上,然后餐厅服务员向顾客介绍菜肴,在介绍的过程中,顾客也观察到了鱼的形状。待餐厅服务员向顾客将鱼展示完毕,方可进行分鱼服务。

3. 分鱼的方法

分整形鱼大体有两种方法,一种是在餐台上分,即餐厅服务员向顾客展示完后,将鱼转至餐厅服务员处,使鱼呈头朝右、尾朝左,鱼腹朝向桌边,当着顾客的面,将鱼进行拆分。另一种是餐厅服务员向顾客展示完鱼后,将鱼拿到分菜台或配餐室进行分鱼。

4. 分鱼注意事项

分鱼服务时,要求餐刀、叉、勺使用手法得当,不得在操作中发出声响;做到汤汁不滴不洒,保持盛器四周清洁卫生;操作时,动作要干净利落;鱼骨剔出后头尾相连、完整不断,鱼肉去骨后完整美观;分鱼装碟时要均匀、准确。

5. 分鱼步骤

鱼的品种不同和烹调方法不同,因此分鱼的具体步骤也各不相同。

(1)糖醋整鱼的分鱼步骤

分糖醋整鱼时,左手握餐勺压在鱼头处,右手拿餐叉从鱼腹两侧将鱼肉切离鱼骨。由于糖醋鱼较焦脆,因此在操作时要用力得当。待鱼肉切开后,将鱼块分装餐碟中,并用餐勺盛糖醋汁浇于鱼块上,便可分送给顾客食用。分糖醋鱼时,要速度快,因为它属火候菜,如时间间隔过长,往往直接影响菜肴的质量。

(2)清蒸整鱼的分鱼步骤

分清蒸整鱼时,左手握餐叉将鱼头固定,右手用餐刀从鱼中骨由头顺切至鱼尾,然后将切开的鱼肉分向两侧脱离鱼骨,待鱼骨露出后,将餐刀横于鱼骨与鱼肉之间,刀刃向鱼头,由鱼尾向鱼头处将鱼骨与鱼肉切开,当骨、肉分离后,用刀、叉轻轻将鱼骨托起放于鱼盘靠桌心一侧的盘边处,再将上片鱼肉与下片鱼肉吻合,使之仍呈一整鱼状,同时餐叉与餐刀配合,将鱼肉切成10等份(按10人用餐),并用餐叉、餐勺将鱼肉分别盛于餐碟中送与顾客。分干烧鱼、油浸鱼与分清蒸鱼步骤相同。

能力训练

分 菜 技 能

训练目标：通过训练，使学生掌握分菜技能。
训练方式：以小组为单位完成任务。
训练内容：分菜基本知识，操作要领。
训练步骤：学生自由分组→轮流扮演服务员→为本组队员进行分菜→团队选出代表进行点评→评选出本组分菜小能手→撰写实训报告。
训练要求：手法正确，操作卫生，位置正确，流程标准。

任务七 撤换餐具

任务描述

餐饮部经理在巡视用餐区域时，发现有一桌顾客的餐桌上满满都是海鲜的壳。经理马上拿起托盘和食品夹子，为顾客清理台面。顾客连声道谢。顾客用餐完毕后，经理问服务员为什么没有帮助顾客清理台面。服务员说："我当时想用餐巾纸帮顾客清理，顾客说不用。"你能告诉服务员，问题出在哪里吗？

任务分析

在为顾客清理台面的时候，要注意操作手法卫生。

知识储备

宴会往往需要两种以上酒水饮料，并配有冷、热、海鲜、汤、羹等不同的菜品，这些菜品采用炒、烩、扒、煎等不同的烹饪方法，因此，在宴会进行中需要不断地更换餐具、用具。这样做主要是为了丰盛宴席，提高宴席档次，搞好餐桌卫生，使菜肴不失其色，保持原汁原味，突出特点，增加美观。

撤换餐具是顾客在就餐过程中必不可少的一项服务，其撤换时机、次数、需求、方式是餐厅服务员必须掌握的一种技能。

一、撤换烟灰缸

烟灰缸中，烟头不能超过两个。在撤换烟灰缸的时候，必须先把干净的烟灰缸盖在用过的烟灰缸上，并将两个烟灰缸一并撤下，然后把干净的烟灰缸放在餐桌上，这样可以避免在撤换时烟灰飞扬，有碍卫生。撤换烟灰缸与撤换餐碟、汤碗一样，也需要用托盘进行操作。另外，撤烟灰缸时要做防火安全检查，看是否有未熄灭的烟蒂，如有应进行及时处理。

二、撤换骨碟、汤碗

在为顾客撤换骨碟、汤碗时，服务员要把干净的餐具放在托盘的一侧，左手托盘，右手为顾客撤换餐具。从主宾位开始，先把用过的餐具撤下放在托盘的另一侧，然后为顾客摆放上干净的餐具，以顺时针方向依次进行。在撤换餐具时应注意，用过的餐具和干净的餐具要严格分开，防止交叉污染。如遇顾客前一道菜还未用完，新菜已经上来了，这时可以在顾客面前先放上一只干净餐具，等顾客用完后再撤下前一道餐具。撤换餐具的时机如下。

（1）吃过冷菜换吃热菜时应更换餐具。
（2）吃过鱼腥味食物，再吃其他类型菜肴时，应更换餐具。
（3）上风味特殊、汁芡各异、调味特别的菜肴时，应更换餐具。
（4）凡吃甜菜、甜点、甜汤时，应更换餐具。
（5）洒落酒水、饮料或异物时，应更换餐具。
（6）碟内骨刺、残渣较多，影响雅观时，应更换餐具。
（7）顾客在就餐中餐具落地时，应更换餐具。
（8）上菜不及时的时候，可以用撤换餐具使宴会不冷场。

三、撤换菜盘

在中餐宴会中一定要保持餐桌清洁。顾客就餐时，服务员要注意观察台面，每当顾客用完一道菜后，服务员就应将空盘撤下。如果遇高档宴会，一般上新菜，就要撤旧菜，桌面上不超过两道菜；一般宴会，台面上不超过五道菜。如果超过一定数量，就会影响整个台面的清洁美观。所以，一般在服务员分好菜，顾客品尝完毕，下道菜上桌时，就把前一道菜撤下。撤前道菜时服务员应征求顾客意见，得到顾客肯定答复后，才能撤下。撤菜盘时要使用托盘，站在上菜的位置，左手托盘，右手撤菜盘。不能将托盘放在餐台上收餐具，注意动作要轻。

四、撤换酒具

换酒具时，应先根据顾客所订酒水，准备好相应数量的干净酒杯，将酒杯的杯口向上整齐地码放在铺有洁净餐巾的托盘上。更换酒具时，应从顾客的右侧按顺时针的方向进行，将酒具放在正确的位置上。操作时不得将酒杯相互碰撞，以免发出声响，打扰顾客。

任务实施

在任务描述部分的案例中，问题出现在服务人员没有按流程和标准为顾客撤换餐具，如果顾客的餐桌上都是海鲜壳，一定是服务员没有及时为顾客撤换骨碟。

餐具撤换工作细则如下。

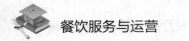

1. 准备工作

（1）在顾客用餐过程中，随时观察顾客的餐桌，当预计需给顾客换餐盘时，应立即做相应的准备。

（2）一般情况下不超过两道菜为顾客换一次餐盘。

（3）从边柜中取出干净的餐盘码放在托盘上。

2. 更换餐盘

（1）服务员左手托托盘，走到顾客面前，礼貌地征询顾客意见。

（2）得到顾客允许后，拿起展示盘上用过的餐盘，放在托盘中。

（3）将干净的餐盘放在展示盘上。

（4）按顺时针方向，从顾客右侧为顾客换餐盘。

能力训练

撤 换 技 能

训练目标：通过训练，使学生掌握撤换技能。

训练方式：以小组为单位完成任务。

训练内容：撤换餐具基本知识、操作要领。

训练步骤：学生自由分组→轮流扮演服务员→为本组队员撤换餐具→团队选出代表进行点评→评选出本组撤换餐具小能手→撰写实训报告。

训练要求：手法正确，操作卫生，位置正确，流程标准。

项目小结

本项目主要介绍了托盘、餐巾折花、斟酒、摆台、上菜和分菜及撤换餐用具等基本服务技能。餐饮服务人员必须掌握这几项基本操作技能才能胜任餐厅的服务工作，因此，餐饮服务人员要认真地进行技能训练。

项目训练

一、单选题

1.下列托盘分类不是按质地分的是（　　）。
  A. 木质托盘　　　　B. 金属托盘　　　　C. 塑料托盘　　　　D. 大托盘

2.关于服务说法不正确的一项是（　　）。
  A. 大型托盘一般用于托运菜点等较重物品
  B. 中圆形托盘一般用于分菜等
  C. 小型托盘一般用于斟酒
  D. 小型托盘主要用于运送账单信件等物品

3.多用于宽大场地或技术比赛场合的铺台方法是（　　）。
  A. 撒网式　　　　B. 抛洒式　　　　C. 二人合作式　　　　D. 推拉式

4. 如果有日本顾客就餐不能选择的餐巾折花是（　　）。

A. 荷花　　　　　　B. 和服　　　　　　C. 玫瑰　　　　　　D. 帐篷

5. 关于餐巾的作用不正确的一项是（　　　）。
   A. 卫生清洁　　　　　　　　　　B. 装饰美化
   C. 标出主要顾客席位　　　　　　D. 包装餐饮产品

6. 斟酒准备工作包括（　　　）的准备、酒杯的准备、酒水温度的处理。
   A. 酒水　　　　　　B. 饮料　　　　　　C. 苏打水　　　　　D. 餐桌

7. 酒精度较高的加强葡萄酒，如波特酒和雪利酒最佳的饮用温度为室内温度（　　　）。
   A. 20℃　　　　　　B. 25℃　　　　　　C. 10℃　　　　　　D. 5℃

8. 随时观察每位顾客的酒水饮用情况，当顾客酒水少于（　　　）时，应征询顾客意见，及时续斟酒水。
   A. 1/3　　　　　　　B. 2/3　　　　　　　C. 1/2　　　　　　　D. 1/8

9. 要将菜肴最优质部分让给（　　　）。
   A. 陪同　　　　　　B. 重要顾客　　　　C. 副主人　　　　　D. 先到的顾客

10. 下列关于撤换餐具不正确的一项是（　　　）。
    A. 撤盘时不拖曳，不能当着顾客的面刮擦脏盘，不能将汤水及菜洒到顾客身上
    B. 如果顾客还要食用餐盘中的菜，餐厅员工应将餐盘留下或在征得顾客的意见后将菜并到另一个餐盘中
    C. 撤换餐具是顾客在就餐间隙过程中必不可少的一项服务
    D. 顾客用餐无须撤换餐具

二、判断题

1. 重托就是托送比较轻的物品或用于上菜、斟酒操作，通常使用中、小圆托盘或小方托盘。（　　　）

2. 零点餐厅或较小的餐厅，或因有顾客就座于餐台周围等候用餐时，或在地方窄小的情况下，选用推拉式的方法进行铺台。（　　　）

3. 抖铺式这种铺台方法适合于较宽敞的餐厅或在周围没有顾客就座的情况下进行。（　　　）

4. 摆台操作手法要卫生。（　　　）

5. 餐巾有大小之分，一般常见的有45cm见方的餐巾、50cm见方的餐巾、大的有55~65cm见方的餐巾。应根据花形来选择餐巾的大小，以使用方便为宜。（　　　）

6. 给顾客斟倒酒水或饮料是餐厅服务员的重要工作内容之一。餐厅服务员给顾客斟酒时，斟酒操作动作要正确、迅速、优美、规范，这样会给顾客留下美好的印象。（　　　）

7. 啤酒最佳饮用温度为20~22℃，夏天可适当降低，在4~10℃。（　　　）

8. 斟香槟酒或碳酸饮料时,应先向杯内斟倒1/3,待泡沫消去后,再往杯中续斟。（　　　）

9. 上拔丝菜，如拔丝苹果、拔丝山药、拔丝土豆、拔丝鱼条等菜肴时，应先上凉开水，再上拔丝菜。（　　　）

10. 西餐的任何一道需配酒类的菜肴在上桌前应先斟酒，后上菜。（　　　）

三、案例分析题

服务员操作的过失

夏日中午，酒店宴会大厅正在举行欢迎记者午宴，百余名顾客在互相交谈，舒缓的背景音乐响起。这时，一位男服务员手托饮料盘向顾客走来，一不小心，托盘上的饮料翻倒，

全部洒在邻近的一位小姐身上，小姐被这突如其来的事情吓得发出了一声尖叫："啊呀！"响声惊动了百余名顾客，大家目光一齐投向这位小姐。

这样的场合发生这样的事情，年轻的小姐显得无比尴尬。那位男服务员手足无措，脸色煞白。

问题：

1. 为什么会出现这种情况？
2. 如果你是餐厅部经理，你准备如何处理这件事情？

四、体验练习题

请尝试制作一份餐厅基本技能实训计划。

学习评价

项目五

餐饮精致服务设计

学习目标

【知识目标】

1. 了解中餐零点服务设计基本知识及服务设计方法。
2. 了解大堂吧服务设计基本知识及服务设计方法。
3. 了解客房送餐服务设计基本流程及服务技能。
4. 了解中餐宴会服务设计基本知识及服务设计方法。
5. 了解西餐厅服务设计基本知识及服务设计方法。
6. 了解菜单设计基本知识及设计方法。

【能力目标】

1. 能够根据中餐零点餐厅特点进行服务设计。
2. 能够设计大堂吧及客房送餐服务。
3. 能够根据宴会的特点及顾客的要求进行中餐宴会服务设计。
4. 能够根据西餐厅类型设计西餐服务。
5. 能够从经营管理的角度筹划菜单。从展现、实用的角度设计、制作菜单。
6. 能够从多角度分析餐饮服务的创新。

【素质目标】

1. 培养自我决策能力、分析问题能力。
2. 培养专业审美能力、社会交往能力。
3. 培养信息整合能力、实践操作能力。
4. 培养创新创意能力。

【课程思政】

1. 培养爱岗敬业精神,将岗位职责看作一种责任、一种承诺、一种精神、一种义务。
2. 培养奉献精神,敬业是奉献的基础,乐业是奉献的前提,勤业是奉献的根本。
3. 注重细节,优质的服务往往体现在细节中。
4. 在不断提高职业认识的基础上,逐步加深职业感情,磨炼职业意志,进而坚定职业信念,养成良好的职业习惯和行为,达到具有高尚职业道德的目的。

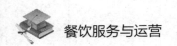

学习导图

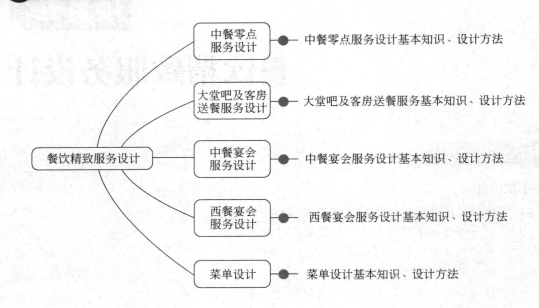

任务一　中餐零点服务设计

任务描述

酒店管理专业的小丽刚刚毕业，应聘到一家粤菜餐厅任餐饮部主管，餐饮总监让小丽做一份零点餐厅的服务设计。

任务分析

粤菜餐厅设计的要点是宽敞舒适。粤菜餐厅适合作为现代人业务洽谈的场所，所以餐厅设计上分为两段：包厢用于满足洽谈业务顾客的需求，让顾客利用下午闲时喝杯下午茶轻松谈事务；大厅段可以作为大众午餐和下午茶闲聊的地方。两段设计可以满足不同顾客需求。

知识储备

零点餐厅是指顾客随点随吃、自行付款的餐厅。通常将到中餐厅用餐的散客服务称为中餐零点服务。中餐零点服务的特点是顾客多而杂，人数不固定，口味需求不一，用餐时间交错，致使餐厅接待量不均衡，服务工作量较大，营业时间较长，所以，餐厅服务员服务时，在突出热情、周到、细致、体贴的同时，还要做到迅速、快捷而不紊乱。

一、中餐零点台面设计与布置

（一）餐厅的内部空间划分

餐厅的内部空间按其使用功能，可分为客用空间（用餐区、接待室、衣帽间）、公用空间（盥洗间、电话间）、管理空间（服务台、办公室）、流动空间（通道、走廊）等，必须达到比例恰当，布局合理，点面结合，错落有致。

（二）餐厅的座位安排

目前，餐厅中座席的配置一般有：单人座、双人座、四人座、六人座、十人座、十二人座等，台面布置一般有火车厢式、圆桌式、沙发式、长方形、家庭式排列，以满足各类顾客的不同需求。

餐台台面通常有两种：一是圆台面，一是方形或长方形台面。

二、迎宾服务

（一）站位

开餐前5分钟迎宾员按照标准站立姿势，站立在餐厅门口外侧或迎宾台后，面向顾客方向，面部表情自然，热情，眼睛平视前方。

（二）迎候

当顾客行至餐厅3m处，迎宾员应向前移动半步，双手自然下垂于身前，微微弯腰，鞠躬20º~30º，说："您好，先生/女士，欢迎光临！"

（三）询问

迎宾员向顾客致意后应主动询问顾客是否已经订过餐位。如果顾客已经订过，要核查清楚后再引导顾客进入餐厅，并说："××先生/女士，您的餐位已经安排好了,请随我来。"如果顾客没有订过，应该问清顾客人数："先生，请问您一共几位？"听清回答后，根据餐厅订餐情况和顾客用餐人数引导顾客进入餐厅。

合理地安排顾客用餐的位置，不仅能使顾客得到一个舒心的环境，还可以借顾客来烘托气氛，满足顾客对于对餐位的要求，也是迎宾员工作重要的组成部分。

（四）引领

迎宾员引领顾客时在顾客右前方1m左右，并随时确认顾客是否跟上。上电梯时，迎宾员要长按住电梯开门按钮，待顾客都上电梯后，再上电梯。要先于顾客下电梯并长按电梯开门按钮，等顾客全部下来后再松手。

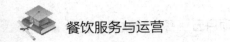
餐饮服务与运营

（五）协作

迎宾员将顾客引至餐厅或雅间，协助服务员为顾客拉椅让座。拉椅时动作要轻。如果顾客带着小孩儿要及时增添儿童椅。

三、中餐点菜服务

（一）点菜前的准备工作

仪容仪态要求：举止端庄、神情专注、主动亲切、语言流利。
餐饮知识要求：掌握中外民俗、菜点知识、营养知识、酒水知识。

（二）观察顾客

看顾客的年龄、性别、职业、文化程度，是外地还是本地，是吃便饭还是洽谈生意，是宴请朋友聚餐，还是情侣约会，性格是炫耀型还是茫然型，还要观察到谁是主人，谁是顾客。

看人员的组成结构，是点菜员获取信息的第一印象。例如，顾客若年龄差别不大，多半是同学或朋友，带有孩子或老人，则家庭型顾客居多；若互相谦让，一般是因公交往的商务型顾客。

"听"的目的是在"看"的基础上进行深层次的了解，要求是能听出"话里话外"，准确地把握顾客的需求、想法。

（三）递交菜单

待引领顾客入座后，茶水服务结束时，在恰当的时机，走上前点头示意，询问顾客是否点菜。确定后至顾客的左侧呈递谱单，打开菜谱第一页，左手拿菜谱左下角，将菜谱传递给顾客。

（四）介绍菜单

当顾客盲目翻动菜谱无从下手时，应及时介绍菜品、酒水和菜谱上相对应的排列位置。推荐、指点菜品时应五指并拢，简洁明快、干净利落地指点菜谱上的菜品；不能用笔指点菜谱，不能指在两行字体之间，手指不能遮挡菜谱上相应的文字，同时询问顾客："您看××菜怎么样？"然后立即对该项菜品做出简要介绍。

（五）复述菜单

顾客点完菜后，服务员复述一遍顾客所点的菜品，以免出现点菜差错。

（六）传递点单

将点菜单一式三联或四联，分送厨房、收银台、传菜部，另一份做银根备查，清楚写明台号、就餐人数、就餐日期并签名。现在很多餐厅都采用PDA点菜，点菜员和服务员要熟练使用掌握并能快速输入信息。

四、中餐值台服务

观察顾客进餐情况，勤巡视每台顾客台面，发现事情马上去做，良好的服务体现在服务员做在顾客提出要求之前。

（1）每上一道菜之前要先整理餐台，将空的菜碟、分餐碗及时撤走，并重新摆好台面上的其他菜碟。保证菜品荤素相间，餐台整洁美观。

（2）每上一道菜都要为顾客清楚地的报菜名，并简单介绍菜肴的风味特色、配料等。

（3）上螃蟹、龙虾类菜品，要为顾客提供相应的工具并上洗手盅，同时为顾客更换第三道香巾。

（4）主动为顾客添加酒水、茶水等。

（5）为顾客提供点烟服务，烟盅有3个烟蒂以上或有其他杂物，马上撤换。

（6）顾客进餐中，骨碟、翅碗内有骨头、酒水，装饰碟内有异物，应及时换上干净的餐具。

（7）用完腥、辣、甜和多骨刺的菜肴后要更换骨碟。

（8）为顾客调换碰脏的餐具、掉落的筷子等。

（9）如顾客中途离座，及时将餐台上的汤汁、菜肴收拾擦净。

（10）如顾客不小心碰翻酒杯，应及时帮助试擦，根据溢出面积和检查酒杯是否受损，决定是否铺口布或调换酒杯，并重新斟酒。

（11）注意顾客的进餐速度，随时与厨房联系出菜速度。

（12）顾客完全停筷后，征得顾客同意后，将台面上菜碟撤走，并留意是否要补充牙签。

（13）留意顾客对酒店的评价，及时反馈。

（14）注意对酒醉顾客的提醒并及时报告上级。

（15）认真谨慎处理顾客的投诉。

（16）上完菜后，告诉顾客菜已上齐，并询问何时上甜品。

五、中餐酒水服务

（一）点酒水

服务员或酒水员按酒水点单程序完成酒水点单或推荐酒水、下酒水单等工作。

（二）取酒水

（1）服务员或酒水员到吧台按顾客的酒水单领取酒水。

（2）如顾客点的是白葡萄酒，需在冰桶内放上碎冰，将瓶酒放入冰桶，酒牌朝上，冰桶边架放置在主人右后边。

（3）如顾客点的是红葡萄酒，将瓶酒放入垫有毛巾的酒篮中，酒牌朝上，使顾客可以看清。

（4）如顾客点的是普通酒水，可用托盘进行取运。

（三）服务酒水

（1）摆放酒水、饮料杯：顾客餐具前的酒杯、饮料杯的摆放要从大到小，放在顾客便于拿放的位置。

（2）开启酒瓶、饮料罐：开启有气体的酒和罐装饮料时，切忌正对着顾客。

（3）斟酒服务。

六、中餐结账服务

（一）准备账单

（1）应在最后一道菜上过后，将账单准备好，以免顾客等待。

（2）对于用餐完毕的顾客，一般要等顾客招呼结账或示意买单时，快速送上账单。

（3）当顾客要求结账时，服务员应请顾客稍等，并立即去收银台为顾客领取账单。

（4）服务员告诉收银员所结账的台号，并检查账单台号、人数、菜品及饮品消费额是否正确。

（二）呈递账单

（1）呈递账单前，应先行询问顾客是否还有别的需要，如分单或打英文账单，应事先通知收银员。

（2）将取到的账单夹在结账夹内，走到顾客右侧，打开结账夹，右手持夹上端，左手轻托结账夹下端，递至顾客面前，请其检查。注意不要让其他顾客看到账单。

（3）若是多位顾客，尽可能辨明付款者；如无法判定谁是付款人，应询问哪位买单，确定付款人后再把账单递交过去。

（4）当一男一女在一起进餐时，账单送给男士；若此二人各自叫菜另有吩咐而有各自的账单除外。

（5）账单呈上后，应随即保持距离，待顾客将现金准备妥当后再上前收取，并当面将现金复点一遍；如是伴同顾客到收银台付账也应站离远一点儿，以避免有等候小费之嫌。

（6）结账完毕，应向顾客说声"谢谢"。

（三）不同结账方式的结账程序

结账付款方式一般包括付现、签单、使用信用卡，其结账手续稍有不同，具体见表5-1。

思政小课堂：餐饮服务人员的职业道德

表5-1　不同结账方式下的结账程序

结账方式	结账服务程序
签单	1.如顾客是本酒店的住店顾客，服务员在为顾客送上账单的同时，为顾客递上笔，并礼貌地提示顾客需写清房间号、正楷姓名及签字，以凭其转入酒店大柜台结账； 2.顾客签好后，服务员将账单重新放入结账夹，拿起结账夹，并真诚地感谢顾客

续表

结账方式	结账服务程序
现金结账	1. 如顾客付现金，应在顾客面前清点钱数，并请顾客等候，将账单及现金快速送收银处； 2. 收银员收现金时需唱票唱收，且在账单三联上盖上"现金收讫"章； 3. 待收银员收完钱后，服务员将账单第一页及所找零钱夹在结账夹内，送还顾客； 4. 服务员站立于顾客右侧，打开结账夹，将账单第一页及所找零钱递给顾客，同时真诚地感谢顾客； 5. 顾客确定所找钱数正确后，服务员应迅速离开餐桌
微信或支付宝结账	1. 礼貌告诉顾客应付的钱款数； 2. 请顾客扫码支付； 3. 礼貌告知顾客已收款； 4. 提醒顾客收好手机
信用卡结账	1. 如顾客使用信用卡结账，服务员应询问有无交易密码； 2. 若无交易密码，服务程序如下： （1）请顾客稍等，快速将信用卡和账单送回收银处； （2）收银员做好信用卡收据，服务员将收据、账单和信用卡夹在收银夹内拿回餐厅； （3）将结账夹打开，从顾客右侧递上，请顾客分别在账单和信用卡收据上签名； （4）检查是否与信用卡上的签名一致

（四）结账后的对客服务

（1）结完账后要礼貌地向顾客道谢。

（2）如顾客结完账却未马上离开餐厅，服务员应继续提供服务，为顾客添加茶水，及时更换烟灰缸。

（五）结账注意事项

（1）凡涂改或不洁的结账单，不可呈给顾客。

（2）结账单送上而未付款者，服务员要留意防止顾客逃、漏账。

（3）付款时，现金当面点清。

（4）钱钞上附有细菌，取拿后，手指不可接触眼睛、口及食物。

（5）服务员不得向顾客索取小费。

七、送客与收台服务

（一）送客

（1）在顾客离开时，餐厅主管及领班主动征询顾客意见，并做好登记工作。

（2）在顾客未离开时，继续添加茶水，严禁在语言、表情、动作上流露出催促之意。

（3）当顾客离开时，应主动拉椅，提醒顾客不要遗落物品。

（二）检查

（1）当顾客离开时，检查顾客是否有遗留物品，一经发现应及时交还顾客，如顾客已离去，应交当班领班处理。

（2）检查是否有尚在燃烧的烟头，如有及时熄灭。

（3）检查各种用品的完好性，如有短缺及时告知当班领班，以便采取相应措施。

（三）拉齐餐椅

（1）把摆放不齐的餐椅拉齐。

（2）挪动餐椅的时候注意轻提轻放，不要拖动，以免划伤地面。

（四）收台

（1）有休息区的区域：先整理休息台、沙发，然后收餐桌台面。

（2）及时收台。收无油渍物品，顺序如下：口布、毛巾→玻璃器皿→筷子、筷架→瓷器（注意大小分类叠放，小在上、大在下）。

（3）及时清点餐具与布草。

（五）清洁

（1）清洁台面：使用专用的清洁用布擦拭台面，直至台面擦亮为止。

（2）整理餐椅、餐桌周围的环境，并保持整齐。

（3）清洁和整理工作台、工作用品。

（4）处理垃圾、杂物。

（六）重新布置

（1）按摆台要求重新摆台。

（2）擦净并补充工作台的用品、用具等。

（3）检查席面摆位是否达到要求。

（4）打开包房的门，做好空气流通工作。

任务实施

粤菜餐厅零点服务设计。

1.餐饮定位

（1）经营模式定位

走中高端层次，面对有高消费能力的人群，人均消费为200~500元。

（2）餐厅风格定位

融合现代餐饮设计理念，包间风格各异，具有品位和身份象征。

（3）菜品定位

产品定位为：中式粤菜为主，结合西式牛扒和健康菌类，融合全国各美食之精华，自制饮品和红酒；人均消费为200~500元，适合中高层次消费人群；出品要精致化，做到星级酒店一样的出品。

2.服务设计

根据餐厅定位，可设计酒店粤菜厅服务员日常工作流程，如图5-1所示。

酒店粤菜厅服务员日常工作流程

主要职责：以愉悦心情去完成标准化的服务工作，并执行上级所分配的日常工作。

职位：粤菜厅服务员　　　　　　　　　级别：G

工作时间：8小时/天

工作区域：粤菜厅

工作关系：上司：粤菜厅资深领班/领班

下属：无

工作大纲：

1. 日常礼节、礼貌
2. 规范语言
3. 营业前准备工作（铺台布/口布折叠/备餐区准备）
4. 熟记菜单内容
5. 熟记酒水单内容
6. 摆设餐桌/位
7. 收去额外的餐位
8. 服务口布
9. 卸筷套
10. 服务小毛巾
11. 厢房服务
12. 对菜

决策/问题的处理：

内　　容	原则和限制
1. 顾客投诉	1. 首先向顾客致歉，在能力范围内为顾客解决投诉
2. 小费	2. 礼貌谢绝顾客给予的小费
3. 顾客遗留物品	3. 将物品上交相关部门保管

酒店内部工作项目与关系（与酒店其他部门有直接工作联系，需经常接触者）：

工作项目	需要的信息	信息来源
1. 菜式推介/销售	1. 菜牌/特别介绍餐单	1. 营业前简报会/中餐部
2. 饭店各项服务推介	2. 饭店各项优惠政策	2. 餐饮部/客房部/娱乐部
工作项目	提供的信息	信息接收
1. 顾客意见收集	1. 顾客对餐厅服务/食品的意见	1. 中餐部/中厨出品部
2. 菜单/点心单落单	2. 顾客要求/分量/数量	2. 中厨出品部

酒店外部工作项目与关系（需要接触的与工作有关的人际关系）：

工作项目	交际目的
1. 本地顾客/私企业主	1. 提高餐厅的上座率
2. 本地各酒店/酒楼从业人员	2. 提高饭店和本餐厅的知名度

图 5-1　酒店粤菜厅服务员日常工作流程

能力训练

参观一家四星级以上酒店的零点餐厅，描述零点餐厅的服务流程。

训练目标：通过训练，使学生掌握不同的零点餐厅服务流程。

训练方式：以小组为单位完成任务。

训练内容：零点餐厅服务流程。

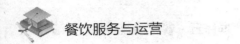

训练步骤：学生自由分组→选择餐厅→观察服务流程→描述服务流程→制作 PPT →展示汇报→撰写实训报告。

训练要求：观察仔细，描述清楚，内容完整，语言流利。

任务二　大堂吧及客房送餐服务设计

任务描述

参观一家五星级酒店的大堂吧，感受大堂吧的气氛，观察大堂吧的服务程序。

任务分析

对于有一定规模的酒店来说，大堂吧是必不可少的配套服务场所，因此，提供良好的大堂吧服务及客房送餐服务可以为酒店赢得更多的顾客。

知识储备

服务的一大特性是无形性，酒店给顾客所提供的全部消费利益中有很大一部分是无形的服务，顾客无法直接观察到。只有通过对酒店环境气氛的观察、体会，顾客才能形成对酒店服务的初步了解，因此，有形环境成了酒店无声的营销员。

一、大堂吧环境布置

（一）吧台设置

吧台设置虽然要因地制宜，但在布置吧台时，一般要注意以下几点。

1. 视觉显著

即顾客在刚进入时便能看到吧台的位置，感觉到吧台的存在，因为吧台应是整个酒吧的中心、酒吧的总标志，顾客应尽快地知道他们所享受的饮品及服务是从哪儿发出的。所以，一般来说，吧台应在显著的位置，如设置在进门处、正对门处等。

2. 方便服务顾客

方便服务即吧台设置对酒吧中任何一个角度坐着的顾客来说都能得到快捷的服务，同时也便于服务人员的服务活动。

3. 合理地布置空间

尽量使一定的空间既要多容纳顾客，又要使顾客并不感到拥挤和杂乱无章，同时还要满足目标顾客对环境的特殊要求。同时应注意，吧台设置处要留有空间以利于服务。这一点往往被一些酒吧所忽视,以至于使服务人员与顾客争占空间,并存在着服务时由于拥挤将酒水洒落的危险。

(二)吧台设计类型

吧台就其样式来说主要有三种基本形式,其中最为常见的是两端封闭的直线型吧台。直线吧台的长度没有固定尺寸。一般认为,一个服务人员能有效控制的最长吧台是3m。如果吧台太长,服务人员就要增加。另一种形式的吧台是马蹄形,或者称为"U"形吧台。吧台伸入室内,一般安排3个或更多的操作点,两端抵住墙壁,在"U"形吧台的中间可以设置一个岛形储藏室用来存入物品和冰箱。第三种主要吧台类型是环形吧台或中空的方形吧台。这种吧台的中部有个"中岛"供陈列酒类和储存物品用。这种吧台的好处是能够充分展示酒的品种,也能为顾客提供较大的空间,但它使服务难度增大。若只有1个服务人员,他必须照看四个区域,这样就会导致服务区域不能处于有效的控制之中。其他还可为半圆、椭圆、波浪形等,但无论其形状如何,都要注重操作方便及视觉的美观。

(三)吧台设计注意事项

(1)酒吧是由前吧、操作台(中心吧)及后吧三部分组成。

(2)吧台高度为1~1.2m,但这种高度标准并非绝对,应随调酒师的平均身高而定。

(3)前吧下方的操作台,其高度一般为76cm,但也并非一成不变,应根据调酒师身高而定。一般其高度应在调酒师手腕处,这样比较省力。操作台通常包括下列设备:三格洗涤槽(具有初洗、刷洗、消毒功能)或自动洗杯机、水池、拧水槽、酒瓶架、杯架以及饮料或啤酒配出器等。

(4)后吧高度通常为1.75m以上,但顶部不可高于调酒师伸手可及处,下层一般为1.10m左右,或与吧台(前吧)等高。后吧实际上起着贮藏、陈列的作用,后吧上层的橱柜通常陈列酒具、酒杯及各种酒瓶,中间多为配制混合饮料的各种烈酒,下层橱柜存放红葡萄酒及其他酒吧用具。安装在下层的冷藏柜则作冷藏白葡萄酒、啤酒以及各种水果原料之用。

(四)大堂吧空间设计

空间设计是大堂吧设计的最根本内容。结构和材料构成空间,采光和照明展示空间,装饰为空间增色。在经营中,以空间容纳人,以空间的布置感染人,这也是作为既要满足人的物质要求,又要满足人的精神要求和建筑本质特性所在,不同的空间能产生不同的精神感受。

在考虑和选择空间时,就要把空间的功能、使用要求和精神感受要求统一起来。同样一个空间,采用不同方法处理,也会给人不同的感受。在空间设计中经常采用一些行之有效的方法,以达到改变室内空间的效果。比如:一个过高的空间可通过镜面的安装、吊灯的使用等,使空间变得低而又亲切;一个低矮的空间,可以通过加线条的运作,使人在视觉上变得舒适、开阔,无压抑感。

知识小看板:不同空间的风格和氛围

二、大堂吧下午茶服务

（一）服务准备

（1）检查个人卫生，仪表仪容。
（2）检查台子、台面、台布、烟灰缸、台号、吧台、酒架、花瓶和鲜花是否完好整齐，干净，放置统一，符合标准。
（3）准备好开酒水的水票、笔、清洁的酒单、托盘等。
（4）检查酒吧用的玻璃器皿、摇酒筒、盆碟、饮管、奶盅、糖缸等是否光亮洁净。
（5）检查搅拌器、开瓶刀、压榨机等各类用具是否干净整洁，完好有效。
（6）备足各类酒水。
（7）备好新鲜水果（柠檬切片）和小吃。
（8）检查环境卫生。
（9）各就各位，领位员位于门边一侧，服务员站立于分工区域最佳迎客位置，脚跟靠拢，仪表端庄，微笑自然，做好迎客服务准备。

（二）迎候顾客

迎宾员按规定着装，立于指定位置，站姿优雅，不得依靠门或其他物体。

（三）领位

如果顾客不满意，应在情况许可的情况下，尽量根据其要求予以更换；如果顾客要求的餐桌已有预订，应做出解释和建议。

（四）服务

1. 点酒

（1）从顾客右侧送上酒单，并翻开至第一页，说："欢迎您，请看一下酒单。"
（2）在顾客右面接受点酒，腰部稍弯，待顾客点酒后，按其所点酒名复述一遍："您点的是××，对吗？"一些烈性酒或特殊饮料要问清如何饮用。
（3）点酒过程中，主动向顾客推销酒水，遵循先女宾后男宾原则。
（4）开写三联单小票，收银签字后，一联送调酒员调配，二联账台自留，三联服务员自留后备查。

2. 上酒

（1）用托盘装酒或饮料，在顾客右面送上，放在杯垫上。
（2）上酒时要报酒名称。
（3）如上瓶酒或饮料，为顾客倒第一杯酒或饮料，一般斟至八成左右，酒瓶标签朝向顾客。
（4）托酒、放酒要小心轻放，避免酒水溢溅。
（5）如到客很多，要对那些等候的顾客打招呼，说："对不起，请稍候，我马上来为您服务。"

（五）席间服务

（1）注意观察顾客是否有新的要求。
（2）为顾客斟酒，添加饮料、咖啡。
（3）勤换烟灰缸，点烟。见换烟灰缸流程。
（4）随时收去台面上用过盘、杯等时，要先征得顾客同意。

（六）结账服务

（1）现金当面点清，款额大时，请顾客到收银台付钱。
（2）签单，出示房卡，看清房间号码、离店日期，并经收银确认，请顾客签名："请在这里签上您的房号和姓名。"
（3）支票，正确填写，核对身份证："可以看一下您的身份证吗"？
（4）微信或支付宝结账，请顾客到收银台扫码。
（5）挂账，核对协议（挂账）卡，核对姓名、有效期、单位。
（6）结账之后应向顾客表示感谢，礼貌送客。

（七）餐后收台

（1）收拾台面餐具、玻璃器皿。
（2）揩清台面和台上用具，按规定放回原处。
（3）检查顾客是否有遗留物品，及时归还顾客。

任务实施

参观一家五星级酒店的大堂吧，感受大堂吧的气氛，观察大堂吧的服务程序。

星级酒店大堂吧服务操作规范流程如下。

1. 迎客服务

（1）顾客到达餐厅后招呼顾客。
（2）询问顾客是否预订，如顾客已订座，马上查看订座记录并告知顾客已安排了座位；如没订座，应询问顾客有几位。
（3）安排顾客入座，并在领位的过程中至少一次与顾客交流。
（4）引领顾客到台边，主动为顾客拉椅子让座位，递上酒水牌，并向顾客介绍小吃牌或特饮牌。

2. 饮品、小吃服务

（1）顾客就座1分钟内上纸巾，并问候顾客，必要时调整台面的摆设物。
（2）在3分钟内为顾客点饮品，并将顾客所点的饮品记录在台图上。
（3）向每位顾客复述所点的饮料名称，马上入饮料单。
（4）在3分钟内上饮品。
① 使用托盘上饮品，从顾客右边进行服务。
② 上饮料时要报上饮料名称。
③ 上咖啡或茶水要同时配上鲜奶，斟满至八分。

④ 混合饮料、罐装、瓶装饮品要当面帮顾客倒入杯中。如顾客离开了座位，要等顾客回来再倒。

⑤ 如顾客什么饮品都不点，应立即为顾客送上白水。

（5）当顾客使用赠券时，在赠券上写清台号、顾顾客数、服务员工号、时间、饮品名称及数量，再给吧台出饮品。

3. 巡台服务

（1）顾客每掐灭一个烟头，就清理一次烟灰缸。

（2）随时保持台面清洁。

（3）顾客饮完一杯后，2分钟内主动向顾客再次推销饮品。

（4）当顾客暂离台时，服务员应主动上前帮助顾客拉椅，并提醒顾客保管好自己的随身贵重物品。

4. 结账服务

（1）账单应在顾客提出要求后1分钟内呈上，结账过程中至少一次称呼顾客。

（2）取顾客账单时，注意检查账单上台号、人数、饮品及食品数量是否相符，核对无误后将账单用账单夹呈给顾客。

5. 送客服务

（1）当顾客离场时，热情地向顾客致谢。

（2）检查顾客是否有遗留物品。

（3）顾客走后，迅速清理台面，准备好迎接新顾客的光临。

能力训练

以小组为单位，情景模拟大堂吧服务流程。

训练目标：通过训练，使学生掌握不同的零点餐厅服务流程。

训练方式：以小组为单位完成任务。

训练内容：大堂吧流程。

训练步骤：学生自由分组→选择角色→策划情景→模拟服务流程→描述服务流程→小组点评→撰写实训报告。

训练要求：情景真实，策划周全，内容完整，服务创新。

任务三 中餐宴会服务设计

任务描述

王先生夫妇都已80多岁高龄，均是高校教授。今年是他们结婚60周年。在相识的那个年代，老先生没有给妻子一场体面的婚礼，一直心有愧疚。他们的子女想为老人举办一场"钻石婚"庆典，以弥补他们的遗憾，并给予老人更多的回忆，同时表达子女和亲朋好友对长者的祝福。

任务分析

根据主要顾客的特点分析，来访顾客以中老年人为主。菜品要求以清淡、精致为主，忌辛辣。服务以个性化、亲情化为主。环境布置以温馨、浪漫为主。

知识储备

一、走近宴会

宴会是国际和国内的政府、社会团体、单位、公司或个人之间为了表示欢迎、答谢、祝贺、喜庆等社交目的的需要，根据接待规格和礼仪程序而举行的一种隆重的、正式的聚餐活动。它是以餐饮聚会为表现形式的一种高品位的社交活动方式。

（一）宴会的本质特征

1. 群集性

宴会是众人聚餐的一种群集性餐饮消费方式。

2. 社交性

不同的宴会有不同的目的和主题，都离不开社交这一基本点。因此，人们把宴会称为"除电话、书信之外的重要的社交工具"。

3. 正规性

宴会具有安排周密、讲究规格气氛的特征。主要体现为以下几点。

（1）设计的严谨性：作为一个重要的有明确主题的宴会，其设计是否科学，直接关系到宴会的成功与否。

（2）礼仪的规范性：宴会主办者为了达到一定的社交目的，总希望能营造出一种热烈、隆重的气氛，以表达其热情的好客之情，所以，无论是宴会厅的布置，还是服务规格，或是工作人员的言谈举止，都必须注重礼仪规格，营造隆重热烈的氛围。

（3）组织的严密性：宴会业务运作事关诸多部门，宴会产品涉及多种细节，宴会服务包括饮食之外的其他服务，故饭店应将宴会产品看作一个系统工程进行组织和管理。

（4）丰厚性：宴会的高档次、高要求，必然带来高消费、高收益的特征，一般而言，宴会的毛利率高于零点餐厅。

（二）宴会类别

1. 按进餐的形式分

宴会按进餐的形式分为站立式宴会和设坐式宴会。

2. 按规格分

宴会按规格分为国宴、正式宴会和便宴。

3. 按餐别分

宴会按餐别分为中餐宴会、西餐宴会和中西合璧的宴会。

4. 按内容和形式分

宴会按内容和形式分为中餐宴会、西餐宴会、冷餐会、鸡尾酒会和茶话会。

5. 从礼仪角度分

宴会从礼仪角度分为欢迎宴会和答谢宴会（或称告别宴会）。

6. 按标准分

宴会按标准分为豪华宴会、中档宴会和普通宴会。

7. 按主题分

宴会按主题分为商务宴会、婚礼宴会、生日宴会、庆祝宴会、迎送宴会和答谢宴会。

8. 按时间分

宴会按时间分为午餐宴会和晚餐宴会。

9. 按主要菜式分

宴会按主要菜式分为百鸡宴、螃蟹宴、海鲜宴、山珍宴、鱼翅宴、全羊宴、野味宴、素宴、清真宴、满汉全席等。

二、中餐主题宴会台面设计与布置

优雅大方的就餐环境与实用美观、富有创意的宴会台面设计，将为顾客营造出良好的就餐氛围。

（一）宴会台面类型

1. 按餐饮风格分

（1）中餐宴会台面。中餐宴会台面用于中餐宴会。一般用圆形桌面和中式餐具摆设。台面造型图案多为中国传统吉祥图饰，如大红喜字、鸳鸯、仙鹤等。

（2）西餐宴会台面。西餐宴会台面用于西餐宴会。常见方形、长条形、半圆形等宴台。一般摆设西式餐具。

（3）中西合璧台面。针对赴宴者既有中国人又有外宾，一些宴会采用中菜西吃的方式。台面摆设采取了中西餐交融的摆设方法，既有中餐宴会的特点，也有西式宴会的特点。

2. 按台面的用途分类

（1）餐台。餐台也叫素台，在餐饮服务行业里也叫正摆台。特点是从实用出发，根据顾客就餐人数的多少、进餐实际的需要、菜单的编排和宴会标准配备餐具。各种餐具的摆放相对集中，简洁适用，美观大方。

（2）看台。看台又称观赏台面。按宴会的性质、内容，用各种小件物品和装饰物摆成各种图案，供顾客在用餐前观赏。在开宴时，将各种装饰物撤掉，再摆上餐具。这种台面多用于民间宴席和风味宴席。

（3）花台。花台，顾名思义就是用鲜花、绢花、盆景、花篮，以及各种工艺美术品和雕刻等装饰成的台面。这种台面将看台和餐台合二为一。这种设计要符合宴会的主题，色彩要鲜艳醒目，造型要新颖独特。

（二）宴会台面设计的作用

1. 烘托宴会气氛

餐桌设计和装饰是营造宴会气氛的重要手段。当顾客走进宴会厅，就能够看到餐桌上造型别致的餐具、新颖独特餐巾的折花、色彩悦目的插花，隆重、高雅的气氛跃然而出。

2. 反映宴会主题

宴会台面设计可以巧妙地将宴会主题和主人的愿望艺术地展现给顾客。如孔雀迎宾、青松白鹤等台面，分别反映了喜迎嘉宾、健康长寿的宴会主题。

3. 表明宴会档次

宴会档次与台面设计成正比。档次低的宴会，台面布置简洁、实用、朴素；高档宴会要求台面布置富丽、高雅。

4. 方便顾客就座

通过餐桌用品的布置，可以明确告知主人和主要顾客的席位，其他顾客也方便就座。

（三）宴会台面设计的要求

1. 按宴会的主题进行设计

台面设计要紧扣主题，有些设计虽然不错但放错了宴会就会显得不伦不类。比如"青松白鹤"图案一般放在寿宴上，如果出现在一些年轻顾客的生日宴会上就会成为笑谈。

2. 按菜单和酒水特点进行设计

吃什么菜配什么餐具，喝什么酒配什么酒杯；高档宴会配金制、银制的餐具。宴会菜单和酒水单好比音乐会的"乐谱"，宴会设计者在设计台面时，要以"乐谱"为依据，否则，"音乐会"中就会出现杂音，破坏了整体的协调性，给餐中服务带来很多被动。

3. 按照美观性的要求进行设计

宴会台面设计的一个重要目的是美化台面，宴会设计者应结合文化传统、美学原则进行创新设计，起到烘托宴会气氛的作用。

4. 按照民族风格和饮食习惯设计

选用餐具应符合民族饮食习惯，图案要考虑参加者的宗教信仰、生活禁忌、色彩偏好等因素。

5. 按卫生要求进行设计

顾客用餐需要使用台面餐具、餐巾等，在进行台面设计时，不要一味追求独特，而破坏餐桌卫生。

（四）宴会台面设计的步骤与方法

成功的宴会台面设计就像一件艺术品，设计的过程要遵循一定的步骤与方法。

1. 要根据宴会主题和赴宴者的特点确定设计方案

宴会台面设计要依据赴宴者的消费目的、年龄、消费习俗、消费标准等因素，确定台面设计方案。例如，为开业庆典而设计的台面与婚宴、寿宴、答谢宴会的台面有很大的不同。

2. 根据宴会主题，为台面设计方案命名

大多成功的台面设计都有一个典雅的名字，这便是台面命名。一个恰当的名字可以突出宴会主题，暗示台面设计艺术手法，烘托宴会的气氛。其具体命名如珠联璧合宴、蟠桃庆寿宴、圣诞欢乐宴等。

3. 规划台型

宴会场地和台型安排，原则上要根据宴会厅的类型、宴会主题、就餐形式、宴会厅的形状大小、用餐人数以及组织者的要求等因素，决定宴会台型的设计。

4. 台面布置

餐台台面的布置分为以下几个方面。

（1）台布和台裙的装饰。台布、台裙的颜色，款式的选择要根据宴会的主题和主题色调来确定。台裙常选择制作好的成品台裙，也可以根据实际需要，选择丝织或其他材料现场制作。

（2）餐具的选择和搭配。现在宴会厅的餐具主要有中式、西式、日式、韩式等不同风格，质地、形状、档次也有很大差异，宴会设计者根据宴会主题和酒店实际状况选用适当的餐具，强化宴会主题氛围。

（3）餐巾折花造型。台面所选用的餐巾必须与宴会设计的其他要素色调和谐一致，突出主题，渲染宴请气氛。同时宴会规模大小也会影响餐巾折花的选择，一般大型宴会采用简单、快捷、挺括的花形，小型的可选择较为复杂的花形。不管选择什么样的花型，要整齐美观、便于识别、卫生方便，同时不要出现赴宴者忌讳的花形。

（4）花台造型。根据不同类型的宴会，设计出不同的花形，既美化环境，又烘托宴会和谐美好的气氛。布置花台要根据主题立意，选择花材，设计造型。由于鲜花费用较高，不环保，甚至有污染食品的危险，因此，现在很多酒店采用了谷物和其他物品设计花台。

（5）餐垫、筷套、台号、席位卡的布置。餐垫、筷套、台号、席位卡的作用不可忽视，设计者必须根据宴会的主题风格、花台的造型、餐具的档次、宴会的规格、顾客的要求精心策划与制作。

（6）餐椅装饰。餐椅的主要功能是供顾客就座之用。它一般相对比较固定，而设计师经常采用椅套改变其色调与风格，使其与整体相协调。

三、主题宴会服务组织

因为宴会的组织规模、主题、消费标准不同，所以，顾客所需的宴会产品也不尽相同。整个组织接待涉及部门广泛，如美工环境设计、采购部原料组织、厨房加工、宴会厅服务、财务收入核算、公关宣传等。因此，宴会整体接待的完成需要酒店各部门的支持与通力合作。

（一）宴会设计的要求

1. 突出主题

根据不同宴会目的，突出不同的宴会主题，是宴会设计的起码要求。如国宴目的是想通过宴会达到国家间相互沟通、友好交往，在设计上突出热烈、友好、和睦的主题气氛；婚宴的目的是庆贺喜结良缘，设计时要突出吉祥、喜庆的主题意境。

2. 特色鲜明

宴会设计贵在特色，可在菜品、酒水、服务程序、娱乐、场景布局上或台面设计上表现出来。

3. 安全舒适

宴会活动中的安全舒适是所有赴宴者的需要。设计宴会时要考虑和防止如电、火、食品卫生、服务活动等不安全因素的发生，避免顾客遭受损失。因此，优美的环境、清新的空气、适宜的温度、可口的饭菜、悦耳的音乐、柔和的灯光会给赴宴者带来舒适感。

4. 美观和谐

宴会设计是一项创造美的活动。宴会场景、台面设计、菜品组合乃至服务人员的容貌和装束，都包含着许多美学的内容。宴会设计就是将这些涉及的审美因素，进行有机地组合，协调一致，达到美观和谐的要求。

5. 效益最佳

宴会设计从目的来看，可分为效果设计和成本设计。以上四个宴会设计要求主要是围绕效果设计提出的。而从成本设计角度来看，作为顾客代表的宴会设计师要把顾客的每一分钱都花到超值，避免浪费，力求性价比最高，效益达到最佳。同时，还要严格执行酒店规定的财务核算制度，保证宴会的正常盈利。

（二）宴会设计的内容

1. 场景设计

宴会环境包括大环境和小环境两种。大环境就是宴会所处的特殊的自然环境，如海滨、船上、草原蒙古包等；小环境是指宴会举办的场地。宴会场景设计对宴会主题的渲染和衬托具有十分重要的作用。

2. 台面设计

台面设计要起到烘托宴会气氛、突出宴会主题、提高宴会档次的作用。可以借助物品与餐具进行组合造型，深化意境。

3. 菜单设计

科学、合理地设计宴会菜单是宴会设计的核心。要以用餐标准为前提，以顾客需要为中心，以酒店技术力量为基础做好菜单设计。菜单设计包括营养设计、味型设计、色泽设计、烹调方法设计等。

4. 酒水设计

酒水的档次与宴会的档次保持一致。一般中餐会选用中国白酒、葡萄酒、啤酒、饮料等；

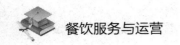

西餐宴会选用外国酒、葡萄酒、鸡尾酒等。宴会用酒也应注重地域的匹配，如民间婚宴多选用当地的特色酒。

（三）宴会预订的方式

所谓宴会预订方式，是指顾客与宴会预订有关人员接洽联络、沟通宴会预订信息的过程。不同的宴会消费对象根据需要，采取的预订方式也有所不同。

1. 电话预订

电话预订是店方与顾客联络的主要方式之一。主要用于顾客询问宴会的有关事宜，例如，核实地点、日期，确定细节等。同时，还可通过电话约定见面的时间。

（1）接电话前准备好纸和笔；铃响三声以内迅速接听。

（2）接电话中这个阶段要做到问好并自报家门；准确记录顾客的要求，例如，订餐则要问清并记录人数、就餐时间、标准、特殊要求、订餐人的姓名及联系方式等内容。问清顾客的特殊要求；复述顾客要求，予以确认。

（3）挂断电话阶段要做到向顾客表示感谢；顾客挂断电话后，服务人员方可将电话挂断。

2. 面谈预订

面谈预订是进行宴会预订比较有效的方法。销售人员可以当面为顾客进行介绍，有利于取得顾客的信任和认可。当面讨论所有细节，解决顾客的特殊要求，讲明付款方式等。

3. 信函预订

信函预订主要用于促销活动，回复顾客询问。信函预订适合于提前较长时间的预订，收到询问信后要立即回复，事后还要与顾客保持联系，争取顾客在本酒店举办宴会活动。

4. 网络预订

网络预订是顾客通过网络询问酒店举办宴会的一些情况，这时要求酒店要及时维护网页、及时回复，避免顾客预订"石沉大海"。

（四）宴会预订的程序

1. 接受预订

在这个阶段，重要的是尽可能回答顾客提出的所有问题。这就要求宴会人员要详细掌握有关宴会部的所有信息，便于回答顾客提出的任何问题。例如，宴会菜肴、酒水的具体内容及价格；宴会厅的规模；消费标准；环境装饰、场地布置；举办宴会的一些设想店方是否可以满足等。

2. 填写宴会预订单

如果确定宴会预订可行，一定要填好一式两份的宴会预订单（表5-2）。其内容主要包括宴会主办单位或个人、地址、联系电话、宴会类型、举办日期时间、出席人数、宴会标准、付款方式、预订金额、宴会预订员签名。

表 5-2　宴会预订单

预订日期		预订人姓名	
地址		电传、电话	
单位		饭店房号	
宴会名称		宴会类别	
预计人数		最低桌数	
宴会费用		食品人均费用	
		酒水人均费用	
具体要求	宴会菜单		酒水
	宴会布置	台型	
		主桌型	
		场地	
		设备	
确认签字		结账方式	预收订金
处理			承办人

3. 填写宴会安排日记簿

填写完宴会预订单后，应将预订的细节填写到预订簿上，按照日期排列。对于没有确定的预订用铅笔记录，已确定的预订则用钢笔记录，一般由预订员来负责登记和管理。日记簿上的内容主要包括宴会举办的日期时间、顾客的联系电话、宴会类型、出席人数、是暂定还是已确定。

4. 签订宴会合同、支付定金

虽然在预约时预定人员已经记录下顾客的要求，但是顾客日后可能变化也是一个潜在的问题。因此，一旦宴会得到确认，应与顾客签订合同书。同时为了保证宴会预订的确认，通常会要求顾客预付一定数量的订金，通常是订席费用的10%，填好后由双方签字确认。宴会合同书见表5-3。

表 5-3　宴会合同书

宴会合同书
本合同是由_____饭店（地址）_____
与_____单位（地址）_____
为举办宴会活动所达成的，具体条款如下：
活动日期_____星期_____
活动地点_____
最低出席人数_____预计人数_____
座位安排_____
菜单计划_____
_____
饮料_____娱乐设施_____

续表

主题_____ 预付订金_____
付款方式_____ 其他_____
顾客签名_____ 饭店经手人签字_____
签约日期_____

◎本宴会合同一式五联，一联顾客保存、二联顾客签名后收回、三联出纳留存、四联预订部留存、五联宴会部经理留存，经双方签认后生效。

5. 发布宴会通知单

宴会正式确认后，由餐饮部对饭店内部各有关部门下发一张类似公文的宴会通知单，告知各部门在该宴会中应负责执行的工作。成功举办一次宴会需要许多部门通力合作，所以如果通知单能够将所有工作事项列出，对于举办宴会是十分有利的。宴会通知单包括预订单中的主要资料，以及各部门所需准备的物品内容和相关事项，如接洽人、餐厅、桌数、人数、菜单、特殊要求等。各部门接到宴会通知单后，必须按照通知单上的要求认真执行。总而言之，宴会通知单是部门与部门之间沟通的桥梁，以确保部门间快速、直接地传递信息，获得最佳的工作效率。

6. 宴会预订后的再确认

发布的宴会通知单并无问题，主要是由于一般大型宴会都于数月前定下，时间的拉长难免导致一些变数的发生。例如，参加人数的增减，宴会开始的时间变更等。为了能够适应此类临时变化，因此，在宴会举办前的一周，以电话或传真的方式，与顾客再次确认。如果有所更改，应马上通知各相关部门。

7. 宴会的变更和取消

（1）宴会的变更。无论是顾客方面还是酒店方面有任何变更，都要提前通知对方。首先，在活动的前两天与顾客联系，进一步确定所有详情。当顾客用电话或其他方式通知酒店宴会活动更改时，预订员要主动热情，态度和善。其次，要了解更改的项目和原因，认真记录，经更改后的处理信息及时通知顾客，并向顾客致谢；最后填写更改通知单，请顾客签字予以确认。如此一来，各部门可以依照变更内容进行工作上的调整，合力达成顾客的要求。再者，使用变更通知单可以明确传达宴会信息，有效避免了各部门互相推诿责任。宴会变更通知单见表 5-4。

表 5-4　宴会变更通知单

更改单号：　　　　　　　　　　　　日期：

订单号	
宴会日期	
地点	
功能	
公司	
更　改　内　容	
日期	从　　　　　　　　　　到
时间	

续表

地点		
人数		
其他		
宴会负责人		

发给以下部门		
餐饮总监	前台	销售部
行政总厨	宴会	公关部
宴会部经理	饮料部	保安部
行政办公室	咖啡厅	工程部
管事部	酒吧	客房部
财务部	茶园	总机
大堂经理	采购部	其他

（2）宴会的取消。酒店要告知签订协议的单位尽量遵守时间，如遇特殊情况，要提前通知酒店。如遇对方因某种原因取消预订，预订员也要态度和善地进行接待；接受取消预订的时候，尽量问清原因，以便今后的推销；在宴会预订单上盖上"取消"的印记，记录取消人及预订员的姓名；及时通知相关部门。宴会取消通知单见表 5-5。

表 5-5　宴会取消通知单

公司名称_____　　　联系_____

宴请或会议日期_____　　　业务类_____

预订的途径与日期
_____

失去生意的原因
_____

挽回生意的报告（简明扼要的步骤）
_____

进一步采取的措施
_____

宴会经理签名_____

　　　　　　　　　　日期_____

8. 宴会售后管理

（1）信息反馈并致谢。宴会结束一周后由宴会销售部以电话、信函或邮件的方式征询主办单位或个人对本次宴会的意见和建议，并对其选择本饭店举行宴会再次表示感谢。在顾客提出意见或建议后，要及时向有关部门反映，以期下次做得更好。

（2）跟踪回访。饭店宴会销售部应与客户保持长期的联系，在节假日以邮件、电话，或邮寄明信片的方式转达饭店的问候和祝福，密切关注客户的重要信息，使客户再次选择本饭店举办活动。

（3）建立宴会档案。设专门档案来保存所有举办过的宴会的资料，尤其对那些每年固定举办宴会的单位情况详加纪录。宴会档案包括预订资料、宴会执行资料和宴会活动的有关总结资料。饭店有必要派专人对宴会档案资料进行管理。建立宴会档案，有助于提高工作效率、改善工作效果，更好地提供个性化的针对性服务。

（五）宴会服务流程

1. 宴会前的组织准备

餐饮部及其他相关部门的服务员在接到宴会通知后，应根据各项具体要求，在宴会开始前进行一系列相应的准备工作。宴会前的组织准备工作主要包括掌握情况、人员分工、场地布置、物品准备、开餐前的检查和召开餐前例会等。

（1）掌握宴会情况。接到宴会通知后，餐厅服务员要做到"八知"和"三了解"。八知：知道宴会规模、知道宴会标准、知道开餐时间、知道菜单内容、知道宾主情况、知道收费办法、知道宴会主题、知道主办地点；三了解：了解顾客风俗习惯、了解顾客进餐方式、了解顾客特殊需要和爱好。

（2）人员分工。人员分工与宴会的类别、宾主的身份、规格及服务人员的工作特长有着密切的关系。大型宴会可将宴会桌次和人员分工情况用图形表示。进行人员分工时，要根据个人特长进行工作安排；注意男女服务人员的比例；注意参与服务人员的宴会操作技能和临场应变能力；各区域负责人要有丰富的工作经验和处理突发事件的能力；通常对于主宾区要安排至少二名有多年宴会工作经验，技术熟练反应敏捷的服务人员进行服务，其他一桌一名或三桌二名，传菜生主桌一名，其余可以两桌或三桌一名，迎宾人员一名或二名。为了方便服务人员明确自己的职责。重大宴请活动之前需进行服务预演。

（3）场地布置。宴会场地的布置应根据宴会的设计方案进行，既要反映宴会的特点，又要使顾客进入宴会厅后感到舒适、美观。桌椅排列要整齐，留有足够的顾客行走通道和服务人员的服务通道。宴会厅的温度应保持稳定，且与室外气温相适应，一般冬季保持在20~24℃，夏季保持在 22~26℃。

（4）物品的准备。根据宴会的人数、菜肴的数量准备餐具。一般来说备用餐具不低于20%。宴会前30min准备好可用茶壶、茶叶及开水，按标准取出相应的酒水饮料，开启所有灯光；宴会开始前 5~10min 摆上冷盘。

（5）开餐前的检查。对餐厅准备工作的全面检阅主要包括各项卫生的检查、设备的检查以及安全的检查。

（6）召开餐前例会。大型宴会的餐前例会由宴会部经理主持，内容包括：点名并检查服务员仪容仪表；任务分工；通报当日客情；VIP接待注意事项；介绍当日特别推荐菜肴和短缺菜品种；对上一餐的工作进行总结；指明存在的问题；表扬服务优秀的服务员；抽查员工对菜单的掌握情况。

2. 迎宾服务

看到顾客前来，应面带微笑，热情欢迎，用敬语问候，并问清顾客是否是本次宴会的出席者，主动为顾客接挂衣帽，如备有休息室，应引领顾客进入休息室入座，并提供茶水。

3. 就餐服务

顾客入座完毕，服务员应及时为顾客铺餐巾、撤筷套。餐桌上的插花、席卡也要撤掉，放至附近的工作台。如果是高档宴会，每道菜点均是分食，则可保留插花。

4. 巡台服务

主动为顾客斟酒、换香巾、更换餐具、酒具、清理桌面，保持用餐桌面的整洁美观。

5. 结账服务

按照顾客偏好的结账方式为客人进行结账，如果顾客有疑问，应耐心解答。

6. 送客服务

当宴会主办者宣布宴会结束时，服务员应主动为顾客拉椅，以便顾客起身离座。同时提醒顾客不要遗忘物品，礼貌道别。如果是大型宴会，各岗位服务员应列队送客。

7. 结束工作

宴会结束后，应及时做好检查、收台、宴会场地的清理工作。

任务实施

策划一场"钻石婚"结婚庆典。

夫妻结婚的六十周年被称作"钻石婚"，喻意婚姻如钻石一样永恒、稳固。在策划"钻石婚"结婚刘庆典时，应分析顾客的需求，突出"钻石"的特质。

能力训练

设计升学宴主题宴会

训练目标：通过训练，使学生掌握宴会服务与设计。

训练方式：以小组为单位完成任务。

训练内容：宴会服务设计基本知识。

训练步骤：学生自由分组→策划主题名称→餐台布置→场景布置→服务流程→制作PPT汇报→撰写实训报告。

训练要求：符合餐厅实际经营需求，创新创意，具有课操作性，可推广。

任务四　西餐宴会服务设计

任务描述

张女士刚从法国回来，想和朋友在某酒店西餐厅聚会，请为张女士设计西餐服务程序。

任务分析

张女士是从法国回来的，因此餐厅可以选用法式服务，根据顾客的特点和要求布置餐厅环境。

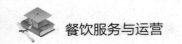

知识储备

一、印象西餐

西餐是我国人民和其他部分东方国家和地区的人民对西方国家菜点的统称,广义上讲,也可以说是对西方餐饮文化的统称。

我们所说的"西方"习惯上是指欧洲国家和地区,以及由这些国家和地区为主要移民的北美洲、南美洲和大洋洲的广大区域,因此西餐主要指代的便是以上区域的餐饮文化。

二、西餐的特点

正宗的西餐从原料上讲,取材广泛,主料精选;从外观上看,形色多样,摆设精致;从口味上品,鲜美香醇,老嫩讲究,干湿搭配;从就餐上讲,礼仪讲究,餐具精致。除了这些,西餐还有工艺独特、设备考究、营养丰富、分餐健康等特点。西餐的显著特点主要有以下几点。

(一)重视营养

西餐充分考虑人体对各种营养和热量的需求来安排菜或加工烹调。

(二)选料精细

西餐菜肴大多数不烧得太熟,有的甚至是全生或半生品,如色拉、牡蛎和牛、羊排,所以西餐选料精细:海鲜讲究新鲜、生猛;牛羊肉通常选择除皮去骨无脂肪的精肉。一般不食动物内脏和无鳞鱼等。

(三)口味香醇

西餐独特的调料、香料使其口味香醇。常见的调料有盐、胡椒、咖喱、芥末、番茄酱、丁香、薄荷叶、生姜、大蒜、桂皮等。另外,西餐烹调时也常用酒和奶制品。

(四)西餐调味沙司与主料分开单独烹制

西餐菜肴在形态上以大块为主,烹调时不易入味,所以大都要在菜肴成熟后拌以或浇上沙司,使其口味更富特色。

(五)注重肉类菜肴烹制的老嫩程度

欧美人对肉类菜肴的老嫩程度很讲究。服务员在接受点菜时,必须问清楚顾客的需求,厨师按顾客要求烹制。牛羊肉一般有以下5种火候。

一成熟(rare,简写R)表面焦黄,中间为红色,装盘后血水渗出。

三成熟(medium rare,简写M.R)表面焦黄,外层呈粉红色,中心为红色,装盘不见血,但切开后断面有血流下。

五成熟(nedium,简写M.)表面褐色,中间呈粉红色,切开后肉中流出的汁仍然见红。

七成熟（medium well，简写 M.W）肉表深褐色，中间呈茶色，略见粉红色，切开后流出的汁水是白色的。

全熟（well done，简写 W.D）表面焦黄，中间全部为茶色，肉中无汁水流出，肉硬度较高，不容易消化和咀嚼。

三、西餐菜品与酒水的搭配

西餐中的酒水可分为餐前酒、佐餐酒和餐后酒三种。它们各自又拥有许多具体种类。总的来说，口味清淡的菜式与香味淡雅、色泽较浅的酒品相配，深色的肉禽类菜肴与香味浓郁的酒品相配，餐前选用旨在开胃的各式酒品，餐后选用各式甜酒以助消化。

（一）餐前酒

餐前酒又称开胃酒。显而易见，它是在开始正式用餐前饮用，或在吃开胃菜时与之相配的。在一般情况下，在用西餐之前，很多西方顾客喜爱饮用一杯具有开胃功能的酒品，如法国和意大利生产的味美思酒（Vermouth）。也有鸡尾酒作为餐前酒的，如血玛丽（Blood Mary）。

（二）佐餐酒

佐餐酒根据菜式的不同可分为以下几种。

1. 开胃头盘佐餐酒

西方顾客吃开胃头盘时要根据开胃头盘的具体内容选用酒水品种。如鱼子酱要用俄国或波兰生产的伏特加酒（Vodka）。虾味鸡尾杯则配白葡萄酒。口味选用干型或半干型。

2. 汤类佐餐酒

不同的汤应配用不同的酒，如牛尾汤配雪利酒，蔬菜汤配干味白葡萄酒等。

3. 沙拉佐餐酒

与沙拉搭配的一般是口味清淡的白葡萄酒或开胃酒，具体要根据沙拉的内容选用酒水品种。

4. 鱼类及海味菜肴和肉类、禽类及各式野味菜肴佐餐酒

西餐里的佐餐酒多为葡萄酒，而且大多数是干葡萄酒或半干葡萄酒。在正餐或宴会上选择佐餐酒，有一条重要的讲究不可不知，即"白酒配白肉，红酒配红肉"。所谓的白肉，即鱼肉、海鲜、鸡肉。吃这类肉时，须以白葡萄酒搭配。所谓的红肉，即牛肉、羊肉、猪肉。吃这类肉时，则应配以红葡萄酒。

5. 奶酪佐餐酒

奶酪适合配用香味浓烈的白葡萄酒，有些品种的奶酪可配用波特酒。

6. 甜品佐餐酒

甜品一般配用甜葡萄酒或葡萄汽酒，有德国的白葡萄酒、法国的香槟酒等。

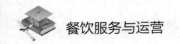

（三）餐后酒

餐后酒指的是在用餐之后，用来助消化的酒水。最常见的餐后酒是利口酒。

这里值得一提的是西餐在进餐过程中，饮用香槟酒佐餐是件愉快的事，它可以与任何种类的菜式相配。

四、西餐服务方式

西餐服务源于欧洲贵族家庭，经多年的演变，形成了各国各地区不尽相同的服务方式。目前在国内饭店中常见的服务方式有法式服务、俄式服务、美式服务、英式服务、大陆式服务及自助餐服务等。

（一）法式服务

法式服务（French style service）又称里兹服务（Ritz service），产生于法国。它是西餐服务方式中最豪华、最讲究、最细致和最周密的一种服务方式。通常，法式服务用于法国餐厅，即扒房。法国餐厅装饰豪华和高雅，以欧洲宫殿式为特色，餐具常采用高质量的瓷器和银器，酒具常采用水晶杯。通常采用手推车或旁桌现场为顾客加热和调味菜肴及切割菜肴等服务。在法式服务中，服务台的准备工作很重要。通常在营业前做好服务台的一切准备工作。一般由两名服务员共同为一桌顾客服务，一名为资深服务员，相当于厨师，主要负责接受顾客点菜、菜肴烹制、切割和装盘；另一名为服务员助手，协助资深服务员将顾客所点餐单送到厨房、取菜、上菜和撤盘等。

（二）俄式服务

俄式服务（Russian style service）又称银盘服务（silver plate service），产生于俄国。与法式服务在很多方面有相似之处，它同样非常正规和讲究，顾客也能得到相当多的关照，台面的摆设也与法式服务如出一辙，但是它的服务方法不同于法式。俄式服务讲究优美文雅的风度，将装有整齐美观菜肴的大浅盘端给所有顾客过目，让顾客欣赏厨师的装饰和手艺，并且也刺激了顾客的食欲。俄式服务，每一个餐桌只需要一个服务员，服务的方式简单快速，服务时不需要较大的空间，因此，它的效率和餐厅空间的利用率都比较高。俄式服务使用了大量的银器，并且服务员将菜肴分给每一位顾客，使每一位顾客都能得到尊重和较周到的服务，因此增添了餐厅的气氛。

（三）美式服务

美式服务（American style service）又称盘子服务（plate service），产生于美国。顾客所点菜肴由厨师在厨房按顾客人数烹制装盘，每人一份，服务员直接端给顾客。美式服务是简单和快捷的餐饮服务方式，一名服务员可以看数张餐台。美式服务简单、速度快，餐具和人工成本都比较低，空间利用率及餐位周转率都比较高。美式服务是西餐零点和西餐宴会理想的服务方式，广泛用于咖啡厅和西餐宴会厅。

（四）英式服务

英式服务（British style service）又称家庭式服务（family style service），由主人将整块食物亲自动手切片装盘，并配上蔬菜，服务员把装盘的菜肴依次端送给每一位顾客。调味品、沙司和配菜都摆放在餐桌上，由顾客自取或相互传递。英式服务家庭的气氛很浓，许多服务工作由顾客自己动手，用餐的节奏较缓慢。

（五）大陆式服务

大陆式服务（continental service）又称综合式服务，是一种融合了法式、俄式及美式的综合服务方式，也是当前西餐服务中普遍采用的服务方式，根据一套菜中每道菜的特点选用不同的服务方式。不同的餐厅或不同的餐次选用的服务方式组合也不同，这与餐厅的种类和特色、顾客的消费水平及餐厅的销售方式有着密切的联系。

（六）自助餐服务

自助餐服务（buffet service）是把事先准备好的菜肴摆在餐台上，顾客进入餐厅后自己动手选择符合自己口味的菜点，然后拿到餐桌上用餐。餐厅服务员的工作主要是餐前布置、餐中撤掉用过的餐具和酒杯、补充餐台上的菜肴等。

五、西餐厅室内环境的营造方法

西餐厅在饮食业中属异域餐饮文化。西餐厅以供应西方某国特色菜肴为主，其装饰风格也与某国民族习俗相一致，充分尊重其饮食习惯和就餐环境需求。

与西方近现代的室内设计风格的多样化相呼应，西餐厅室内环境的营造方法也是多样化的，大致有以下几种。

（一）欧洲古典气氛的风格营造

这种手法注重古典气氛的营造，通常运用一些欧洲建筑的典型元素，诸如拱券、铸铁花、扶壁、罗马柱、夸张的木质线条等来构成室内的欧洲古典风情。此外，还应结合现代的空间构成手段，从灯光、音响等方面来加以补充和润色。

（二）富有乡村气息的风格营造

这是一种田园诗般恬静、温柔、富有乡村气息的装饰风格。这种营造手法较多地保留了原始、自然的元素，使室内空间流淌着一种自然、浪漫的气氛，质朴而富有生气。

（三）前卫的高技派风格营造

如果目标顾客是青年消费群，运用前卫而充满现代气息的设计手法最为适合青年人的口味。运用现代简洁的设计词汇语言，轻快而富有时尚气息，偶尔可流露一种神秘莫测的气质。空间构成一目了然，界面平整光洁，巧妙运用各种灯光构成室内温馨时尚的氛围。

六、西餐宴会服务

西餐宴会是一种按西方国家礼节习俗举办的宴会,西餐宴会摆台正式规范,菜品丰富,服务讲究程序和规范,讲究食品与酒水的搭配,有较高的礼仪要求,注重就餐的环境和氛围。

(一)掌握宴会情况

宴会前,应详细了解宴会的人数、标准、台形设计、宾主身份、举办单位或个人、付款方式、特殊要求、菜单内容、酒水内容和服务要求等。

(二)布置宴会厅

西餐宴会厅的环境布置应具有欧美文化艺术特点,如挂油画、设壁炉等。同时布置各种绿色植物,准备好背景音乐。

(三)设计台形

西餐宴会的台形可根据宴会的特点和主办方的要求进行设计,常见的台形有一字形、回字形、马蹄形、L字形、U字形。

(四)席位安排

(1)宴会主人坐背对门的位置,而面对门的位子则是上位,由最重要的顾客坐。
(2)长型桌排列时,男女主人分坐两头,门边男主人,另一端女主人,男主人右手边是女主宾,女主人右手边是男主宾,其余依序排列。
(3)桌子是T字形或U字形排列时,横排中央位置是男女主人位,身旁两边分别为男女主宾座位,其余依序排列。
(4)西餐排座位,通常男女间隔而坐,用意是男士可以随时为身边的女士服务。
(5)西餐宴会也使用席次卡,一般使用中英文撰写。

(五)准备餐具用具

不锈钢类:主要有头盘刀、头盘叉、汤匙、鱼刀、鱼叉、主餐刀、主餐叉、黄油刀、甜品叉、甜品勺、水果刀、水果叉、咖啡勺、服务叉、服务勺等。

瓷器类:主要有装饰盘、面包碟、咖啡杯、咖啡碟、椒盐瓶、牙签筒、烟灰缸、花瓶等。

杯具:应根据宴会顾客所选用的酒类而定,主要有水杯、红葡萄酒杯、白葡萄酒杯、香槟杯、鸡尾酒杯、利口酒杯等。

布草类:主要有台布、餐巾、桌裙、净布等。

服务用具:主要有托盘、开瓶器、席位卡、冰桶、烛台、蜡烛、火柴、洗手盅、餐巾纸等。

(六)宴会摆台

铺上桌布,摆装饰盘,装饰盘常采用高级的瓷器或银器等。将装饰盘的中线对准餐椅的中线,装饰盘距离餐桌边缘1~2cm。装饰盘的上面放餐巾。装饰盘的左边放餐叉,餐叉的左边放面包盘,面包盘上放黄油刀。装饰盘的右边放主餐刀,刀刃朝向左方。主餐刀的右边放一个汤勺，汤勺的右侧摆放头盘刀。主餐刀的上方放各种酒杯和水杯。装饰盘的上方摆甜品叉勺。根据宴会菜单每用一道菜，更换一套餐具，不同的菜式摆上不同的刀叉餐具。不同的菜跟上不同的酒及酒杯。摆放椒盐瓶、烟灰缸、花瓶、烛台、菜单。

（七）西餐宴会服务程序

1. 迎宾服务

热情迎宾，使用敬语，将顾客引领至餐桌，拉椅让座，按先女宾后男宾、先顾客后主人的顺序，为顾客铺餐巾。

2. 宴会中服务

（1）西餐宴会上菜顺序是开胃品、汤、沙拉、主菜、甜品、咖啡或茶。
（2）根据宴会预订单的要求及菜单内容搭配相应的酒水。
（3）顾客每用完一道菜，应将所用餐盘及餐具一起撤下。
（4）西餐宴会要求等所有顾客都吃完一道菜后才可以一起撤盘，多桌时，以主桌为准。

3. 服务主菜的要求

（1）主菜的最佳部位对着顾客放，而配菜自左向右按白、绿、红的顺序摆放。
（2）主菜的沙拉要立即跟汁，沙拉盘应放在顾客的左侧。

4. 服务甜品、水果

（1）上甜品之前先撤下除酒杯以外的餐具，包括主餐盘、主餐餐具、面包盘、黄油碟、椒盐瓶、面包篮等。
（2）用一块叠成四方块的口布对餐台进行扫台。
（3）摆好甜品叉勺，左叉右勺。

5. 服务咖啡或茶

（1）服务咖啡或茶之前先摆好糖缸和奶缸。
（2）咖啡杯或茶杯放在顾客的右手边。
（3）有些高档宴会需推酒水车，问询顾客是否需要餐后甜酒，问询顾客是否需要雪茄。

6. 结账服务

当顾客用完餐后，准备好账单，检查无误，与宴会负责人结账。

7. 送客服务

顾客离席，主动为顾客拉椅、取所存衣物，热情道别。

8. 宴会后的收尾工作

检查台面，有无顾客遗留物品，收拾台面，清理餐桌。

任务实施

张女士刚从法国回来，想和朋友在某酒店西餐厅开party，请为张女士设计西餐服务程序（表5-6）。

（1）分析活动包括几个项目。

（2）根据项目确定工作的步骤。
（3）根据工作的步骤安排工作的内容。

表 5-6　法式服务设计

项　目	步　骤	内　容
准备	了解情况	了解清楚外宾的国籍、身份、宗教信仰、生活特点
		研究本次接待工作并做相应的准备
	熟悉菜单	根据宴会菜单，备齐各种餐具及其他物品
		西餐中吃，什么菜用什么餐具，跟什么酒水配什么样的酒杯
		一切准备工作在开餐前半小时完成
铺台	设计台形	根据宴会的性质，参加宴会的人数，餐厅面积及设备情况，可摆成一字形、T字形、山字形、方框形、马蹄形等
	铺台布	摆好台面，铺餐具，安排好宴会主席位及铺台检查等程序见西餐铺台操作流程
迎宾	领位	把顾客引领到座位
服务	宾主座次	一字形宴会桌的两头是主人与副主人座位，主人的座位最好正对宴会厅入口处
		主宾、副主宾、第三顾客、第四顾客的座位应按次序分别安排在主人、副主人的两侧
		拉椅让座，先为女士服务并为顾客取放餐巾，斟倒冰水
	斟酒	A. 斟酒程序见斟酒服务流程，一般情况，先为顾客斟倒白葡萄酒； B. 开香槟酒服务，见斟酒服务流程
	宴会上菜	上菜的顺序是开胃品、汤、沙拉、主菜、甜品、咖啡或茶
		按菜单顺序撤盘上菜
		上甜点、水果之前将餐台上用过的杯、盘等餐具收掉，摆好甜品叉、匙
		上水果时要先上水果盘和洗手盅，洗手盅置于顾客左侧
		上咖啡时要先在每位顾客右手边摆上一套咖啡用具（咖啡杯、垫盘，盘上右侧放一把咖啡勺）然后用托盘送上淡奶壶、糖罐，站在顾客右侧——斟上
宴会结束	送客	礼貌送客

西餐点菜服务

训练目标：通过训练，使学生掌握西餐技能。
训练方式：以小组为单位完成任务。
训练内容：西餐基本知识、操作要领。

训练步骤：学生自由分组→轮流扮演服务员→为本组队员进行点菜→团队选出代表进行点评→评选出本组点菜小能手→撰写实训报告。

训练要求：考虑顾客特点，菜肴安排合理，有销售技巧，文明礼貌，不浪费。

任务五 菜单设计

任务描述

为"国色天香"文化主题宴会设计一款菜单。

任务分析

提到国色天香很多人会联想到牡丹，而作为国粹的京剧，戏剧舞台上替父从军的木兰、不让须眉的穆桂英，这些英姿飒爽、勇敢率性、能文能武的刀马旦，是柔情、正义、勇敢、坚强、大爱的化身，也是当之无愧的国色天香。选取中华传统文化的重要组成部分，以中国古代戏曲中国色天香、能文能武的刀马旦为切入点，设计了极具中国风的"国色天香"主题宴会作品。希望通过展现中国传统文化一角，可以起到抛砖引玉的作用，让更多的人了解和喜欢中国的传统文化，并唤醒国人对传统文化的认同感和自豪感，让中国魅力惊艳世界，中国文化代代相传。

知识储备

菜单是餐饮部向就餐顾客展示其生产经营的各类餐饮产品书面形式的总称。在服务过程中，菜单无声地向顾客展示食品的目录和价格。明确菜单的概念、种类、功能以及制定菜单的依据，重视菜单的设计和促销，并使菜单具有良好的促销效果，是餐饮营销的首要问题。

很多餐厅都把菜单和菜谱混为一谈，其实二者有着明显的区别。菜谱是指描述某一菜品制作方法及过程的集合。很明显，当顾客走进餐厅，服务员呈递的是菜单，而不是菜谱。作为印刷品，菜单配有文字、饰有图案、套上色彩，还穿插了相应的菜肴图例，直观地体现了餐饮企业的经营主题与经营水平。

一、菜单的种类

（一）固定菜单

固定菜单是餐饮企业为满足消费者对餐饮产品的日常消费需要而制定的一种在特定时段内所列的品种、价格等内容不发生变动的菜单。按国际餐饮惯例，这一特定时间通常为一年（但在中国，这一时间惯例有时会非常短）。从不同角度可以将固定菜单划分成若干类别，不同的类别具有不同的表现形式。

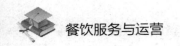
餐饮服务与运营

（二）变动菜单

变动菜单是指餐饮企业为了满足消费者对餐饮产品的特殊消费需要而制定的、内容依不同的业务情况不断变动的菜单。

二、菜单的功能

菜单的功能主要表现在以下两个方面。

（一）餐饮经营方面

菜单是沟通餐饮经营者与消费者之间的桥梁，反映了餐饮企业的经营方针和餐厅的主题特色，是餐饮经营的计划书、餐饮销售的控制工具、餐饮销售的手段。

（二）餐饮管理方面

菜单决定食品原料的采购与贮存、厨房的布局，决定了餐饮设备的选购。此外，菜单决定厨师和服务人员的素质。菜单的内容标志着餐饮机构的菜肴特色和服务水平，而体现这些特色和水平还必须通过厨师的烹饪加工和餐厅的服务方能实现，因此，餐饮企业在配备厨师和服务人员时，应根据菜式制作和服务要求，招聘具有相应技术的人员。

三、菜单设计的原则

（一）能满足目标市场的需要

每一家餐厅都必须在经营过程中分析来餐厅的顾客中具有代表性的那一类。因为这一类顾客的特征，可以让餐厅经营者看到一个目标消费群体，这也就等于在做一种市场调查。餐厅所做的菜肴要深受顾客的喜爱，就要了解这一类顾客对各大菜系的偏爱、他们的收入及他们的消费档次和消费习惯。

（二）与经营方式和餐厅风格相协调

餐厅的装潢环境反映了餐厅的消费水准，在一定程度上也是餐厅的"隐形价值"。选择菜式不是越精致越好，菜式的档次和价格要与整体经营一致才适合。

（三）能实现既定的综合毛利率目标

餐厅经营的最终目的是赚钱盈利，所以设计菜单时不仅要考虑到菜品的销售情况，更要考虑其盈利能力。设计菜单时，应适当降低高成本菜的毛利而提高低成本菜的毛利，以保证在总体上达到规定的毛利率。

（四）各类品种的数量合理平衡

为满足不同口味的顾客，菜单所选的品种不能太窄。每类菜品的价格要平衡，原料搭配合理，烹调法也要平衡，并且营养要多种多样，品种也不宜过多。

（五）菜单要不断丰富创新

社会不断发展，顾客的口味和餐饮的形势也在不断变化，所以菜单也要推陈出新。菜单变更除了考虑季节因素以外，还要注意顾客饮食习惯的变化，比如在营养、健康和健美等方面的饮食要求。

四、如何选择菜肴

选择菜肴，就是将那些顾客喜欢同时又能使餐饮企业获得利润的菜肴经过筛选，写在餐厅的菜单上。

（一）掌握菜肴的销售趋势

一份好的菜单应能适应菜肴销售的发展趋势。在选择菜肴时，应密切注意有关菜肴的销售状况，阅读各种有关餐饮情况的专业杂志和报纸。同时，还要定期访问各类餐饮同行，尤其是那些与自己企业情况相似的同行，通过亲自品尝，了解他们的经营品种、烹饪特色和销售、服务状况；了解哪些菜尤其受顾客欢迎，哪些菜销售不佳、问津者寥寥无几，从而修订或制定自己餐厅的菜单，并使经营使用的菜单能反映以下特点。

（1）当时菜肴流行、发展的潮流。
（2）中国国内销量最大的菜肴帮系。
（3）当地人最喜欢的菜肴品种。
（4）一定数量的西餐菜肴。

餐厅的菜单不能一成不变，必须定期进行销售动态的调查、研究，并辅之以分析，确定本餐厅各种菜肴的销售情况。

（二）菜肴销售状况的定量分析

菜肴销售状况定量分析的第一步就是对分析对象——菜肴进行分类。菜单一般分几类列出菜名，同类菜肴间会相互竞争，如人们点了"铁板牛肉"，一般就不会再点"青椒牛肉片"；点了"乡下浓汤"，就不会再点"新鲜蔬菜汤"。这表明，在同类菜肴中，一道菜的畅销会使其他菜的销售额减少。所以在分析时，先要将菜单的菜肴按不同类别划分出来，对相互竞争的同类菜肴进行分析。例如，某餐厅菜单上的汤类品种共有五个，其统计期各汤的销售份数、顾客欢迎指数和销售额指数见表 5-7。

表 5-7 菜肴销售状况定量分析

菜 名	销售份数	销售数百分比/%	顾客欢迎指数	价格/元	销售额/元	销售额百分比/%	销售额指数	评 论
花螺炖凤翅	300	26%	1.3	25	7500	16.1%	0.8	畅销，低利润
上汤螺片	150	13%	0.65	20	3000	6.5%	0.3	不畅销，低利润
冬虫炖鲍	100	9%	0.45	40	4000	8.6%	0.4	不畅销，低利润
洋参炖乌鸡	400	35%	1.75	50	20000	43%	2.2	畅销，高利润
薏米水鱼	200	17%	0.85	60	12000	25.8%	1.3	不畅销，高利润
总计/平均值	1150	20%	1	—	46500	20%	1	—

菜肴销售状况定量分析的原始数据来自订菜单，汇总账单上各种菜的销售份数和价格，便可算出顾客欢迎指数和销售额指数。由于电脑的普及，这些统计与计算工作均可由电脑处理，既准确又快捷。

顾客欢迎指数表示顾客对某种菜的喜欢程度，以顾客对各种菜购买的相对数量表示。顾客欢迎指数的计算是将某种菜销售数百分比除以每份菜应售百分比，即

$$顾客欢迎指数=\frac{某种菜销售数百分比}{各菜应售百分比}$$

各菜应售百分比的计算公式为

$$各菜应售百分比=\frac{100\%}{被分析的项目数}$$

在表5-7中，"花螺炖凤翅"的销售数百分比为26%，共有5个汤类品种，则"花螺炖凤翅"的顾客欢迎指数为

$$\frac{26\%\times 5}{100\%}=1.3$$

仅分析菜肴的顾客欢迎指数还不够，还要对菜肴的盈利分析能力进行分析。我们将价格高、销售额指数大的菜确认为高利润的菜。销售额指数的计算公式为

$$销售额指数=\frac{某种菜销售额百分比}{各菜应售百分比}$$

各菜应售百分比的计算公式如前所述。表5-7中，"花螺炖凤翅"的销售额指数为

$$\frac{16.1\%\times 5}{100\%}=0.8$$

不管分析的菜肴项目有多少，任何一种菜肴的顾客欢迎指数和销售额指数的平均值总是1，顾客欢迎指数超过1的菜肴一定是顾客欢迎的菜，超过越多，表示这种菜肴越受欢迎。因而顾客欢迎指数较菜肴销售数百分比更科学、更直观。菜肴销售数百分比只能比较同类菜肴的受欢迎程度，但与其他类的菜肴比较时，或当菜肴分析项目数发生变化时就难以比较了，而顾客欢迎指数却不受其影响。同理，销售额指数超过1的菜肴一定是销售额、利润状况良好的菜肴，超过越多，销售与利润状况越佳。

根据对顾客欢迎指数和销售额指数的计算分析，我们可以将被分析的菜肴划分成四类，并根据不同的状况，确定相应的对策。表5-8显示了这种对应关系。

表5-8 菜肴定量分析对策表

菜 名	销 售 特 点	相应的对策
洋参炖乌鸡	畅销、高利润	保留
上汤螺片	不畅销、低利润	取消
冬虫炖鲍	不畅销、低利润	取消
花螺炖凤翅	畅销、低利润	作为引流产品或取消
薏米水鱼	不畅销、高利润	吸引高档顾客或取消

畅销、高利润的菜肴既受顾客欢迎又有盈利，在调整菜单时，理应保留。

不畅销、低利润的菜肴一般应取消，但有的菜肴的顾客欢迎指数和销售额指数都不是很低，在0.7左右，又是原料平衡、营养平衡、价格平衡方面所需要的，仍应保留。

畅销、低利润的菜肴一般可用于薄利多销的低档餐厅中，如果利润不是太低而顾客又较欢迎，可以保留，使之起到吸引顾客到餐厅来就餐的引流作用。餐饮消费是种典型的组合消费，就餐者一般至少点三个菜肴就餐。所以虽然低利润的畅销菜肴有时会赔一点儿，但就整体而言，它能带动其他菜肴的销售。但利润很低而又十分畅销的菜肴也可能会转移顾客的注意力，挤掉那些利润大的菜肴的生意。如果这些菜肴已明显地影响利润高的菜肴的销售，那么就应果断地取消这些菜肴。

不畅销、高利润的菜肴，可以用来迎合一些愿意支付高价的顾客。高价菜肴毛利额大，如果不是极不畅销则可以保留。但如果销量太小，会使菜单失去吸引力。因而，长时期销量一直很小的菜肴就应予以取消。

（三）确定价格范围

在选择菜肴时，餐饮管理人员必须对餐饮的经营情况进行分析，计算为达到餐厅的目标利润，就餐顾客的人均消费额应该为多少；同时还要进行菜肴销售状况分析和顾客调查，了解在本餐厅用餐的顾客愿意支付的人均消费额是多少。管理人员根据这些信息确定本餐厅的人均消费额标准，从而定出各类菜肴的价格范围。

在确定价格范围时，先把菜肴分成若干个大的类别，根据本餐厅以前的销售统计数据，得出各类菜肴占销售额的百分比以及就餐者对各类菜的订菜率。

如果某餐厅消费者的期望人均消费额为50元，按菜单上菜肴的分类，每类菜的销售额占总销售额的百分比和就餐者的订菜率见表5-9。

表5-9 分类菜肴价格范围确定表

菜肴		占总销售额的百分比/%	订菜率/%	计划平均价格/元	价格范围/元
冷盘		15	30	25	15~35
热炒	鱼虾类	16	20	40	30~50
	家禽类	15	25	30	20~40
	肉类	15	25	30	20~40
	蔬菜类	12	30	20	15~25
汤类		10	50	10	8~12
主食类		10	80	6.25	3.25~9.25
饮料类		7	50	7	5~9

各类菜肴的平均价格可用下式计算：

$$各类菜肴的平均价格 = \frac{期望人均消费额 \times 该类菜的销售额占总销售额的百分比}{订菜率}$$

表5-11中的冷盘的平均价格应定为

$$\frac{50 \times 15\%}{30\%} = 25（元）$$

在计算出各类菜肴的平均价格后，根据对该类菜拟定的菜肴数量上下浮动，确定该类菜肴的价格范围。

在各类菜肴的价格范围内，再选择原料成本高、中、低档次搭配的菜，使各类菜肴在一定的价格范围内有高、中、低档之分，如家禽类的菜肴拟定为10种，高、中、低档菜肴的价格范围可参照表 5-10 分解。

表 5-10 高、中、低档菜肴价格范围分解

菜 肴 档 次	家禽类菜肴数 / 份	价格范围 / 元
总计	10	20~40
高档菜	2	34~40
中档菜	5	26~34
低档菜	3	20~26

管理人员在这些价格范围内，根据原料的种类、成本和可得性以及厨师的烹调能力来选菜肴就比较容易了。

五、菜单内容设计制作

（一）菜单内容的确定

一份完整的菜单，应有以下四个方面的内容。

1. 菜肴的名称和价格

菜肴的名称直接影响顾客对菜肴品种的挑选。对于那些未曾用过的菜肴，顾客往往会凭品名去挑选。消费者对某一餐厅是否满意在很大程度上取决于阅读了菜单之后对菜肴产生的期望值，更重要的是，餐厅提供的菜肴能否满足消费者的期望。菜单上菜肴的名称和价格必须具有真实性。

2. 菜肴的介绍

菜单应对某些产品进行介绍。这些介绍往往可以代替服务员站立向顾客介绍这一环节，帮助顾客在斟酌之后下决定选某些菜肴，并能减少顾客的选菜时间。菜单上应列出向顾客介绍的内容：

（1）主要配料以及一些独特的浇汁和调料。有些配料要注明规格。有些采用"讨口彩"方法起名的菜肴，应说明其主料、辅料的确切名称。

（2）菜肴的分量。菜肴要注明分量，西餐要注明重量，如牛肉重 200g；中餐则应标明盆、大盘、中盘、小盘等不同规格。

（3）重点促销的菜肴。菜单上的介绍要注意引导顾客去订那些餐厅希望重点促销的菜肴，因此要着重介绍高价菜、名牌菜、看家菜、滞销菜等。

（4）菜肴的烹调等候时间。对某些特殊菜肴，由于加工时间较长，应在菜单上注明烹饪等候时间，以免销售者与消费者之间产生误会。

（5）菜肴的烹调和服务方法。对某些具有独特烹调和服务方法的菜肴应予以说明，而普通加工及服务方法则不用介绍。

（6）告示性信息。除菜肴名称、价格等这些菜单必不可少的核心内容之外，菜单还应提供一些告示性信息。告示性信息须简洁明了，一般包括餐厅名字、风味特色、地址、电话等内容。

3. 菜单的形式和项目

在中高档餐厅里，菜单形式可分为三种：印页式菜单、台卡式菜单和 POP 菜单。

印页式菜单是大部分餐厅所采用的菜单形式。这是餐厅销售品种的固定部分，它具有制作精美、周期长、成本高的特点，也是一个餐厅的档次和形象的表现之一。传统的印页式菜单只是以文字说明为主，现在的印页式菜单多是图文并茂的平面设计作品。

台卡式菜单是指插在餐桌上的台号牌里的临时性菜单，这是对印页式菜单的一种重要补充，它主要是表现定期更替的销售品种。这是现在流行的菜单形式，它最大的特点是灵活、周期短、制作成本低。

POP 菜单是现在时尚餐厅流行的菜单，它以海报形式来表现促销期间的品种特点和价格，它实际上就是品种在餐厅里的促销广告。

通常在一个餐厅里，这三种形式的菜单都是并存使用的。

另外，现在还有很多餐厅印在菜单上的品种数量只有几十个，大部分的品种都是以实物形式展示在展览柜里，配有价格，供顾客选择、点菜。

（二）菜单内容的设计

1. 内容安排原则

菜单的内容一般按就餐顺序排列。顾客一般按就餐顺序点菜，所以希望按就餐顺序编排。这既符合人们正常的思维步骤，又能很快找到菜肴的类别，不致漏掉某些菜肴。例如，西餐菜单的排列顺序一般是开胃品、汤、色拉、主菜、三明治、甜点、饮品；中餐的排列顺序则为：冷盘、热炒、汤、主食、饮料。

2. 西餐菜单的表现形式及主菜的相应位置

西餐菜单的表现形式通常有单页式菜单、双页式菜单（对折式菜单）、三页式菜单（三折式菜单）和四页式菜单（四折式菜单）。在西餐菜单中，主菜的地位举足轻重，分量很大，应该尽量排在显要的位置。根据人们的阅读习惯和餐饮同行们的经验总结，单页菜单上主菜应列在菜单的中间位置；双页菜单上主菜应放在右页的上半；三页菜单中主菜须安排在中页的中间；四页菜单里主菜通常被置于第二页和第三页上。具体安排如图 5-2 所示，各类菜单中阴影部分为主菜的理想位置。

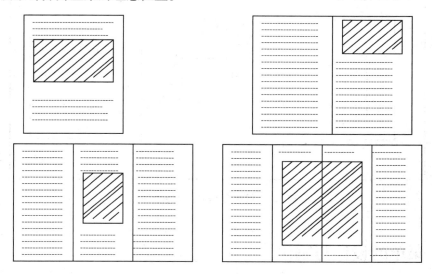

图 5-2　西餐菜单的表现形式及主菜的相应位置

3. 重点促销菜肴的位置安排

重点促销菜可以是时令菜、特色菜、厨师拿手绝活菜，也可以是由滞销、积压原料经过精心加工包装之后制成的特别推荐菜，总之是餐厅希望尽快介绍、推销给就餐者的菜。既然是重点促销菜，就应该将这些菜肴安排在醒目之处。菜肴在菜单上的位置对于此类菜肴的推销有很大影响。要使推销效果明显，必须遵循两大原则：首部和尾部，也就是将重点促销菜放在菜单的开始处和结尾处，因为这两个位置往往最能吸引人们阅读的注意力，并在人们头脑中留下深刻的印象。

另外，不同表现形式的菜单，其重点推销区域是不同的，如图 5-3 所示。用横线将单页菜单对分，菜单的上半部就是重点推销区。

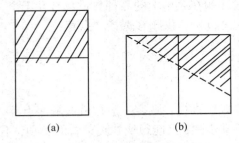

图 5-3　菜单重点推销区

（1）双页菜单。双页菜单的右上角为重点推销区，该区域是以上边及右边的 3/4 做出一个三角形。

（2）三页菜单。三页菜单对菜肴推销很有利，中间部分是人们打开菜单首先注意的地方。使用三页菜单，人们首先注意正中位置，然后移至右上角，接着移至左上角，再到左下角，最后又回到正中。依据对人们眼睛注意力研究的结果表明，人们对正中位置的注视程度是对全部菜单注视程度的 7 倍。因而中页的中部是最显眼之处，应放上餐厅最需要推销的菜肴，如图 5-4 所示。

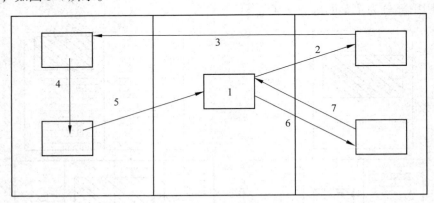

图 5-4　最需要推销的菜肴摆放

六、菜单的设计与制作

一本漂亮的菜单会增加顾客就餐的情绪，制造合适的就餐气氛。递送到顾客面前的菜单,形式可以五花八门、各式各样,但不论其呈圆形、长方形或其他形状,尺寸是大号或小型,是单页或折叠,是纸质或由其他材料制成,菜单必须制作得能恰如其分地反映出一家餐厅的面貌和经营特色,使就餐者仅从菜单的外观,便能推断一家餐厅的餐饮管理水平和服务质量。这里面涉及的因素较多,菜单材料的选择、颜色的搭配、尺寸的大小、字体与字形的选取等,均直接影响菜单的艺术与美观。

(一)菜单的材料

菜单通常以纸张为主要制作材料,设计菜单应从选择菜单用纸开始,精美的菜单是要通过纸张来体现的。

餐厅应该避免使用塑料、绸和绢作为菜单封面。这就像餐桌上应避免使用塑料花一样,因为塑料制品在现代人看来是极其低廉的东西,使用塑料菜单不免有贬损餐厅形象之嫌;绸、绢之类固然高雅,但极易沾污染渍,也不宜用作菜单封面;其他材料,如漆纸、漆布,虽不易弄脏,但因油漆常发生龟裂、剥落而有碍观瞻,也不宜用作菜单封面。

(二)菜单的尺寸

(1)菜单的式样和尺寸大小有一定的规律可循:一般单页菜单以 25cm×35cm 大小为宜;对折式的双页菜单合上时,以其尺寸 20cm×35cm 最佳;三折式的菜单合上时,以其尺寸以 18cm×30cm 为宜。

(2)其他规格和式样的菜单也并非罕见。重要的是菜单的式样必须与餐厅风格相协调。

(3)菜单在篇幅上应保持一定的空白,篇幅上的空白会使字体突出、易读,并避免杂乱,如果菜单的文字所占篇幅多于 50%,会使菜单看上去又挤又乱,妨碍顾客阅读和挑选菜肴。菜单四边的空白应宽度相等,给人以均匀之感。左边字首应排齐。

(三)菜单的字体与字形

菜单的字体要为餐厅营造气氛,反映餐厅的环境。它与餐厅的标记一样,是餐厅形象的一个重要组成部分。菜单的字形,即印刷菜单时所用铅字的型号大小。根据调查情况统计,最易被就餐者阅读的字形是二号铅字和三号铅字,其中以三号铅字最为理想。英文则大部分采用 10~12 号的字。就版面设计而言,一般来说,一页纸上的字与空白应各占 50%为佳,过多的字会使人眼花缭乱,空白太多则给人菜品少的感觉。

(四)菜单的颜色

(1)菜单的颜色能起到推销菜肴的作用。菜单颜色的作用是:具有装饰作用,使菜单更具吸引力,令人产生兴趣;通过色彩的安排、组合,能更好地介绍重点菜肴。颜色能显示餐厅的风格和气氛,因此,菜单的颜色要与餐厅的环境、餐桌、桌布、餐巾和餐具的颜色相协调。需要注意的是,菜单上的色彩不能过多,免得给人杂乱、不整洁的感觉。

(2)一般说来,鲜艳的大色块、五彩标题、五彩插图较适用于快餐厅之类的菜单,而以淡雅优美的色彩如浅褐、米黄、淡灰、天蓝等为基调设计的菜单,点缀性地运用色彩,便会使人觉得这是一个具有相当档次的餐厅。中餐厅一般以中国传统饮食文化为设计背景。

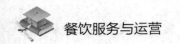

（五）菜单上的照片

（1）彩色照片也能对食品、饮料起推销作用。彩色照片能直接展示餐厅所提供的菜肴和饮品。一张令人垂涎三尺的菜肴彩照胜于大段的文字说明，它是真实菜肴的证据与缩影。许多菜肴、点心、饮品唯有用颜色和照片才能显示其质量。彩色照片能使顾客加快点菜速度，是菜肴有效的推销工具。顾客见到菜肴诱人的照片，很快就能点好菜，这样无疑能加速餐座周转率。

（2）印上彩色照片的菜肴应该是餐厅欲销售的，并希望顾客最能注意并决定购买的菜肴。餐厅常将高价菜、名牌菜和最受顾客欢迎的菜做成彩照印在菜单上。另一类常有彩照的菜是形状美观、色彩丰富的菜。

（3）彩色照片的印制要注意质量。如果印刷质量差，反使顾客倒胃口，如果苹果馅饼被印成灰色，一块牛排被印成绿色，那还不如不要彩色照片。彩色照片边上要印上菜名，注明配料和价格，便于顾客点菜。

任务实施

"国色天香"宴会菜单设计

菜单设计很好地衬托了台面、升华了主题，成为令人爱不释手的艺术品。

1. 样式设计

"国色天香"是非常传统的中餐台面，融入了京剧元素，以京剧刀马旦盔帽作为菜单套，立于桌面，仿佛上台前伶人对镜描眉上妆，凸显浓烈的中国气息，有让人身临其境之感，并再次呼应中心装饰物，点明主题。

2. 菜名设计

以百花入宴，再现了一副轻歌曼舞、百花齐放、国色天香馈嘉宾的场面。根据主题和相关要求进行了特别定制，以我国古代宝贵的饮食医药遗产之———花馔，创出以可食用花为原料、具有医疗保健和养生功效的佳肴。

除了给人品尝获得口腹美食享受外，根据不同的花所含的不同营养成分，给予人们不同的药理作用，有助于人们养颜润肤、延年益寿。注意色彩搭配和成本控制等诸多因素，不仅有一定档次及中国传统特色，而且可确保食量充足，让就餐顾客吃饱、吃好。在菜名命名上，深入发掘文化内涵，运用虚名、实名相结合的办法给菜点命名。一方面，每一款菜点均用月季、桂花、梅花、菊花等中国传统名花来命名，展现梨园百花齐放、中国传统文化欣欣向荣的景象；另一方面，每款名字旁边备注实名，让顾客明明白白用餐。

具体菜名如下。

月季仙子霓裳曲——月季沙律带子

百合杏香千卉芳——百合银杏虾球

菊开悠然见南山——菊花鲜鲍西果

天池参露凤含香——人参花炖全鸡

陌上金莲纤百灵——金莲花百灵菇

贵妃轻曼舞白龙——桂花烧汁白鳝

白雪桃花漾碧波——桃花腊味汤圆
飘春梅园雪晶莹——梅花水晶冻糕
玫艳芳菲引燕归——玫瑰燕窝布丁
国色天香馈嘉宾——时令花果拼盘

中国传统文化博大精深，戏曲只是一个部分，这样的细节设计和整体台面的展示，不仅能给与会顾客带来口福，获得美满团聚的快乐，还能带来对中国戏曲及更多传统文化的探讨和兴趣，让越来越多的人意识到中国传统文化的价值和珍贵，使民族的文化瑰宝得以传承。

能力训练

菜 单 设 计

训练目标：通过训练，使学生掌握菜单设计。
训练方式：以小组为单位完成任务。
训练内容：菜单设计基本知识。
训练步骤：学生自由分组→每组策划一个主题情景→其他团队随机抽取→根据抽取的主题设计菜单→任务完成后进行汇报→各团队进行点评→撰写实训报告。
训练要求：紧扣主题，外观新颖，菜肴搭配合理，具有可推广性。

项目小结

本项目从餐厅的各主要部门：中餐零点服务、大堂吧及客房送餐服务、中餐宴会服务设计入手，介绍了中餐的零点餐厅、团体餐的服务程序和服务标准，同时也介绍了西餐的基础知识及主要服务方式。菜单是将餐饮产品的信息直接传递给就餐者的十分有效的媒介。它是将销售者与消费者联系的纽带和桥梁。菜单是餐饮经营管理工作的基础，也是餐饮运作展开的出发点。本项目对菜单设计进行了详细的介绍。餐厅服务员必须了解餐饮的服务方式及相关基础知识，掌握餐饮服务的接待环节，在标准化、程序化、规范化上下功夫，才能提供真正令顾客满意的服务。

项目训练

一、单选题

1. 下列不属于客用空间的是（　　　）。
   A. 用餐区　　　　　B. 接待室　　　　　C. 服务台　　　　　D. 衣帽间
2. 关于介绍菜单说法不正确的一项是（　　　）。
   A. 当顾客盲目翻动菜单无从下手时，应及时介绍菜品
   B. 推荐菜品、指点菜品时应五指并拢，简洁明快、干净利落地指点菜单上的菜品
   C. 可以用笔指点菜单
   D. 不能指在两行字体之间，手指不能遮挡菜单上相应的文字
3. 吧台设置虽然要因地制宜，但在布置吧台时，一般要注意的情况有（　　　）。

  A. 视觉显著   B. 方便服务顾客
  C. 合理地布置空间   D. 以上都是

4. 大堂吧设计的最根本内容是（　　）。
  A. 颜色   B. 温度   C. 空间设计   D. 气味

5. 作为一个重要的有明确主题的宴会，其设计是否科学，直接关系到宴会的成功与否，是宴会的（　　）本质特征。
  A. 群集性   B. 社交性   C. 正规性   D. 丰厚性

6. 下列不是按宴会主题分的是（　　）。
  A. 商务宴会   B. 迎送宴会   C. 婚礼宴会   D. 午餐宴会

7. 西餐独特的调料、（　　），使其口味香醇。
  A. 辣椒   B. 奶油   C. 沙拉   D. 香料

8. 牛排表面焦黄，中间为红色，装盘后血水渗出的是（　　）。
  A. 一成熟   B. 三成熟   C. 五成熟   D. 七成熟

9. （　　）是餐厅中最基本的菜单。
  A. 零点菜单   B. 早餐菜单   C. 酒水单   D. 甜点单

10. 下列不是菜单设计中对销售统计数据的分析的是（　　）。
  A. 儿童顾客数量   B. 原料成本数据
  C. 毛利状况数据   D. 人均消费数据

二、判断题

1. 在顾客点完菜后，服务员复述一遍其所点的菜品，以免出现点菜差错。（　　）
2. 顾客进餐中，骨碟、翅碗内有骨头、酒水，装饰碟内有异物，应及时换上干净的餐具。（　　）
3. 在考虑和选择空间时，就要把空间的功能、使用要求和精神感受要求统一起来。（　　）
4. 客房送餐车的布置也是体现送餐服务品质的重要因素，应充分考虑顾客用餐的舒适度和美观。（　　）
5. 宴会是以餐饮聚会为表现形式的一种高品位的社交活动方式。（　　）
6. 宴会是众人聚餐的一种群集性餐饮消费方式。（　　）
7. 西餐充分考虑人体对各种营养和热量的需求来安排菜或加工烹调。（　　）
8. 西餐菜肴大多数不烧得太熟，有的甚至是全生或半生品。（　　）
9. 变动菜单是餐饮企业为满足消费者对餐饮产品的日常消费需要而制定的一种在特定时段内所列的品种、价格等内容不发生变动的菜单。（　　）
10. 中餐餐厅使用的菜单，餐食的内容、所用的原料、烹饪的方法及服务的程序，反映的是中华民族的饮食风格和习惯。（　　）

三、案例分析题

"飞蟹小姐"

  某酒店的中餐厅来了两位衣着讲究的男士，根据他们的要求，咨客把他们带到幽静角落的18号餐台。入座后，服务员小丁忙着为他们送上迎宾热茶、热毛巾，并热情地询问是否可以点菜。顾客示意先要两杯XO，过一会儿再点菜。小丁把酒送来后，在他们背后站了一会儿，仍不见他们有点菜的意图，就又上前询问。一位顾客不耐烦地说："请不要打扰我们，需要时我叫你，你再来。"小丁见状便退身去为其他顾客服务了。

过了一会儿，小丁正在忙着，一位服务员突然告诉小丁："18号台的顾客正找你呢。"小丁连忙走过去。"你怎么这么晚才来？"顾客不高兴地说。小丁忙道了歉，并微笑着问顾客要点什么菜。根据顾客点XO酒的情况和他们的衣着、举止，小丁判断顾客一定很有钱，便在他们看菜单的时候推介："我们这里海鲜很有名，有鲍鱼、龙虾、飞蟹、象拔蚌……"

"好了，你说的这些菜我们天天吃，今天想要一些清淡的菜。""有，我们这里有'凉拌海蜇''蘸酱海参''清蒸海胆'……"小丁又积极推荐道。"不，不，我们不要海鲜，我们想要'花生米''青椒土豆丝'之类的菜。"顾客摆着手说道。小丁心里纳闷，这么有身份的人怎么就点这样便宜的菜，于是，又为顾客推荐了"扒鱼腐""生菜乳鸽包""鼎湖上素"等菜，但顾客仍不同意。小丁没办法，只好按顾客的意思点了几样简单的菜。进餐完毕，顾客把小丁叫来说："你的微笑服务很好，但总想让我们吃龙虾、飞蟹，干脆就叫你'飞蟹小姐'吧！"顾客的话使小丁十分尴尬。

问题：

1. 小丁应该如何处理问题？
2. 为避免此类问题发生，管理人员应该做些什么？

四、体验练习题

吉林省东北亚国际博览会即将在某宾馆举行主题答谢宴会，根据博览会会务组提出的要求和教师提供的某宾馆资料，学生以小组为单位，进行服务设计。

要求：满足客户需求，体现酒店品牌特点，兼顾收益；菜名命名新颖，具有地方特色，菜品搭配科学合理，菜单装帧符合要求。

学习评价

项目六

设计优雅的餐厅环境

学习目标

【知识目标】
1. 明确餐厅氛围的概念。
2. 明确餐厅氛围设计的重要性。
3. 掌握餐厅内外部环境设计的方法。
4. 了解主题餐厅的设计方法。
5. 明确餐厅空间布局的原则。

【能力目标】
1. 能够设计餐厅内部环境。
2. 能够设计餐厅外部环境。
3. 能够设计主题餐厅。
4. 能够科学、合理地规划餐厅空间。

【素质目标】
1. 培养学生分析问题能力。
2. 培养学生独立思考能力。
3. 培养学生统筹管理的能力。

【课程思政】
1. 树立良好的职业意识和专业的态度。
2. 合理利用资源规划餐厅环境。

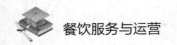

学习导图

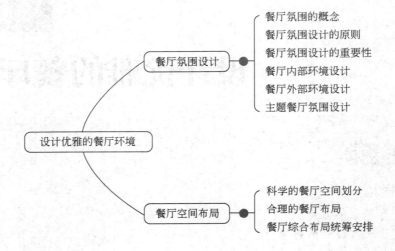

任务一　餐厅氛围设计

任务描述

魏铭在小艾的指导下，选定了一处非常适合开餐厅的位置，但是在装修、设计和氛围营造上犯了难，不知如何去做，于是他再次向小艾请教环境设计方面的知识。小艾认为要想设计出符合餐厅特色和定位的氛围感，应先了解什么是餐厅氛围。

任务分析

魏铭对于如何设计餐厅的内、外部环境比较迷茫，因此，小艾要让魏铭了解餐厅氛围营造的原则和重要性、餐厅内部环境设计和外部环境设计等内容，帮助魏铭科学、合理地设计餐厅氛围。

知识储备

餐厅的氛围是餐厅设计的一项重要内容。氛围设计的优劣直接影响着餐厅对顾客的吸引力。餐厅经营的经验证明，很多餐厅之所以倒闭，就是因为没有进行氛围的最优化设计。认真地研究餐厅氛围的设计及其相关的因素，对餐厅经营必然有一定的指导意义。

一、餐厅氛围的概念

氛围是指一定环境中给人某种强烈感觉的精神表现或景象，是弥漫在空间中的能够影响行为过程和结果的心理因素和心理感受的总和。餐厅的氛围就是指餐厅内顾客或用户所面对的环境。餐厅的氛围包括两个主要部分：一种为有形氛围，如位置、外观、景色、内部装潢、构造和空间布局等方面；另一种是无形的氛围，如服务人员的态度、礼节、能力以及让顾客满意的程度等。有形的氛围要依靠设计人员和管理人员的协作，无形的氛围主要是餐厅管理者的责任。

二、餐厅氛围设计的原则

餐厅氛围的设计既要注重实用，又要展现个性特色、充满温馨的餐饮空间氛围和格调。因此，设计餐厅要符合潮流的发展方向并在实践中加以创新。

（1）确定整体设计观念（经营观念、文化观念、美学观念）。整体设计观念是餐厅设计的灵魂，并在此基础上确定导向和设计思路。

（2）设计力求突出规范化、程序化和标准化，与国际接轨。

（3）突出个性，避免雷同和"克隆"。

（4）以人为本，提高环境整体效益。

（5）处理好中国特色和民族化、现代化之间的关系及引进、模仿和创新之间的关系。立足国情，将民族化和现代化相结合。

（6）讲究豪华典雅的装饰和文化气息渲染，注重经济实用功能。

（7）抓住餐厅改建装修的契机，树立崭新的市场形象。

知识小看板：影响餐厅环境氛围的因素

三、餐厅氛围设计的重要性

氛围是顾客需求中的重要一项。餐厅有形氛围是餐厅整体设计的重要组成部分，有形氛围设计的优劣对顾客有很大的影响，从而直接关系到餐厅经营的成败。

（1）餐厅有形氛围与餐厅的其他设计工作共同组成一个有机的整体，反映餐厅经营的主题思想。

（2）餐厅氛围的主要作用在于影响顾客的心境。所谓心境就是指顾客对组成餐厅氛围的各种因素的反映。优良的餐厅氛围能给顾客留下深刻的印象，从而增强顾客的惠顾动机。

（3）餐厅氛围设计是占有目标市场的良好手段。顾客的职业、种族、风俗习惯、社会背景、收入水平和就餐时间以及偏好等因素都直接影响餐厅的经营。餐厅氛围设计既要考虑到消费者的共性，又要考虑到目标市场消费者的特性，针对目标市场特点进行氛围设计，是占有目标市场的重要条件。

（4）餐厅氛围设计起到了提示的作用。繁华地段的饭店、餐厅提示消费者，其服务档次不会低；整洁的环境可以提示食品卫生的水平和严谨的服务态度；新鲜而芳香的店堂空气可以提示菜肴点心的新鲜程度；温馨宜人的氛围、柔和的灯光和音乐、舒适的座位可以提示温情、细腻的服务风格，而强烈的灯光和欢快的音乐又可以提示热情、豪爽的服务风格；醒目的指示牌和制作精良的菜单可以提示精心设计的周到服务；店堂服务人员和就餐顾客语言举止的文明可以提高餐厅的格调等。

（5）餐厅氛围设计起到价值作用。餐厅氛围设计由于具有营销作用，所以是有价值的，可以使餐厅服务增值。例如，同一罐啤酒，在超市里出售只需 2 元，在普通餐厅里出售也许要 5 元，而在五星级酒店出售则可能需要 20 元。这里差价的原因主要在于顾客所处的环境或氛围不同。

（6）餐厅的氛围能影响消费者的行为，从而加速或延缓顾客就餐的时间。

（7）餐厅氛围设计起到烘托质量的作用。由于服务的无形性，餐饮质量较难被顾客识别，而餐饮环境作为一种包装，可以提示餐饮质量，增大其识别度。例如，高质量的餐饮设施和工具，如餐椅、餐桌、餐具、装修、洗手间、人气环境等，都可以向顾客提供高质量的服务。

四、餐厅外部环境设计

餐厅的外部环境设计即餐厅的店面外表设计。餐厅店面的设计，在于显示餐厅这个"特殊商品"包装的格调。店面设计同样是室内设计的一部分，二者在实质上均追求美观与实用，但店面更注重招徕顾客，是要让店外的大众感觉到本餐厅的存在，并能使其决定来本餐厅用餐。因此，餐厅的店面不仅具有"辨认"的功能，同时还要有美观的外表，两者不可偏废，因此，餐厅前的门面、展示窗、霓虹灯、招牌等，力争让人过目不忘。独到的外表还要充分烘托出餐厅的"商品"特征，使路人一望即知本餐厅经营的是什么风味的菜品。目前的餐厅早已脱离了"守株待兔"的经营方式，很多餐厅将店面设计成开放式的、临街的一面使用大型落地玻璃窗，剔透通明、一览无余，将餐厅内的用餐格调展现给过往行人。在风格处理上，尽量采用自然鲜明的色彩，减少过分的装饰堆砌，要有和谐的氛围，强调协调和个性化的餐饮空间。

五、餐厅内部环境设计

餐厅内部环境氛围的创造要比外部氛围具体得多，作用也更大。成功的内部氛围创造可以影响顾客的情绪和心境。要想创造良好的内部氛围通常要考虑以下基本内容。

（一）风格与特征

1. 中餐厅的设计风格

在我国，中餐厅是宾馆酒店和老字号餐厅的主要餐饮场所，使用频率较高。中餐厅是以品尝中国菜肴、领略中华文化和民俗为目的，故在环境的整体风格上应追求中华文化的精髓。与此同时，中国东西南北幅员辽阔，民族众多，地域和民俗民风的差异性很大，因此，中餐厅设计应充分发挥这些特色，使就餐者在就餐过程中感受中华文化的博大精深，领略各地的餐饮风情。中餐厅的装饰风格、室内特色，以及家具与餐具、灯饰与工艺品，甚至服务人员的服装等都应围绕"文化"与"民俗"展开设计创意与构思。

2. 西餐厅的设计风格

根据追求的风格不同，我国的西餐厅主要是以法国、意大利风格为代表的欧式餐厅，但更多的餐厅却不必十分明确到底代表哪些国家的风格。西餐厅与中餐厅最大的区别是以国家、民族的文化背景造成的餐饮方式的不同。欧美的餐饮方式强调就餐时的私密性，一般团体就餐的习惯很少，因此，就餐单元常以 2~6 人为主，餐桌为矩形，进餐时桌面餐具比中餐少，但常以魅力的鲜花和精致的烛具对台面进行点缀。餐厅在欧美既是餐饮的场所，更是社交的空间，因此，淡雅的色彩、柔和的光线、洁白的桌布、华贵的脚线、精致的餐具加上安宁的氛围、高雅的举止等共同构成了西餐厅的特色。

（二）色彩

色彩是氛围中可视的重要因素。它是设计人员用来创造各种心境的工具。通常人们将色彩氛围分为冷、暖两大类别。暖色调使人觉得紧凑、温暖；冷色调可使空间显得比实际要大并产生凉爽之感。因此，餐厅应根据其风格、档次、空间大小，合理运用色调，墙壁、天花板、地面等颜色要注意合理地搭配来产生预想的效果。

不仅颜色的种类对人的心理和行为有影响，而且颜色的强度也有此效果。例如，明亮的蓝色有相同于红色的激励作用。

（三）光线

光线是餐厅氛围设计应该考虑的最关键因素之一，因为光线系统能够决定餐厅的格调。在餐厅中大致有三种光源：自然光源（阳光）、人工光源、自然光源与人工光源混合形式。人工光源有电灯光源和烛光光源。餐厅采用何种形式的光源，受餐厅档次、风格、经营形式与建筑结构的制约。餐饮企业要利用不同的光源形式，营造不同的就餐氛围。

（四）家具

家具的选择和使用是形成餐厅整体氛围的一个重要部分。在选择家具之前，首先要考虑目标市场的顾客。如果目标市场是高阶层的人员，那么传统的家具效果较好；如果目标市场是忙碌的商务顾客，那么采用现代化的家具，如宽大而舒适的沙发等就可以创造出一种非常舒适的氛围。

1. 中餐厅的家具形式与风格

家具的形式与风格在中餐厅的室内设计中占据着重要的地位。中餐厅的家具一般选取中国的传统的家具形式，尤以明代家具的形式居多，因为这一时期的家具更加符合现代人体工程学的需要。除了直接运用传统家具的形式以外，也可以将传统家具进行简化、提炼，保留其神韵。这种经过简化和改良的现代中式家具，在大空间的中餐厅里得到了广泛应用，而正宗明清式样的家具则更多地应用于小型雅间当中。

家具在餐饮空间中由于其面广量大，常常成为重要的视觉要素，因此在室内设计的最初就应对家具的造型或设计进行充分的考虑。一般来讲，家具的形式和色彩基本决定了餐厅装修设计的基调。

2. 西餐厅的家具形式与风格

西餐厅的家具除酒吧柜台之外，主要是餐桌椅。每桌为2人、4人、6人或8人的方形或矩形台面（一般不用圆形）。由于餐桌经常被白色或粉色桌布覆盖，因此一般不对餐桌的形式与风格作太多的要求，只要满足使用即可。餐椅以及沙发就成了面广量大的主要视觉要素。餐椅的靠背和坐垫常采用与沙发相同的面料，如皮革、纺织品等。无论餐厅装修的繁简程度如何，西餐厅的餐椅造型都可以比较简洁，只要具有欧式风味即可，很少采用大面积的装饰复杂的法式座椅。这种复杂的古典家具同中式餐厅一样经常在一些豪华的雅间中使用。

（五）温度、湿度和气味

顾客因职业、性别、年龄的不同而对餐厅的温度有不同的要求。通常，女士喜欢的温度略高于男士；孩子所选择的温度低于成人；活跃的职业使人喜欢较低的温度。餐厅中如能四季如春，则不仅使顾客愿意延长用餐时间，而且给员工提供了一个良好的工作环境。此外，季节对餐厅的温度也有影响。夏天，餐厅的温度要凉爽；冬天要温暖。一般来说，餐厅的最佳温度应保持在21~24℃。表6-1可作为全国大部分地区夏季经营时，室内外温度等对比调节的参考表。

表6-1 夏季餐厅内外温度的对比

室外温度/℃	建议餐厅内的室内温度/℃	建议餐厅内的相对湿度/%
25	23	65
26	24	65
28	24	65
30	25	60
32	26	60
35 或以上	28~29	60

气味也是餐厅氛围中的重要组成因素。气味通常能够给顾客留下极为深刻的印象。顾客对气味的记忆要比视觉和听觉记忆更加深刻。有时，烹饪的芳香弥漫餐厅，会使顾客引起食欲。然而，如果气味不能严格控制，餐厅里充满了污物和一些不正的气味，必然会给顾客的饮食造成极为不良的影响。

（六）餐厅的音响调节

音乐是美食不可缺少的助兴物，因此，餐饮服务场所内一般均配置音乐播放系统。在顾客用餐过程中播放音乐，能够增进顾客的食欲。音响系统调节、控制得当，能促使顾客在心理上获得满足的同时，获得精神上的享受。餐厅音响系统的调节与控制要注意如下几个方面。

1. 音量的大小

佐餐音乐是一种背景音乐，具有较强的实用性，它在有限度的空间飘荡。音乐的强度以不妨碍面对面的两人正常交谈为宜；倘若音乐声太大，就难以达到预期的目的。

2. 主题的选择

音乐专家认为，柔和轻快的音乐，能引起安静愉快的情绪，因而有利于食物的消化吸收。在许多重大的宴会上，奏的都是小夜曲和华尔兹舞曲等。

3. 节奏的快慢

在一家环境典雅、氛围宁静的餐厅内，如果由立体声音响播放缓慢舒展的音乐，就会使急于就餐的顾客平心静气，从容点菜，耐心候餐，细心品尝；相反，节奏强烈又富有刺激性的舞曲、摇滚乐等，即使是故意寻求刺激饮酒作乐的顾客，也很难长时间忍受这种强烈刺激音乐的震撼，最终导致头昏脑涨，酒兴及食欲大减。

综上所述，餐厅的氛围是餐厅设计的重要任务。要想达到优良的氛围设计，必须深入研究目标市场，以及各种因素对顾客心绪和活动的影响。同时，要注意到这些因素之间的相互联系。餐厅管理人员必须与设计师、建筑师和顾问密切配合，共同创造出一种理想的餐厅氛围。

六、主题餐厅氛围设计

在市场经济高度发达的今天，主题餐厅呈现出快速、多样化发展的态势，以下介绍几种主题餐厅的氛围设计。

（一）宠物餐厅

有许多供应野味的餐厅和吸引儿童为主的餐厅常布置呈动物园似的餐厅，使顾客一进餐厅就能听到鸟、狗、青蛙等动物的叫声，还用鹦鹉招呼顾客"欢迎、请进"。餐厅内还张贴各种宠物的照片，如各种狗、猫、昆虫的图片等，并附有简介和宠物比赛的新闻吸引顾客。

（二）运动餐厅

有些运动餐厅在一侧设小型高尔夫练习场，依照顾客打入洞穴的次数，餐厅可相应地打折扣；也有的餐厅备有握力计、背肌力测定器、飞标、扩胸器等，来吸引爱好运动的顾客。

（三）未来世界情调的餐厅

未来世界情调的餐厅用新型太空材料装潢，让人又置身时光隧道的感觉，将未来世界的知识性、超现代感作为吸引人的推销手段。

（四）复古餐厅

复古餐厅以古老悠久为餐厅的特色，一切设施都按复古风格设计，用古老的马车接送顾客，服务人员穿上旧时的礼服，原汁原味地感受过去的风貌，使顾客怀旧的情感油然而生。

任务实施

小艾和魏铭一起进行餐厅氛围设计。

步骤一：餐厅外部环境设计。

餐厅店面的设计在于显示餐厅这个"特殊商品"包装的格调。另外，餐厅门面的设计要显示出卫生与清洁格调，这从颜色的运用、设备的风格、空间的安排及其本身具有的清洁程度来设计。餐厅外表的设计能激发人们对餐饮产品的想象，使人们在远处一望就知道这是哪一类型的餐厅，甚至能预估其消费水平。

步骤二：餐厅内部环境设计。

（1）确定餐厅的风格，若是中式餐厅，在装饰风格、室内特色，以及家具与餐具、灯饰与工艺品，甚至服务人员的服装等都要围绕"中华文化"和"民族民俗"展开设计；若是西餐厅要注意顾客用餐的私密性，注重社交空间。

（2）根据风格，选定餐厅色调，并与墙壁、地面、设备设施等和谐搭配。

（3）餐厅内光线的强、弱、明、暗、冷、暖等会影响顾客就餐的心情和食欲。

（4）家具的选择和使用是形成餐厅整体气氛的一个重要部分，应考虑目标市场和装修风格。

（5）佐餐音乐的选择上，符合餐厅氛围的柔和轻缓的音乐，便于顾客交谈和用餐。

能力训练

认知餐厅环境设计

训练目标：通过训练，使学生深入了解餐厅环境设计。

训练方式：以小组为单位完成任务。

训练内容：某餐厅欲重新装修，根据企业的要求和教师提供餐厅的相关资料，学生以小组为单位，分工合作，撰写一份中餐厅（或西餐厅）设计方案。

训练步骤：

（1）学生自由分组；

（2）整合资料，讨论方案；

（3）撰写设计方案。

训练要求：满足企业需求，体现餐厅品牌特点，兼顾收益。在确定餐厅的整体风格后，要对餐厅进行平面设计、立面设计、室内设计。方案完成后，每组代表向其他同学汇报本组餐厅设计方案，回答其他同学提问，分享成果。

任务二　餐厅空间布局

任务描述

通过和小艾的交流，魏铭初步了解了餐厅环境设计的原则和方法，但是对具体如何设计一家餐厅还是很模糊，紧接着又向小艾请教餐厅布局方面的知识。小艾捋了一下思绪，决定先从餐厅的空间划分开始讲起。

任务分析

魏铭对于如何为餐厅进行科学布局比较迷茫，因此，小艾要让魏铭了解餐厅空间划分、餐厅布局的要求、餐厅综合布局的规划等内容，帮助魏铭科学、合理地规划餐厅布局。

> 知识储备

一、科学的餐厅空间划分

餐厅是顾客购买和享受餐饮产品的空间。从这一点来看，餐厅空间可分为三种，即就餐空间、公共空间和服务空间。

（一）就餐空间

就餐空间是餐厅空间的主要构成部分，也是空间比例最大的部分。就餐空间又可分为大厅和厅房（包间），主要是由餐台、餐椅和通道组成。

（二）公共空间

公共空间是指餐厅里可供顾客活动或观赏的空间，如门面、门口与就餐区的过渡空间、电话间、衣帽间、洗手间，还包括一些水池、假山等。

（三）服务空间

服务空间是指餐厅为顾客提供服务而必备的空间，如收款台、营业部、服务通道等。值得注意的是，在一些餐饮与娱乐相结合的餐厅，服务空间还应包括表演区域，如舞台、"天桥"及相应的化妆间。

餐厅空间的划分是随着规模和档次的不同而变化的，基本的原理是规模越大，档次越高，空间的划分就越分明；规模越小，档次越低，空间的划分就越模糊。合理的餐厅空间布局应该是这三个功能空间的协调。

应注意的是，餐厅内的设计与布局应根据其房间的大小决定。顾客的安全与便利、营业各环节的机能、全局与局部的和谐、餐厅的风格情调等方方面面因素都必须考虑到，使顾客一进去就能够强烈地感受到形式美与艺术美，得到享受。

二、合理的餐厅布局

（一）餐饮布局的基本要求

1. 以目标市场的餐饮需求为出发点

目标市场的餐饮需求是餐厅经营成功必须重视的首要因素。餐厅经营者应该通过市场调研，分析目标市场的容量及其餐饮需求的趋势和心理倾向，制定可持续发展的经营目标，并以此作为餐饮经营场所设计的出发点。

2. 以餐饮经营规划的蓝图为基础

餐厅应该体现与众不同的特色以吸引顾客，因此，分析研究和制定餐饮经营的主题特色、服务类型、装饰布置、形象设计等方案十分必要，在此基础上，应考虑符合这些特色要求的餐厅布局和硬件设施，并以此作为设计的基础及设计效果的参照。

3. 考虑餐饮企业的投资及所预期的回报率

餐饮布局的设计必须考虑餐饮企业的投资额，做到量入为出，同时必须兼顾餐饮投资

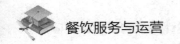

4. 为餐饮企业进行服务项目的组织、控制、有效管理提供方便

餐饮场所的设计必须为餐饮经营与管理提供多元化、个性化的服务，不断提高服务效率、服务质量和管理水平。

5. 体现餐饮企业先进的经营理念、服务意识和企业文化，发挥精神领域的导向功能

餐厅装潢设计应是科学性和艺术性的结合，主流与个性共存。设计中应体现环保、生态意识，起到一种积极宣传的导向作用。

（二）餐饮布局的原则

任何类型、规模的餐饮企业在设计和布局餐厅设施设备及空间结构时，都要遵循以下基本原则。

（1）保证餐饮经营场所内部物流、加工生产流程、服务流程的畅通无阻。
（2）缩短服务的时间和距离，提供快捷、高效的服务。
（3）厨房等各作业区域的布局应遵循既单独分割、相对独立，又在整体上集中、紧凑的原则。
（4）避免餐厅和厨房内人流、物流的交叉影响和相互碰撞。
（5）运用文化定位的构思方法设计餐饮经营场所。
（6）服务项目的多样性和特殊性决定了附属设施必不可少。

餐饮经营应配套的附属设施包括以下几个。
① 各类餐厅、酒吧附属的储藏室、备餐间等。
② 各类餐厅的服务性酒吧。
③ 大宴会厅和多功能厅的活动舞台、灯光音响、会议设备、隐蔽式活动板墙，以及供宴会前举办鸡尾酒会和顾客休息之用的大宴会厅外宽敞的区域等。
④ 高级西餐厅的燃焰烹制车、全自动智能化咖啡机等。

（三）餐饮企业设施布局标准

餐饮企业设施布局有明确的标准可循。考虑的关键点集中在前后台区域的不同。前台区域的布局偏重于美观并符合顾客的消费习惯，当然也要兼顾服务人员的工作需要；后台区域设计则在于满足生产的需要，着眼于功能性设计。

（四）餐厅布局应考虑的因素

餐厅的空间处理要根据餐厅的种类、规划、特点及其地理位置条件和餐厅建筑结构，运用各种对立统一的处理手段，对餐厅进行空间布局。

三、餐厅综合布局统筹安排

（一）绘制餐饮设施平面布局示意图

（1）餐饮设施平面布局的构成。餐厅设施平面布局示意图由以下几个部分组成：餐饮

经营场所的面积比例、形状轮廓；各功能区域的分布；服务区域的划分（座席配置、餐位数、台号）；服务设备的配置等。

（2）绘制餐饮设施平面布局示意图，各功能区域的分布和餐桌的安排因地制宜，有效地进行了空间资源的优化组合。

（二）确定餐位数、餐位面积及餐厅面积

座位周转率取决于顾客食用的食品和饮料的数量、服务的复杂程度以及开餐时间的长短。早餐的座位周转率一般高于午、晚餐。简单的快餐比涉及许多道菜、服务讲究的豪华餐的座位周转率要高。正式餐厅中的顾客起码要用 20%~50% 的时间等菜，而快餐厅的顾客不用等待马上可以就餐。

此外，餐厅座位周转率的高低还取决于供餐服务的速度、顾客选菜的速度、餐厅布局的方便度、顾客的类别、供餐的类别。

在一般餐厅中，早餐的平均就餐时间为 15~25min，午餐为 20~35min，晚餐为 35~60min。在高档餐厅中，顾客平均就餐时间需要更长，特别是晚餐和宴会。

在计算座位周转率时，要留出一定的空位率，还要考虑服务员撤桌摆台的时间，因而座位周转率的计算公式是

$$座位周转率 = \frac{供餐时间}{顾客平均就餐时间 \times (1 + 空位率 + 撤桌摆台率)}$$

在确定餐厅中的座位需要数时，有必要预测餐厅中的就餐人数。餐厅就餐人数的预测取决于市场区域中目标顾客外出就餐人次数，这要通过对市场和竞争者的调查来估算。如果餐厅不希望高峰时间使顾客等待，在计划座位数时要采用高峰时间的就餐人数。座位需要数可通过下式计算

$$座位需要数 = \frac{预计就餐人数}{座位周转率}$$

餐厅的座位数要有一定的灵活性。人们不愿在拥挤不堪的餐厅中就餐，也不喜欢选择生意清淡的餐厅就餐。餐厅中顾客稀少会形成一种菜肴不受欢迎的气氛。餐厅中不同餐别需要的餐座数是不同的，这是由于不同餐别的座位周转率不同，不同餐别的顾客人数也有差别。许多餐饮企业和饭店开设多个餐厅，企业可根据不同餐别座位的需要量开放餐厅，对餐座需要少的餐别关闭一些餐厅。

餐厅的面积是根据每一餐位所需要的面积和计划的餐位座数来确定的。确定方法为

$$餐厅总面积 = 餐位平均面积 \times 各餐厅餐位面积$$

（三）设计餐椅、餐桌及其他配套设施

餐椅的设计是餐厅、酒吧环境气氛设计所涉及的一个重要内容，设计者应重视餐桌和餐椅之间的位置关系；一是在餐椅椅面和餐桌桌面之间，应给大腿部的活动留有足够的空间；二是在餐位布局时必须给餐椅的移动和顾客行走留有足够的空间。

（四）餐厅的流动路线安排

餐厅流动路线是指顾客、服务员在餐厅内流动的方向和路线。

1. 顾客就餐的空间流向

顾客走向餐厅的过道有以下几种形式：直接的门面；通过中间过道和楼梯；通过邻近的衣帽间、洗手间等设施；通过一个接待区，如酒廊、酒吧等；通过一个自助餐厅，取回食物。

直接门面的形式对沿街开设的餐厅最有价值，在这种情况下，洗手间和衣帽间等设施则要设在其他可能的地方，甚至在另一层楼上。

2. 餐厅内的客流路线

一般而言，顾客进入餐厅，应有一个过渡的空间，然后通过主要通道到达就餐区域，另外，就是顾客到卫生间的路线。顾客就餐完毕，再通过主要通道走出餐厅门口。

在餐厅内部，顾客的行走路线必须加以控制。在许多高级的餐厅中，顾客是由餐厅主管或领位员引领入座的，但也有顾客自己进入餐厅寻找座位的，这就要设计出一个客流路线引导顾客，既方便顾客进入与离开，也避免打扰其他顾客。不能让顾客在餐桌间像入迷宫般地左穿右插，与其他顾客冲撞。穿过主要就餐区域的过道必须宽敞，顾客进与出的主要循环路线不能交叉。

3. 服务员行动路线

餐厅服务的空间流向主要表现为收款处、酒水柜、营业部、备餐间、工作柜等"工作点"的联结。服务人员的动线长度对工作效益有直接的影响，原则上越短越好，避免迂回和环绕。注意一个方向的道路作业动线不要太集中，尽可能除去不必要的曲折，可以考虑设置一个"区域服务台"，既可存放餐具，又有助于服务人员缩短行走路线的动线。

思政小课堂：全局观念

任务实施

小艾和魏铭一起进行餐厅空间规划的设计。

步骤一：绘制餐厅平面图。

绘制餐厅的平面图，可对整体空间进行把控和设计，可有效地进行空间资源的优化整合。

步骤二：确定餐位面积。

根据平面图的区域划分，并计算作为周转率来确定餐位数、餐位面积及餐厅面积。

步骤三：设计餐桌、餐椅。

要重视餐桌和餐椅之间的关系，要给顾客大腿部的活动留有足够的空间和餐椅移动和顾客行走留有足够的空间。

步骤四：设计餐厅的流动路线。

应设计出顾客就餐的空间流向、餐厅内的客流路线，以及服务人员的行走路线。流动路线要科学、合理。

能力训练

了解餐厅布局

训练目标：通过训练，使学生深入了解餐厅布局。

训练方式：以小组为单位完成任务。

训练内容：对任务选定的餐厅地址进行餐饮面积设计及其餐饮设施的平面布局，在此基础上设计餐位数和餐位面积、餐椅、餐桌及其他配套设施，形成餐厅综合布局方案。

训练步骤：

（1）学生自由分组；

（2）设计整个餐厅的占地面积、地形，按照 1∶1000 的比例绘制平面图；

（3）按照 1∶1000 的比例设计餐饮设施，如服务区域、功能区域等平面布局图；设计合理的餐位数和餐位面积，绘制平面图；

（4）设计餐椅、餐桌及其他配套设施，形成餐厅综合布局方案；

（5）撰写方案说明，制作 PPT，小组成员汇报方案。

训练要求：制图要仔细认真，设计布局时，要考虑周全，汇报时礼仪符合规范、阐述清晰。

项目小结

本项目主要介绍了要设立一家能成功的餐厅，需要在设立好餐厅之后，要对餐厅进行合理的设计与布局。本项目主要分析了餐厅的内部空间划分、餐厅餐位数的确定、餐位面积和餐厅面积的确定、餐厅流动路线安排以及餐厅的环境设计，力求使餐厅以独特鲜明的形象在激烈的市场上占有一席之地。

项目训练

一、单选题

1. 豪华餐厅宜使用较暖或明亮的颜色，建议使用（　　），可增加富丽堂皇的感觉。
   A. 暗红色或橙色　　B. 正红色或黄色　　C. 橙色或灰色　　D. 深蓝色或黄色

2. 要想延长顾客的就餐时间，就应该使用（　　）色调。
   A. 柔和的　　　　　B. 强烈的　　　　　C. 明亮的　　　　　D. 暗沉的

3. 餐厅的最佳温度应保持在（　　）℃。
   A. 18~22　　　　　B. 21~24　　　　　C. 16~20　　　　　D. 24~26

4. 餐厅布局要体现（　　）理念。
   A. 顾客第一　　　　B. 服务至上　　　　C. 以人为本　　　　D. 员工方便

5. 座位需要数是根据某段时间内需要接待的就餐人数与该段时间内最大（　　）来确定的。
   A. 座位周转率　　　B. 撤桌摆台率　　　C. 座位需要数　　　D. 空位率

6. 餐厅氛围的主要作用在于影响消费者的（　　）。
   A. 心境　　　　B. 食欲　　　　C. 情绪　　　　D. 用餐速度
7. 西餐的就餐单元常以（　　）人为主。
   A. 2~4　　　　B. 2~6　　　　C. 4~6　　　　D. 8~10
8. 黄色是一种象征（　　）的颜色。
   A. 健康　　　　B. 膨胀　　　　C. 遐想　　　　D. 王室
9. 就餐空间可分为大厅和厅房（包间），主要是由餐台、餐椅和（　　）组成。
   A. 服务台　　　B. 后厨　　　　C. 通道　　　　D. 舞台
10. 设计餐厅要符合（　　）的发展方向并在实践中加以创新。
    A. 潮流　　　　B. 市场　　　　C. 顾客需求　　D. 国家

二、判断题

1. 餐厅的地理位置、规模档次、设施设备、餐饮内容和服务都应以目标客源市场作为出发点。（　　）
2. 正餐时，需要有"增进食欲"的色彩，如橙黄、水红等。（　　）
3. 座位需要数是根据某段时间内需要接待的就餐人数与该酒店的使用面积来确定的。（　　）
4. 在餐厅内部，顾客的行走路线必须加以控制。（　　）
5. 餐厅服务的空间流向主要表现为收款处、酒水柜、营业部、备餐间、工作柜等"工作点"的联结。（　　）
6. 餐厅氛围设计应讲究豪华典雅的装饰和文化气息渲染，注重美学功能。（　　）
7. 餐厅氛围设计是占有目标市场的良好手段。（　　）
8. 颜色的使用与餐厅的位置无关。（　　）
9. 在餐厅氛围设计过程中，要想提高顾客的流动率，餐厅里最好使用红绿相配的颜色。（　　）
10. 在空间布局上，餐厅消防通道的宽度，防火标志的醒目度，员工通道与顾客区域划分等，都必须遵循法定标准。（　　）

三、案例分析题

北京富力万丽酒店

北京富力万丽酒店是一家由万豪酒店管理集团管理的豪华型酒店，位于朝阳区东三环双井桥附近。周边高档商厦林立，毗邻国贸商圈、新中央电视台，交通十分便利。

在餐饮方面，北京富力万丽酒店的西餐厅是万丽品牌一贯青睐的意大利餐厅，简洁明快的线条，辅以中国红的色调，在设计上体现出了中外合璧的理念。而其中的代表之作是餐厅内一处名为"Cage"的景观，交织的木质线条组成中式鸟笼造型。中餐厅引入了时尚高端、以健康美味的瘦肉型鸭为原料的烤鸭品牌"发达鸭"，以便为顾客提供北京特色的健康餐饮服务。中餐厅在设计时巧妙地引入了鸭子的形体曲线，整个餐厅的轮廓颇似一只憨态可掬的鸭子，而餐厅内几处斜线和曲线的搭配布置，还描绘出了鸭子翅膀和羽毛的形态。开放式厨房、挂炉被安排在餐厅正中，每桌顾客都可以随时欣赏厨师烹饪时的精湛技艺。

问题：

1.北京富力万丽酒店是如何规划的，才能让顾客在就餐的同时，感受最纯粹的中国文化特色和最真实的京城都市氛围？

2.北京富力万丽酒店为了顾客能在这里得到最舒适的居住体验和最优质的服务水准，是如何设计细节的？

四、体验练习题

走访本市 5 家不同类型的饭店，分析其选址的原因、装修风格，并加以记录。

学习评价

模块三　运行与督导

项目七

管理一家餐饮企业

学习目标

【知识目标】

1. 明确饭店全面质量管理的含义、内容和原则。
2. 掌握饭店餐饮全面质量管理的工作程序和方法。
3. 了解顾客投诉的类型。

【能力目标】

1. 能对餐厅进行全面质量管理。
2. 能对餐厅进行巡视检查和现场指导。
3. 能按照程序处理顾客投诉。

【素质目标】

1. 培养分析问题能力。
2. 培养解决问题能力。
3. 培养团队合作能力。
4. 培养人际沟通能力。

【课程思政】

1. 实事求是树立良好的职业心态和职业意识。
2. 树立大局观、全局观。

学习导图

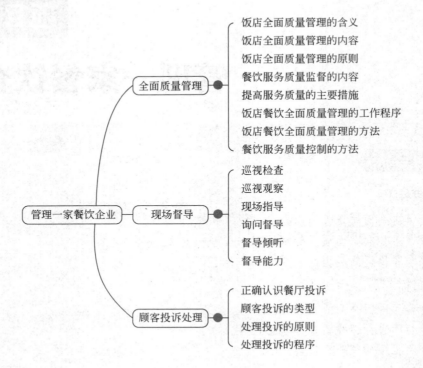

任务一　全面质量管理

任务描述

魏铭已经学习了一段时间餐饮行业的知识和技能，并顺利开了一家高档餐厅。经营一段时间后，生意并不理想，常常有顾客抱怨服务不好，魏铭很苦恼，不知该如何改变这种现状，于是，魏铭再次寻求小艾的帮助。

任务分析

魏铭初次经营餐厅，经验不足，即使发现问题所在，也不知该如何快速、正确地解决问题，因此，小艾要带魏铭从全面质量管理开始了解，逐一击破问题。

知识储备

饭店为保证和提高服务质量，组织全体员工共同参与，综合运用现代管理科学，控制影响服务质量的全过程和各因素，全面满足顾客需求的系统管理活动。它要求以系统观念为出发点,通过提供全过程的优质服务,达到提高饭店服务质量的目的。

一、饭店全面质量管理的含义

全面质量管理起源于 20 世纪 60 年代的美国,其概念是由美国质量管理专家阿曼德·费根堡姆与约瑟夫·朱兰等人提出的。先在工业中运用,后推广到服务行业。

我国饭店业自 1978 年开始引进并推行全面质量管理,它运用科学的质量管理思想,改变了传统的事后检查的方法,把质量管理的重点放在预防为主。将质量管理由传统的检查服务质量的结果转变为控制服务质量问题产生的因素;通过对质量的检查和管理,找出改进服务的方法和途径,从而提高饭店质量。其基本点是:顾客需求便是服务质量、顾客满意就是服务质量标准。以专业技术和各种灵活的科学方法为手段,以饭店全体员工参加为保证,以获得最大的社会效益和经济效益为目的,以实际效果为最终的评价点。

二、饭店全面质量管理的内容

饭店全面质量管理的内容和实质都在一个"全"字上。其内容主要包括以下五方面。

(一)全方位管理

饭店全面质量的构成因素众多,涉及范围广泛。因而,其全面质量管理必然是全方位的质量管理,既包括有形产品质量管理,又包括无形服务的质量管理;既包括饭店前台的各种质量管理,又包括饭店后台的各种质量管理。

(二)全过程管理

饭店全面质量管理是为顾客服务的,而影响对客服务质量水平的各种因素又十分庞杂。它们体现在饭店服务的各个方面,贯穿于饭店业务管理过程的始终。

(三)全员性管理

饭店服务质量是由广大员工共同创造的。它贯穿饭店各层次人员执行饭店质量计划、完成质量目标的过程之中。前台人员直接为顾客提供各种服务,后台人员通过为一线人员的工作服务而间接为顾客服务,管理人员则组织前台和后台人员共同为顾客服务。

(四)全方法管理

饭店全方法质量管理是多种多样管理方法的有机结合,是在有机统一的前提下,根据实际需要,采用灵活多样的方法和措施,提供优质服务。

(五)全效益管理

饭店服务既要讲究经济效益,同时又要讲究社会效益和生态效益,它是三者的统一。饭店作为企业,它所进行的经营管理活动属于市场行为,只有在获得一定经济效益的基础上,饭店才能生存与发展。同时作为社会的重要一员,饭店又必须兼顾社会效益和生态效益。

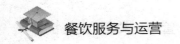

三、饭店全面质量管理的原则

（一）坚持"以人为本，员工第一"的原则

饭店各级、各部门、各环节、各岗位的优质服务及其服务质量，都是广大员工创造的。为此，在饭店服务质量管理的全过程中，必须始终坚持"以人为本，员工第一"的原则，要始终把人的因素放在第一位，关心爱护员工。

（二）贯彻"顾客至上，服务第一"的原则

要贯彻"顾客至上，服务第一"的原则，饭店必须以顾客的活动规律为主线，以满足顾客的消费需求为中心，认真贯彻质量标准，将标准化、程序化、制度化和规范化管理结合起来，加强服务的针对性，切实提高服务质量。

（三）坚持预防为主、防管结合的原则

饭店服务质量是由一次次的具体服务所创造的使用价值来决定的，具有显现时间短和一锤定音的特点，事后难于返工和修补，因此，全面质量管理必须坚持预防为主，防管结合。

（四）坚持"共性管理和个性服务相结合"的原则

饭店服务质量管理既有共性问题，又有个性问题和个性化服务。从全面质量管理的角度来看，主要抓住带有共性的、全局性的问题，又要重视影响服务质量的个性问题。另外，还要特别提高广大服务人员的应变能力和个性化、感情化服务能力，赞扬超越服务标准的优质服务人员和事迹，以便切实提高服务质量，做好质量管理。

（五）坚持定性管理和定量管理相结合的原则

饭店服务是以劳动的直接形式，即活动本身来满足顾客的消费需求的。这种服务质量标准很难用数量标准来界定，大多采用定性说明的方法来确定其质量程度和水平，但有些部门服务质量标准也可以用数量来反映。

四、餐饮服务质量监督的内容

（1）制定并负责执行各项管理制度和岗位规范，抓好礼貌待客、优质服务教育，实现服务质量标准化、规范化。

（2）通过反馈系统了解服务质量情况，及时总结工作中的正反典型事例的经验教训并及时处理顾客投诉。

（3）组织调查研究，提出改进和提高服务质量的方案，促进餐饮服务质量和餐饮经营管理水平的提高。

（4）分析管理工作中的薄弱环节，改革规章制度，整顿工作纪律，纠正不正之风。

（5）组织定期或不定期的现场检查，开展评比和组织优质服务竞赛活动。

五、提高服务质量的主要措施

（1）从餐饮部经理到各级管理人员都应具备丰富的质量管理经验，并以身作则。有关质量的标准和准则，如无强有力的督查手段则不可能被所有员工自觉地全盘接受并加以维护。

（2）关心和负责质量控制及质量维持的责任不仅是几个人的事情，只有全体人员进行全过程的管理和参与，才能有服务质量的稳定和提高。

（3）餐饮各部门应该有清晰的职能划分，各个岗位的工作人员应该有明确的职责分工，并严格遵循服务规格和规程，才能为顾客提供高质量的服务。

（4）对已取得的质量成果要不断加强和巩固，并坚持长期不懈地做出系统化的努力。

（5）前台质量与后台质量必须一致，对两者的控制也应步调一致。前台质量管理的目的是确立并加强通向积极循环的机制；后台质量管理的目的是拥有可供选择的各种质量管理的策略。

（6）随着消费变革、价格波动和服务项目的变化而提出新的质量标准和实施计划，并跟踪监督实施。

（7）加强现场指挥，切实提高销售水平和服务质量。

六、全面质量管理的工作程序

在推行全面质量管理时，世界各国在质量管理中普遍运用PDCA工作循环的方法。PDCA工作循环是指质量管理工作是一个不断循环的过程。其特点是：循环不停地进行，每完成一个循环就提高一步，每次循环都有新的目标和内容，质量问题才能不断得到解决。这种循环按其管理阶段来划分，可分为4个阶段，即计划（plan）、实施（do）、检查（check）和处理（action）。

（一）第一个环节——计划阶段

这个阶段的工作内容包括4个步骤：分析现状，找出存在的质量问题；分析产生质量问题的原因；找出影响质量的主要原因；制订解决主要质量问题的措施计划。

（二）第二个阶段——实施阶段

这个阶段只有一个步骤即实施计划，就是按照制订的措施计划严格地去执行，同时还要注意做好各种原始记录，及时反馈执行中出现的各种情况。

（三）第三个阶段——检查阶段

这个阶段也只有一个步骤即检查计划执行情况，看是否达到了预期效果，检查时要做到及时、认真、客观、公正，能真实地反映执行情况。

（四）第四个阶段——处理阶段

处理阶段的步骤是总结经验和教训。经过总结，把成功的经验纳入有关的标准、规范、制度中去，使质量改进的成果得到巩固和扩大；失败的教训也可作为一种收获，总结到标准化和规范化管理中去，以免再次犯错。将一时处理不了的遗留问题转入下一个循环，并把它作为制定新的质量改进方法的依据，转到下一个 PDCA 循环的第一个阶段中去。至此，才算完成 PDCA 全过程，并可继续转入下一个 PDCA 过程，如此延续下去，就成为永无止境的 PDCA 循环运动，实现全面质量管理。

七、饭店餐饮全面质量管理的方法

餐饮全面质量管理分析的目的是找出存在的问题，并采取有效措施加以解决，以提高餐饮服务质量。方法主要有以下几种。

（一）ABC 分析法

ABC 分析法包括以下步骤。
（1）确定分析对象，如原始记录中的服务人员工作记录、顾客意见记录、质量检查记录、顾客投诉记录等，它们是如实反映质量问题的数据。
（2）根据质量问题分类画出排列图。
（3）根据排列图中各类问题所占的比例找出主要问题、关键性问题。
（4）针对总结出的问题按照轻重缓急和严重程度分别采取相应的措施加以解决。

例如，某饭店利用调查表向顾客进行服务质量问题的意见征询，共发出 150 张表，收回 120 张。其中，反映服务态度较差的 55 张，服务人员外语水平差的 36 张，餐饮菜肴质量差的 24 张，饭店设备差的 4 张，失窃的 1 张。

对以上情况进行分析，并制作帕累托曲线图（图 7-1）。此图是一个直角坐标图，它的左纵坐标为频数，即某质量问题出现次数，用绝对数表示；右纵坐标为频率，用百分数来表示。横坐标表示影响质量的各种因素，按频数的高低从左到右依次画出长柱排列图，然后将各因素频率逐项相加并用曲线表示。累计频率在 80% 以内的为 A 类因素，即亟待解决的质量问题。

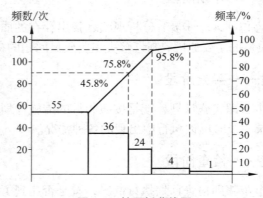

图 7-1　帕累托曲线图

（二）圆形百分比分析图法

例如，某餐厅在一个星期内随机调查了 100 位顾客对餐饮服务的意见，据统计得出了百分比分析图（图 7-2）。

图 7-2　百分比分析图

由图 7-2 分析可知，本餐厅当前需要重点解决的服务质量问题是提高服务技能和搞好清洁卫生。

（三）因果分析图法

因果分析图法是整理、分析影响服务质量的各因素之间关系的一种方法。它通过带箭头线，将质量问题与原因之间的关系表示出来。影响服务质量的原因较多，有五大类，包括人（man）、设施（machine）、材料（material）、方法（method）和环境（environment），称为"4M1E"因素。

其分析步骤如下。

（1）找出质量问题，确定分析的内容。

（2）发动员工共同寻找产生质量问题的原因。

（3）将找出的原因进行整理后，按原因大小画在图上。在进行分析时，要深入调查，请各方面人员参加，以听取不同意见。对原因的分析应详细到能采取具体解决措施为止。

（四）QC 小组法

QC 小组即质量管理小组，是指饭店的全体员工围绕饭店的经营战略、方针目标和现场存在的问题，以改进质量、降低消耗、提高饭店效益为目的组织起来，运用饭店质量管理的理论和方法开展活动的小组。QC 小组是饭店中群众性质量管理活动的一种有效组织形式，是员工参与饭店民主管理的经验同现代科学相结合的产物。QC 小组活动的具体程序如下。

1. 调查现状

对饭店的服务现状进行调查评估，并根据实际情况，应用不同的 QC 工具（如调查表、排列图、柱状图、直方图、饼分图等），进行数据的搜集整理。

2. 分析原因

对调查后发现的现状，要发动全体组员认真思考质量问题产生的原因及如何提高质量，并综合运用多种质量分析方法，找出制约饭店服务质量的瓶颈。

3. 制定措施

针对饭店服务问题产生的原因及制约服务提升的因素，制订相应的措施计划。制订的措施计划必须具有可行性,并有相应的进度管理,加强预测与控制。

4. 实施计划措施

按措施计划分工实施。小组长要组织成员,定期或不定期地研究实施情况,随时了解实施进展情况,发现新问题及时研究、调查,以达到活动目标。

5. 检查效果

措施实施后,应进行效果检查。效果检查是把措施实施前后的情况进行对比,看是否达到了预定的目标。如果达到了预定的目标,小组就可以进入下一步工作;如果没有达到预定目标,就应对计划的执行情况及其可行性进行分析,找出原因。

6. 制定巩固措施

达到预定的目标值后,为了保证成果得到巩固,小组必须将一些行之有效的措施或方法上升为标准,经有关部门审定后纳入饭店有关的质量管理标准或文件。

7. 分析遗留问题

对遗留问题进行分析,并将其作为下一轮质量管理小组的工作任务。

8. 总结成果资料

质量管理小组将活动的成果进行总结,分析活动中的得失,总结成功的经验,吸取失败的教训,从而为下一轮的服务质量管理活动打下基础。

QC小组每次取得成果后,都能够将遗留问题作为小组下个循环的课题,使小组活动能够持久、深入地开展,使饭店服务质量管理水平不断地提升。

知识小看板:顾客满意小组

(五)零缺陷管理法

零缺陷管理简称ZD,也称"缺点预防",零缺陷管理主张企业发挥人的主观能动性来进行经营管理,努力使企业的产品和业务没有缺点,并向着高质量标准的目标而奋斗。把零缺陷管理的哲学观念贯彻到饭店管理过程中,若使每一个员工都能掌握它的实质和内涵,树立"不犯错误"的决心,并积极地向上级提出建议,就必须有准备、有计划地付诸实施。零缺陷管理的具体步骤如下。

1. 建立推行零缺陷管理的组织

通过建立组织,可以动员和组织饭店全体员工积极地投入零缺陷管理,提高他们参与管理的自觉性,也可以对每一个人的合理性建议进行统计分析,不断进行经验的交流等。

2. 确定零缺陷管理的目标

确定零缺陷小组(或个人)在一定时期内所要达到的具体目标,包括确定目标项目、评价标准和目标值等。在实施过程中,采用多种形式,将小组完成目标任务的进展情况进行公布,同时要注意可能带来的心理影响。

3. 进行零缺陷管理效果评价

对零缺陷管理工作的结果与预期的目标进行对比,小组确定的目标是否达到,要由小组自己评议,以此应明确小组的职责与权限。

4.建立相应的提案制度

饭店工作人员对于不属于自己主观因素造成的错误,可向零缺陷管理组长指出错误的原因,并提出建议,也可附上与此有关的改进方案。

5.建立公平合理的表彰制度

零缺陷管理不是斥责错误者,而是表彰无缺点者,对在零缺陷管理过程中表现优异的员工要实行奖励,以增强饭店员工消除缺点的信心和责任感。

八、餐饮服务质量控制的方法

根据餐饮服务的三个阶段——准备阶段、执行阶段和结束阶段,餐饮服务质量的控制可以按照时间顺序相应地分为预先控制、现场控制和反馈控制。

(一)餐饮服务质量的预先控制

所谓预先控制,就是为使服务结果达到预定的目标,在开餐前所做的一切管理上的努力。预先控制的目的是防止开餐服务中所使用的各种资源在数量和质量上产生偏差。

预先控制的主要内容包括人力资源、物资资源、卫生质量与事故。

(二)餐饮服务质量的现场控制

现场控制是指监督现场正在进行的餐饮服务,使其程序化、规范化,并迅速妥善地处理意外事件。这是餐厅管理者的主要职责之一。餐饮部经理也应将现场控制作为管理工作的重要内容。餐饮服务质量现场控制的主要内容包括服务程序、上菜时机、意外事件及开餐期间的人力。

(三)餐饮服务质量的反馈控制

反馈控制是指通过质量信息的反馈,找出服务工作在准备阶段和执行阶段的不足,采取措施,加强预先控制和现场控制,提高服务质量,使顾客更加满意。

质量信息反馈由内部系统和外部系统构成。信息反馈的内部系统是指来自服务员、厨师和中高层饭店管理人员等的信息。在每餐结束后,应召开简短的总结会,不断改进服务水平,提高服务质量。信息反馈的外部系统是指来自就餐顾客的信息。为了及时获取顾客的意见,餐桌上可放置顾客意见表;在顾客用餐后,也可主动征求顾客意见。顾客通过大堂、旅行社、新闻传播媒介等反馈回来的投诉,属于强反馈,应予以高度重视,切实保证以后不再发生类似的服务质量问题。建立健全两个信息反馈系统,饭店餐厅服务质量才能不断提高,从而更好地满足顾客的需求。

任务实施

魏铭寻求小艾帮助,改变顾客不满意的现状。

步骤一:计划。

通过调研,发现顾客不满意是因为顾客的期望值与实际经历之间存在差距,这种差距越大,顾客的不满意度越高。根据目前存在的服务质量问题,分析出产生质量问题的原因,并制订解决主要质量问题的计划。

步骤二：实施。

按照制订的措施计划严格执行，注意在执行过程中要随时记录执行内容、方法，以及在执行中遇到的问题和突发情况，便于反馈。

步骤三：检查。

检查计划执行的情况和进度，看是否达到了预期效果，要做到检查及时、态度认真、评价客观公正，能真实地反映执行情况。

步骤四：处理。

对实施过程和检查结果进行全面复盘，积累经验，总结教训。将成功经验应用于日常服务和管理中，对失败教训进行反思和改进。

能力训练

认知全面质量管理

训练目标：通过训练，深入了解全面质量管理。

训练方式：以小组为单位完成任务。

训练内容：对市内任意三家饭店进行餐饮服务质量检查，并进行比较，最后形成书面质量检查报告，与其他同学分享。

训练步骤：

（1）学生自由分组；

（2）走访三家市内四星级及以上饭店；

（3）针对餐饮服务质量，对各饭店进行检查、记录；

（4）对比三家饭店餐饮部服务质量；

（5）撰写检查报告。

训练要求：检查期间要细心、全面；认真撰写检查报告。

任务二　现场督导

任务描述

通过和小艾的交流，魏铭初步了解了全面质量管理，并明确现场管理的重要性，但是对于如何进行现场管理却无从下手，紧接着又向小艾请教现场督导方面的知识，小艾捋了一下思路，决定先从巡视检查开始讲起。

任务分析

魏铭对于如何进行现场管理比较迷茫，因此，小艾要让魏铭了解巡视检查、现场指导、督导等内容，帮助魏铭完成现场督导的工作。

> 知识储备

一、巡视检查

（一）巡视检查的原则

1. 以饭店业务规范制度为标准，以满足顾客对饭店的服务要求为原则

饭店运营过程是多流程交叉进行的，具有具体过程的分散性、结果的即时性和状态的集约性等特点。各岗位、各部门不能各自为政、各行其是，而必须按照规定的规范标准运行。

2. 以现场观察纠正为手段的走动管理原则

饭店运营过程的分散性和运营结果的即时性要求饭店管理者实行现场督导，走动管理。饭店管理者现场督导能及时发现运营中的问题，针对具体现场情况进行指正或纠偏，就可以提高工作质量及运营的效率。饭店管理者的"流动"督导同时能起到"补位""救场"的作用，能在第一时间弥补因员工职业表现不当而可能产生的缺憾，能将即时结果的"负效应"降低到最低限度，做到运营过程和运营结果可控。

3. 以完善小事、细节为目的原则

饭店生产及服务运营的过程和质量是通过小事、细节构成的，合格的饭店督导管理人员能通过小事和细节发现运营过程各环节的问题，发现各环节之间衔接、联系中的问题，能通过运营的结果找出影响结果的小事和细节，完善并处理好这些小事和细节。

（二）巡视计划安排

1. 周巡视计划安排

周巡视计划是按照七天工作周期对部属人员工作状态进行巡视。以周为评价周期对饭店某处或岗位的工作进行巡视，是饭店督导管理的日常基本工作。由于饭店客流在一周内存在变化周期，因此，与之相应的饭店服务工作也就产生周期性变化。如周日、周一的餐饮接待规模通常小于其他时间，周五、周六通常是餐饮、客房的接待业务高峰。

2. 日巡视计划安排

日巡视计划是按照日工作周期对部属人员工作状态进行巡视。以日为评价周期对饭店某部位或岗位的工作进行巡视，也是饭店督导管理的日常基本工作之一。由于饭店客流在一天内存在变化，因此，与之相应的饭店服务工作也就产生适应性变化。例如，上午主要是餐饮预订、客房顾客离店时间，中午是餐饮接待、客房清扫的高峰，傍晚是餐饮、客房接待的业务高峰。

为保障接待质量及工作效率，饭店督导工作就要根据日接待变化情况，做好针对性督导巡视安排，在重点时段加强相关部位的巡视。

3. 班巡视计划安排

班巡视计划是按照班次周期对部属人员工作状态进行巡视。由于饭店各岗位工作状态在每班次流程内存在变化周期，因此，与之相应的饭店督导工作也就产生周期性变化。例如，班前主要是接待及各种服务准备阶段，当班中主要是接待服务或操作。

为保障接待质量及工作效率，饭店督导工作就要根据班次工作内容的变化情况，做好针对性督导巡视安排，在重点时段加强巡视。

二、巡视观察

（一）巡视观察的一般步骤

1. 选择观察对象

饭店服务生产工作由是各岗位员工劳动完成，在岗工作人员就是饭店督导管理者观察的对象。通常饭店管理人员会按照在岗人员的工作经历与不同经验，分别进行针对性观察。

同时，饭店服务生产工作是由不同工作环节组合而成的，以某项生产服务状态为着眼点，不同工作岗位的业务完成情况也可以成为饭店督导管理者观察的对象。

2. 确定观察内容

观察内容选择与观察对象的确定是相对应的。在以岗位员工为对象的观察中，饭店管理人员通常会按照在职在岗人员的工作经历与不同经验，分别进行针对性观察。如对新任职员工，就要既观察工作态度，又观察工作表现，以适时提供激励或培训；而对老员工观察重点就是工作态度、个人情绪表现等，重点做好激励工作。

在以工作流程为对象的观察中，饭店管理人员通常会着眼某一重点环节，关注在该环节中突出的问题，及时纠正，以保障整个流程的运行质量。

3. 选择观察方法

根据观察对象和观察要求，饭店管理人员需要使用直接现场观察和隐蔽观察两种方法，其中，隐蔽观察主要通过现场监控录像完成。

4. 实施观察

观察时要做好观察记录，把发现的问题认真记录下来。

5. 整理观察资料

对观察记录应当及时整理、分析现象、找出问题、研究对策，为今后的进一步研究提供依据。

（二）巡视观察的要领

1. 观察要全面

观察时，应当关注整个工作场面，如整个服务现场和完整的作业流程。

2. 观察要有序

观察时，应当按程序观察，先观察主要对象，后观察一般对象。对主要对象的观察时间要多于一般对象。

3. 观察要进行比较

观察时，对相似的事物或现象进行比较，把岗位人员的表现与其自身或同行进行比对。

4. 观察要与联想结合

心理学家认为，观察是思维的知觉，没有思维参与的观察不是真正的观察，因此，在观察各种现象时，应当积极思考，分析导致此现象的深层原因，这是饭店督导管理工作的重点。

三、现场指导

现场指导是指饭店督导管理人员在工作现场对下属人员的工作进行指正、纠偏或评价。现场指导是饭店管理人员常用的督导方式，对于保障工作质量、改善工作氛围、提高工作效率等有直接作用。

（一）准备现场指导的表述内容

由于现场指导行为是建立在了解掌握现场情况的基础上，因此，督导人员对于表达的内容在指导前应当有所准备，不能随意讲话表态，应当以指正或肯定的语言为主要内容。

（二）现场指导应当明确指导对象

现场指导的对象应当明确，要针对具体岗位的工作人员进行，必须避免对现场无关人员泛泛而谈，否则，不但不能积极促进工作，反而会影响现场工作状态和效率。

（三）现场指导应当选择恰当的时机

现场指导在明确对象后，就要找到恰当的时间，以不影响现场的工作为原则。指导时机应当遵循"指正在前""肯定在后"的方法。所谓"指正在前"，是指以指正为主的指导，应当在岗位人员操作前提出，这样就会使员工的后续工作得到改进，最终达到改善工作质量和提高工作效率的目的；所谓"指正在后"，是指对岗位工作的肯定性意见，应当在岗位工作人员完成操作后提出，这样就会使员工受到鼓励，坚定工作信念，在下一步工作过程中更加注重质量和效率。

（四）现场指导应当选择合适的场所

场所选择对指导的效果同样重要。现场指导的场所选择在岗位上，或在办公室等地点，主要根据指导内容的需要来进行选择。

（五）现场指导应当选择正确的方式

现场指导必须注意运用正确的表达方式，遵循平等、尊重的原则，在语气上、词句上不能使用有损人格或过度吹嘘的语言，应句子简短，内容明确。有的饭店督导管理人员在现场指导时，总要刻意体现自己的领导权威，习惯使用指责、批评、居高临下的表达方法，这样只能适得其反。管理者应当注意自己的指导心态，明确指导的目的是指正、促进工作，不是张扬个人的管理权威。

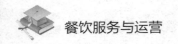

四、询问督导

（一）询问的态度

饭店管理人员在工作巡视过程中，经常需要询问工作人员，询问的态度非常重要，甚至可以用"态度决定一切"来形容。询问时，询问者从被询问者处了解信息的过程，如果询问者的态度让被询问者产生抵触情绪，其信息表达就会不完整、不准确甚至有错误。因此，询问者必须在询问时保持平等交流、期望得到帮助的态度，以达到被询问者"知无不言，言之有物，表述完全，重点突出"的目的，使询问工作得以有效开展。

（二）询问的语言

饭店管理人员在询问过程中，使用的语言非常重要。主要体现在：一是提问应当具有启发性，问题要明确。典型的设问内容就是"5W1H"，即when（时间）、where（地点）、who（人物）、what（事件）、why（事件发生的原因）、how（事件是怎么发生的）；二是要正确使用词汇，要用"请你""我期望""请配合"等词组，这样可以调整被询问者的心态，使他有平等、被尊重的感受。

（三）询问的时间

为保证现场工作状态，饭店管理人员需要询问时，必须注意询问的时间，要在恰当的时机、用适当的时间来完成询问工作。所谓恰当的时机，就是以不影响被询问者正常的工作状态，保证其懂得正确工作状态的延续，不因接受询问打断而受到影响为基本前提，有时可安排在下班后、就餐时等非工作时间进行；所谓适当的时间，是指询问的时间长短要适度，一般在工作现场的询问不宜超过3min。

（四）询问的地点

为保证现场工作状态，饭店管理人员需要安排询问时，必须注意询问的地点，要在适当的地点来完成询问工作。所谓适当的地点，就是以不影响被询问者现场正常工作状态，保证询问不受其他因素影响为基本前提，有时可安排在办公室、会议室等非工作场所进行，一般在工作现场的询问不应距离工作地点太远。

五、督导倾听

倾听在现场督导过程中的作用非常重要，倾听不是随便听，需要技巧和方法，是完成有效沟通的基本条件。

倾听就要鼓励对方先开口。倾听别人说话本来就是一种礼貌，愿意听表示愿意客观地考虑别人的看法，这会让说话的人觉得督导管理人员很尊重他的意见，有助于双方建立融洽的关系，彼此接纳。另外，鼓励对方先开口可以降低谈话中的竞争意味。倾听可以培养开放的气氛，有助于彼此交换意见。说话的人由于不必担心竞争的压力，也可以专心掌握重点，不必忙着为自己的矛盾之处寻找遁词。最后，对方先提出他的看法，督导管理人员就有机会在表达自己的意见之前，找出与对方意见一致之处。倾听可以使对方更加愿意接纳自己的意见，让督导管理人员在说话的时候，更容易说服对方。

六、督导能力

作为一名督导管理人员，需要具备三种技能：实际操作技能、人际关系技能、宏观管理技能。实际操作技能是重点和基础，就是完成所属员工工作所需要的关键技能。管理者或许不如操作员工熟练，但是，必须了解这些工作的内容，并大体知道如何完成该项工作。这些都是管理者在挑选和培训员工、计划和安排本部门工作及紧急情况下的应对状态中必须具备的知识。而且，督导管理人员的实际操作技能可以提高自己在员工中的威信。

作为一名督导管理人员，除了管理别人，还必须能够管理自己，树立强有力的、良好的形象。督导管理人员要努力控制自己的情绪，员工需要的是一位能在工作中始终保持乐观、积极的情绪和态度的上司。对自己上级的决策或者行为持有不同意见时，应当着眼于如何建设性地处理当前的问题。这种能力需要通过增强自主意识并加强实践来培养。

任务实施

进行饭店现场督导。

步骤一：制定督导巡视计划安排。

巡视计划可以分为周巡视、日巡视和班巡视计划。饭店督导工作根据周接待量的变化情况，做好针对性督导巡视安排，在重点日期加强巡视；根据日接待变化情况，做好针对性督导巡视安排，在重点时段加强相关部位的巡视；根据班次工作内容的变化情况，做好针对性督导巡视安排。

步骤二：督导巡视观察。

对新任职员工，就要既观察工作态度，又要观察工作表现，以适时提供激励或培训；而对老员工观察重点就是工作态度、个人情绪表现等，重点做好激励工作。

步骤三：实时观察、整理观察资料。

巡视观察时要做好观察记录，把发现的问题认真记录下来。对观察记录要及时整理、分析现场、找出问题、研究对策，为进一步研究提供依据。

能力训练

了解现场督导

训练目标：通过训练，深入了解现场督导。
训练方式：以小组为单位完成任务。
训练内容：设计一现场督导的模拟场景，可以用角色扮演的形式进行检查模拟训练，学生分组进行，相互点评，老师最后总结。
训练步骤：
（1）学生自由分组；
（2）小组讨论后设计一场督导的模拟场景；

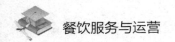

（3）小组将模拟场景演示出来。

训练要求：4名学生为一个学习小组，1人扮演督导员，1人扮演部门主管，2人扮演服务员。根据督导的工作内容和要求完成该训练。

任务三　顾客投诉处理

任务描述

通过进一步了解学习，魏铭对质量管理有了较全面的认知，但是面对顾客的投诉，魏铭仍然不知如何正确处理，再次和小艾交流，小艾认为，应该从正确认识餐厅投诉讲起。

任务分析

魏铭对于如何处理顾客投诉缺乏经验，因此，小艾要让魏铭了解顾客投诉的类型、处理投诉的原则、处理投诉的程序和技巧，帮助魏铭顺利处理顾客的投诉。

知识储备

一、正确认识餐厅投诉

从餐厅角度看，投诉（complaint）是顾客对餐厅提供的服务设施、设备、项目及行动的结果表示不满而提出的批评、抱怨或控告。由于餐厅是一个复杂的整体运作系统，顾客对服务的需求是多种多样的，因此无论餐厅经营多么完善，也不可能让所有顾客都十分满意，顾客的投诉是不可避免的。所以对餐厅投诉的研究是非常有必要的。餐厅投诉处理的目的和宗旨在于减少顾客的投诉，把因顾客投诉而造成的损失减少到最低，最终使顾客对投诉的处理感到满意。

二、顾客投诉的类型

（一）对设备的投诉

顾客对设备的投诉主要包括：空调、灯光照明、音响设备、家居与餐饮卫生等。在投诉发生之前做好检查、维修、保养工作，把投诉量减少到最低限度，才是招客生财之道。

（二）对服务态度的投诉

在顾客的潜在意识中，普遍有一种要享受特权的愿望，这种特权表现在"我是顾客，我需要你为我提供服务"等。在服务过程中服务员用友好、热忱的态度对待顾客，顾客的这种特权愿望就得到了满足。

（三）对服务质量的投诉

任何顾客对服务质量都会有一定的要求，无论是单独就餐的顾客还是款待亲朋友的主人，都不愿长时间地等待，食品或饮料服务不及时或者过快，都可能引起顾客的不满。

同样，顾客既不愿长时间等待，也不愿被催促用餐，特别是西餐的宴会服务。酒和饮料的质量不佳也会引起投诉。

（四）对异常事件的投诉

对这类投诉，餐厅难以预见、如生意没有谈成、比赛输了球等，顾客心情不好，在服务中稍有不慎就可能引发投诉，遇到这类问题，只要服务员的态度好，耐心解释，大部分顾客都能够谅解的。

三、处理投诉的原则

（一）真心诚意地帮助顾客解决问题

顾客投诉，说明餐厅的管理及服务工作尚有漏洞，说明顾客的某些需求没有受到重视。服务员应理解顾客的心情，同情顾客的处境，努力识别及满足顾客的真正需求，满怀诚意地帮助顾客解决问题。

（二）绝不与顾客争辩

遇到顾客投诉时，首先应选择适当的地点接受投诉，尽量避免在公共场合接受投诉；其次应该认真听取顾客的讲述，对顾客的遭遇表示歉意，还应感谢顾客对餐厅的关心。当顾客情绪激动时，服务员应保持冷静，注意礼貌，绝不与顾客争辩，把"对"让给顾客。

四、处理投诉的程序

（一）顾客投诉心理分析

1. 求发泄的心理

顾客在碰到令他们烦恼、恼怒的事情之后，或者被讽刺挖苦甚至被无礼对待、辱骂之后，心中充满怒火、怒气，要利用投诉的机会发泄出来，以维持他们的心理平衡。

2. 求尊重的心理

顾客希望他的投诉是对的，应得到同情、尊重，希望有关人员能够重视他的意见，向他表示歉意，并立即采取行动。

3. 求补偿心理

顾客在蒙受了一定的损失后向有关部门投诉时，希望能补偿他们的损失，这是一种普遍的心理，如食物不洁希望退换或打折等。

许多情况下，顾客投诉的目的是综合性的，既有经济上的需求，又有心理上的需要。

（二）处理顾客投诉的主要程序

1. 承认顾客投诉的事实

为了更好地了解顾客所提出的问题，必须认真听取顾客的叙述，使顾客感到他的问题受到了重视。倾听时应注视顾客，不时点头示意表示理解明白，并表示歉意。

2. 表示同情和歉意

应设身处地考虑分析问题，对顾客的感受要表示理解，用适当的语言安慰顾客，如"谢谢您告诉我这件事""发生这类事件，我感到很遗憾""我完全理解您的心情"等。

假如餐厅对顾客提出的抱怨或投诉事宜负责，或者将给予一定赔偿，这时餐厅应向顾客表示歉意，并说："我们感到十分抱歉，先生。我们将对此事负责，感谢您对我们餐厅提出的宝贵意见。"在与顾客交谈的过程中，注意称呼顾客姓氏。

3. 同意顾客要求并决定采取措施

餐厅接到投诉时，应理解顾客的心情，明白投诉事件的经过，当采取补救措施时，应征得顾客的同意，应将要采取的措施内容或行动计划有礼貌地通知顾客，这样才会有机会使顾客的抱怨变为满意，并使顾客产生感激的心情。服务人员可采用问询语的方式以征求顾客对即将采取改正措施的认可和同意，如"王先生，我们这样处理，您看是否合适？""李小姐，假如我这样去做，你喜欢吗？"等。

4. 对顾客的批评指教要充满感激之情

有许多餐厅经常有这样一句广告词："如果满意，请告诉你的朋友；如果不满意，请你告诉我。"如果顾客遇到不满意的服务，他不告诉餐厅服务人员，也不提出投诉，但他把自己的不满告诉其他顾客和朋友，这样就会极大地影响餐厅的未来客源市场，影响餐厅的声誉。为此，当餐厅遇到顾客的批评、抱怨甚至投诉的时候，不仅要欢迎，而且要表示感谢。感谢顾客给餐厅重新改正的机会。例如："谢谢您，刘先生，您及时让我们知道服务中的差错，太感谢您了！"

5. 要认真落实补偿顾客投诉的具体措施

处理顾客投诉并获得良好效果，其中重要的一环便是落实、监督、检查自己采取的纠正措施。其一，要使改进措施顺利进行；其二，要使服务设施及服务水准均处于最佳工作状态；其三，要了解顾客对处理结果的满意度。对餐厅具有忠诚度的顾客，往往是那些因投诉问题得到妥善处理而感到满意的顾客。

知识小看板：某餐厅投诉服务标准

任务实施

正确处理顾客的投诉。

步骤一：了解投诉类型。

根据顾客的投诉，分析顾客投诉的类型，以便选择正确的方法处理顾客的投诉。

步骤二：处理顾客的投诉。

明确顾客投诉的心理，承认顾客投诉的事实，对顾客投诉的问题表示同情和歉意；和顾客积极沟通，提出解决方案，征得顾客同意后采取措施，并认真落实；对顾客的批评指教要心存感激。

能力训练

了解投诉事故的处理

训练目标：通过训练，深入了解投诉事故的处理。

训练方式：以小组为单位完成任务。

训练内容：学生以小组为单位，根据处理投诉事故的流程，模拟处理顾客投诉的情景。其他同学给予评价，指导教师最后总结。

训练步骤：

（1）学生自由分组；

（2）小组讨论后设计一个处理投诉事件的情景；

（3）小组将模拟场景展示出来。

训练要求：情景设计符合处理投诉事故的流程，训练过程中展示到位，符合职场礼仪和操作规范。

项目小结

本项目以餐饮企业服务质量管理为出发点，介绍了餐饮服务质量管理的内容、餐饮服务质量管理的原则、餐饮服务质量控制的工作程序；通过本项目的学习，能对餐饮服务质量进行现场全程监控与管理，并且能够正确处理顾客投诉，为从事餐饮领班、主管岗位打下良好基础。

项目训练

一、单选题

1. 不属于全面质量管理内容的是（　　）。
   A. 全方位管理　　B. 全角度管理　　C. 全员性管理　　D. 全方法管理

2. 现场指导时机应当遵循（　　）的方法。
   A. 指正在前，肯定在后　　　　B. 肯定在前，指正在后
   C. 批评在前，惩罚在后　　　　D. 惩罚在前，批评在后

3. 督导管理者选择巡视观察的对象是（　　）。
   A. 一线服务人员　　B. 二线行政人员　　C. 部门管理者　　D. 在岗工作人员

4. 饭店督导管理者应具备的能力有（　　）。
   ①实际操作技能　　②人际关系技能　　③宏观管理技能
   A. ①②　　　　B. ②③　　　　C. ①③　　　　D. ①②③

5. 零缺陷管理法也叫（　　）。
   A. 缺点预防　　B. 缺点防控　　C. 缺陷预防　　D. 缺陷防控

6. 不属于饭店 CRM 系统理论模块的是（　　）。

A. 理念模块 B. 战略模块
C. 经验模块 D. 顾客分类管理功能模块
7. 全面质量管理首先由（　　）等人提出。
A. 斯塔特勒 B. 泰罗 C. 费根堡姆 D. 康拉德·希尔顿
8. 目前世界各国在质量管理中普遍运用（　　）工作循环法。
A. TQC B. QC C. PDCA D. ABC
9. 酒店对客服务的起点是（　　）。
A. 财务部 B. 餐饮部 C. 前厅部 D. 客房部
10. 不属于无形产品质量的是（　　）。
A. 服务效率 B. 服务态度 C. 服务环境 D. 服务技能

二、判断题

1. 全面质量管理只包括无形服务的质量管理。（　　）
2. 服务质量是由广大员工共同创造的。（　　）
3. 餐饮服务既要讲究经济效益，同时又要讲究社会效益和生态效益。（　　）
4. 餐饮服务是以劳动的直接形式，即活动本身来满足顾客的消费需求的。（　　）
5. 酒店督导人员在进行现场指导时，当明确对象后，就要找到恰当的时间，以不影响现场的工作为原则。指导时机应当遵循"肯定在前""指正在后"的方法。（　　）
6. 餐饮全面质量管理是以产品质量为宗旨，组织全体员工共同参与，综合运用现代管理手段，建立完善的服务质量标准和体系，在全过程中控制影响服务质量的各种因素而开展的系统的质量管理活动。（　　）
7. 全面质量管理的缺点是宣传、培训、管理成本较高。（　　）
8. TC小组即质量管理小组，是指饭店的全体员工围绕饭店的经营战略、方针目标和现场存在的问题，以改进质量、降低消耗、提高酒店效益为目的而组织起来，运用饭店质量管理的理论和方法开展活动的小组。（　　）
9. 饭店全面质量管理的内容和实质都在一个"严"字上。（　　）
10. 督导人员不能随意讲话表态，应当以指正或肯定的语言为主要内容。（　　）

三、案例分析题

TQM全面质量管理方法

小王是一名酒店前台经理，不过与一般前台经历不同的是，他除了要做好前台登记、结账工作外，还需要与其他部门职员组成一个小组，负责分析酒店内管理上出现的问题并加以解决。这在分工明确、有跨部门共同组团合作的酒店业界实属罕见。但正是因为这样一种特殊的管理方式，使小王所在的酒店集团年营收比其他对手企业高了12%左右。

"这是一种管理绩效的方法，叫作TQM，即total quality management，全面质量管理，综合质量管理专家的思想精髓，我们认为是一种全员、全过程、全企业的品质经营。它是指一个组织以质量为中心，以全员参与为基础，目的在于通过让顾客满意和本组织所有成员及社会受益达到永续经营的管理途径。"酒店集团相较其他酒店集团，拥有两大高端酒店品牌，可以依托上级集团的地产资源优势。可是，如今酒店市场竞争激烈，仅强调豪华硬件已经不够，于是该酒店集团开始了"以内养外"的竞争法，另辟蹊径地运用TQM来提升酒店业绩。在试行这种管理方式的过程中效果明显。酒店的中层管理人员都参与到这个项目中，起到示范作用。

问题：
1. 说一说小王采用了什么管理方法？这种管理方法的优点是什么？
2. 结合本案例的材料，谈谈服务质量与酒店收益的关系。

四、体验练习题

参观三家酒店，收集每家酒店处理投诉的方法及程序，汇总之后对比哪家酒店的处理投诉制度最完善合理，简单说明原因。

学习评价

模块四 经营与管理

项目八

科学管理餐饮企业的物料

学习目标

【知识目标】

1. 了解餐饮原料采购体系的构成;了解采购人员应具备的素质和能力。
2. 了解餐饮原料验收体系的构成。
3. 了解餐饮原料验收、储存的目的;了解餐饮原料仓库储存的基本要求。
4. 了解餐饮成本的分类及餐饮成本核算的作用。
5. 了解餐饮成本控制的原则。

【能力目标】

1. 熟悉和掌握餐饮原料采购的流程及方法,能够结合不同采购要求确定采购的形式及数量。
2. 熟悉和掌握餐饮原料验收的流程及方法,能够独立完成餐饮原料的验收工作。
3. 熟悉餐饮原料储存管理的基本要求和方法,正确处理餐饮原料的储存阶段管理工作。
4. 熟悉餐饮原料发放的基本要求及工作流程。
5. 掌握餐饮成本核算的构成要素、餐饮成本核算的方法和步骤。
6. 掌握餐饮成本控制的内容。

【素质目标】

1. 培养独立实践能力。
2. 培养认真负责的工作态度。
3. 培养基本职业素养。
4. 提高对所学内容的认知能力。

【课程思政】

1. 正确定位自身角色,逐步树立餐饮企业主人翁意识。
2. 结合管理角色,逐步提高管理能力,培养良好职业素养与道德观念。

学习导图

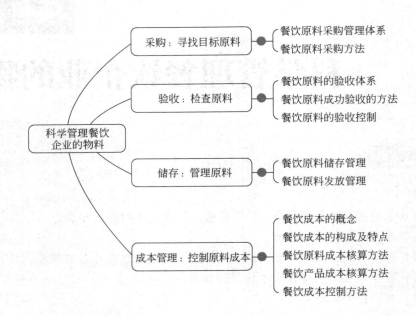

任务一　采购：寻找目标原料

任务描述

小张是某高校三年级酒店管理专业的学生，为了能在毕业前更加深入了解餐饮企业的实际管理情况，他在学校的安排下进入某五星级酒店餐饮部厨房进行专业实习，同时也为他安排了企业的王师傅作为其实习指导老师。在小张刚到厨房时，王师傅向他提出了一个问题："小张，你知道餐饮企业的原料采购是怎样完成的吗？企业的采购流程是怎样的？"

任务分析

餐饮原料是餐饮企业制作食物产品的基础，餐饮企业的原料管理质量高将会提高餐饮原料的实际使用率，同时也能为餐饮企业节省成本支出，提高企业的经济效益。小张应当从餐饮原料的采购相关基础知识开始了解。

知识储备

餐饮原料是餐饮产品生产制作的物质基础，餐饮企业需要结合自身的菜单为顾客提供可以制作的菜品选择方案。餐饮企业结合菜单实际需要，决定购买餐饮原料，并在一定的条件下，将原料的使用率提高到最大，以满足日常餐饮菜品的制作需要。餐饮企业的原料管理要从采购、验收、贮藏和发放四个环节进行提高，从而提高餐饮菜品的制作质量。

餐饮原料采购管理是指餐饮企业为了达到企业最佳的经营目标，使用较为合理的采购价格，对购买企业所需的餐饮原料在其自身的质量标准、采购价格和数量要求等方面进行管理。餐饮原料的采购直接影响着餐饮产品的利润、流动资金的周转及餐饮产品质量的好坏，因此，加强采购管理对于提高企业竞争力具有积极的推动作用。

一、餐饮原料采购管理体系

无论是何种类型的餐饮企业，只有最具可行性的采购方案才能帮助企业运用合适数量的资金购买称心如意的餐饮原料，并使其通过厨房菜品生产制作，转化成为餐饮产品进行销售，从而为企业带来最佳的经济效益。因此只有建立行之有效的采购管理体系，才能保证采购管理科学化。

（一）采购人员的基本素质和能力

采购人员是保证餐饮原料采购管理活动顺利开展的重要因素。合格的采购人员能够帮助企业获得质优价廉的餐饮原料，减少此环节中不必要的成本损耗。通常一个采购人员需要具备以下的基本素质和能力。

1. 熟悉餐饮产品生产各个环节，具有丰富的专业知识

采购人员应当懂得餐饮原料的粗加工、细加工等操作环节的流程内容及餐饮原料的质量要求，能够掌握与原材料采购相关的各类专业知识。

2. 熟悉餐饮原料的采购渠道

采购人员应当了解餐饮企业所在地城市的餐饮原料主要购买渠道，如超市、批发市场等。同时，也应当掌握各类餐饮原料的最佳购买地、购买价格等一些基本信息，以提高餐饮原料采购的成功率。

3. 明确进货价与销售价之间关系

采购人员在购买餐饮原料之前，应先对菜单中的菜品其分量、销售价格等信息进行掌握。在购买餐饮原料的同时，能够结合餐厅的实际毛利率，迅速明确购买某种餐饮原料的最佳适宜价格及最佳销售价格。

4. 熟悉财务方面的各项制度

采购人员结合所在企业的实际运营及管理情况，对采购过程中所涉及的各类现金、支票、发票等项的使用规定，应事先有所了解及熟悉，以便采购过程中减少不必要的麻烦。与此同时也应掌握相关报账的流程工作。

5. 热爱祖国，热爱本职工作，具有高尚的职业道德

采购人员应具有诚实可靠的基本品质，要热爱自己的国家，具有国家、集体利益高于一切的觉悟及认识；热爱自己所从事的职业；在采购中不收取任何形式的礼物和回扣，不损公肥私；不通过任何渠道任何手段增加自己的不合法收入。

6. 不断提升自己的业务水平

随着餐饮的国际化发展，新的餐饮原料、新的调味料、新的烹调技术等都随之出现。

这也为采购人员提出了新的素质要求，能与时俱进熟悉新原料的特性，能够运用多种语言完成餐饮原料采购活动的顺利开展，更加熟悉网络时代背景下餐饮企业采购的新形式。

（二）采购人员的构成

采购人员是餐饮原料采购管理活动开展的基本保证。采购人员的素质高低直接影响到餐饮采购活动的成功与否，是餐饮成本控制的重要一环。通常餐饮企业中的采购人员有兼职和专职之分，具体表现为餐饮企业的总经理或厨师长兼任采购人员；也有个别餐饮企业聘用专职采购人员负责采购。无论何种形式的任职，都需要对菜品的生产制作及成本核算有一定程度的了解和认识。

思政小课堂：精益求精

二、餐饮原料采购方法

（一）确定采购标准

为了保证采购人员顺利完成餐饮原料采购工作，餐饮企业应制定适合自身实际情况的采购标准，将对于餐饮原料的各项要求以具体的标准形式加以体现。例如针对某种餐饮原料的建议采购地点、具体质量标准要求（包括大小、色泽、外形方面）、数量要求、餐饮原料的最高限制价格及最低限制价格，并最终以表格或文档的形式加以体现。

（二）选择采购方式

结合餐饮企业的经营业态类型及特点，各企业应选择适合自身经营及管理的最佳采购方式。比较常见的采购方式主要包括以下几种。

1. 分类采购

餐饮产品所用到的餐饮原料有多种类型，所以，在实际采购中可以考虑将其中的某一类餐饮原料集中由一个供货商来提供。餐饮企业下单，供货商按订单准备相应的物资原料，并在规定时间内送达餐饮企业，完成餐饮原料采购活动的实施，使得餐饮企业的采购更具有针对性，采购成功率更高。

2. 集中采购

集中采购形式多应用于大型的餐饮集团或餐饮企业，在其内部设有专门的采购机构或部门，为餐饮企业本身或其下属的各类型子企业集中购买各类餐饮原料。具体的操作形式为：由各厨房或餐饮企业将自身经营所需用的餐饮原料物资的信息，集中上报给总部采购机构或部门，该部门将所有采购信息汇总后，再统一向供货商订货；订货商可以结合自身条件或具体情况，将物资分别送到各厨房或下属餐饮企业，完成采购工作。此种采购方式能够为餐饮企业争取到采购价格方面的优势。

3. 竞争价格采购

此种采购方式比较适合采购次数比较频繁、采购数量较多的餐饮原料。具体表现为：餐饮企业将自己所需要餐饮原料信息通过信息渠道，传递给供货商。餐饮企业应以不少于三家供货商提供的餐饮原料采购价格做参考，结合自身采购标准进行筛选，从中选出质量最好、价格最低或最为合理的供货单位完成采购行为。

4. 固定供货商采购

固定供货商采购是通过选定一个或是多个餐饮原料供货商，来为餐厅或餐饮企业固定提供各类所需餐饮原料。供货商根据企业所需餐饮原料订单，进行各类物资的提供，并按要求准时保证质量送到，从而保证餐饮产品的顺利生产。

5. 招标采购

餐饮企业将自己所需餐饮原料明细，通过多种渠道向暂无合作关系的供货商进行公布，组织备选供货商对所需餐饮原料的采购成本进行整体报价，餐饮企业从中选出与企业给出的采购报价最为接近的供货商作为最终餐饮原料供应商。此种采购方式在餐饮行业中应用较为普遍。

（三）确定采购数量

采购数量的确定直接影响餐饮企业能否正常经营运作。如果采购数量过多，在餐饮原料未能转化成为餐饮产品销售出去之前，会占用餐饮企业的流动资金，容易导致企业流动资金不足；如果采购数量不足，则无法保证餐饮产品的正常生产制作，从而影响餐饮企业的整体服务质量，遭到顾客的各种投诉。因此，采购数量的正确界定，必须经过采购人员或采购部门的慎重考虑或准确计算后，方能将订货单发给供货商。

比较常见的确定采购数量的方法主要有以下几种。

1. 按照餐饮原料的实际使用情况确定

一个餐厅或餐饮企业可以将过去某一时间周期内餐饮原料的实际使用量作为参考标准，确定新一次采购数量。其中可以结合企业实际经营需要进行的时间周期准确确定。此种采购方法需要餐厅或企业长期对餐饮原料消耗情况进行登记录入，记录信息越详细，对采购数量的确定也就越准确。

2. 按照仓库内餐饮原料盘点的结果确定

通常仓库对于各类餐饮原料的存放数量有一定的规定。盘点仓库可以让采购人员清楚地知道各类餐饮原料已消耗多少，还剩余多少，因此，只要补齐与消耗数量同等的物资就可保证餐饮产品的正常生产。此种确定方法，需要仓库的盘点数据翔实准确，不应有偏差，否则会影响采购数量的准确度。

3. 按照采购餐饮原料的供货期长短确定

各类餐饮原料的供货时间根据供货商的具体情况不同会有所差别，如距离的远近、餐饮原料物资的紧缺程度等因素都会对其造成影响，因此，需要餐饮企业在确定采购数量的同时，要考虑订货单发出到收到采购的餐饮原料的时间内，每日各类餐饮原料的日消耗量，必须依据具体的供货日期，订足量的餐饮原料。

4. 按照季节转变的情况确定

餐厅或餐饮企业所使用的菜单会受到季节的不同、应季餐饮原料的供应等因素的影响，这些因素也同样会直接影响到餐饮原料的采购数量。采购人员需要与餐饮原料使用人员进行积极有效的沟通，从而准确、及时地确定采购数量，以达到采购的最高效益。

5. 按照预计的营业额确定

对于一个餐厅或餐饮企业而言，营业额的高低直接影响着餐饮原料的使用量。营业额数量高，说明餐饮原料的使用量也会随之增加，因此，需要在采购前考虑即将采购的餐饮原料能够做什么，预估营业额，以此来反推需要准备多少餐饮原料。

（四）餐饮原料采购流程

1. 餐饮企业用料部门确定应领取物资种类及数量，按需填写领料单

餐饮用料部门结合日常经营的需要，确定需补充添加的餐饮原料明细后，填写领料单。在实际用料部门的主管领导在领料单上签字确认后，用料部门才能向贮藏仓库进行领料申请。

2. 根据贮藏仓库库存，领取餐饮原料

贮藏仓库根据仓库中的餐饮原料实际库存情况，对用料部门的领料单进行餐饮原料种类及数量的配置。

3. 根据贮藏仓库原料存储情况，决定是否重新采购

如果贮藏仓库中无用料部门所领取的餐饮原料，可由仓库进一步通过采购申请单向采购部门提出订货要求。

4. 提出订货申请，正确填写订货申请，并将单据保存

采购部门接到订货申请后，可通过正式的订货单手续向供货商订货，同时向验收部门传递一份订货单，以备验收货物时进行相关内容的核对确认。

5. 组织相关部门及人员进行验收，完成验收管理环节的各项工作

订货后，供货商或供货人如果能够将餐饮原料送到贮藏仓库，则由验收部门对物资进行验收，验收合格后方可入库并进行登记；如果供货商不能提供送货上门服务，则由采购部门承运回来后，交由验收部门进行验收后方可入库。

6. 通知用料部门领取餐饮原料，避免餐饮原料质量发生变化

验收部门在用料部门所需餐饮原料入库后，需在第一时间通知用料部门领取，避免存放时间过长而导致餐饮原料质量发生腐败等变化。

知识小看板：某酒店餐饮采购制度

任务实施

围绕着王师傅所提出的问题，小张应当考虑从如下方面开始着手获得信息。

步骤一：了解酒店的组织机构设置。

小张需要首先明确酒店里是否有专门负责采购的部门，它隶属于哪个部门。有哪些基本的岗位设置。

步骤二：了解酒店采购体系。

小张需要了解酒店采购的模式是怎样的，是酒店整体集中采购，还是先集中采购，后个别分散采购。例如，餐饮原料采购就需分散采购才能完成。

步骤三：了解酒店的采购流程。

小张可以向有经验的同事进行咨询，初步了解采购工作开展的流程描述及具体操作步骤。

步骤四：向餐饮部管理人员了解采购技巧。

小张可以向餐饮部相关管理人员了解采购中需要注意哪些问题，如何提高餐饮部的采购工作效率，有哪些采购技巧可以借鉴。

能力训练

了解餐饮原料采购管理流程

训练目标：通过训练，对餐饮原料的采购流程及细节管理有较为清晰的认知。

训练方式：以小组为单位完成任务。

训练内容：以某酒店或某一餐饮机构采购部为调研对象，通过跟班实践体验加深认知。

训练步骤：学生自由分组→自行选定实践企业→开展实践体验→互动过程中仔细观察→记录实践过程中发现问题→制作实践汇报PPT向其他小组介绍→撰写实训报告。

训练要求：调研方案切实可行；实践体验真心投入；认真观察总结；提出分析意见切实可行。

任务二　验收：检查原料

任务描述

在餐饮部实习中，有王师傅的尽心指导，小张对于原料的采购管理内容有了基本的了解。某日，王师傅带领着小张来到了酒店的贮藏仓库，问道："小张，你知道仓库验收餐饮原料有怎样的操作流程？要注意什么问题吗？"小张听后，摇了摇头，疑惑地看着王师傅……

任务分析

原料验收是餐饮原料管理的一个中间环节，决定了餐饮原料采购的质量优劣，也是为餐饮菜品制作提供基本保障。通常验收是对于采购原料的数量、质量及加工方面进行核验，以确保采购原料能全部无损地用于菜品制作。

知识储备

餐饮原料验收管理的作用主要有两方面：其一，根据餐饮企业实际需要对所购餐饮原料的数量、质量和价格等进行核实确定；其二，验收所购餐饮原料可以最大限度避免供货商所提供餐饮原料出现数量、质量和价格方面的问题，从而对餐厅或餐饮企业造成一定的经济效益和社会效益的损失。

一、餐饮原料的验收体系

（一）验收部门

在大型的餐饮企业中，通常会有专门的验收部门存在；中型的餐饮企业往往由于自身规模限制，并没有独立存在的验收部门，更多的则是以独立的验收人员来完成相应的验收工作；对于小型的餐饮企业来说，餐饮原料验收工作则是由厨师长或经理来进行担任，从而完成原料验收工作。

（二）验收人员

验收人员首先应具有较强的责任心，能够发自内心地喜欢自己所从事的工作；为人诚实、守信，热爱集体；同时还应当具有较强的专业知识，能够熟练掌握各种餐饮原料的感官质量鉴定的标准内容。为不断提高自身的业务素质及能力，验收人员应主动向厨师、仓储人员及各级主管领导学习，丰富自己的专业知识和积累工作经验。

1. 验收人员的配备

餐饮企业中的验收人员应专人专岗设置，不能与采购人员的工作职能合二为一。如因特殊情况人员不够，可由贮藏仓库保管人员兼任。

2. 验收人员的基本素质要求

（1）热爱祖国，诚实守信，对餐饮企业忠心。
（2）具有丰富的专业知识，如餐饮原料的相关知识。
（3）具有较强的责任心、较高水平的业务素养和品德修养，做到认真对待，严格把关。
（4）熟悉餐饮企业的相关制度及财务会计制度，具备基础的成本核算能力。

二、餐饮原料成功验收的方法

（一）餐饮原料验收原则

（1）根据食品营养与卫生的基本要求选择餐饮原料。
（2）结合食品不同的质量、数量要求选择餐饮原料。
（3）按照餐饮原料本身的属性选择餐饮原料。
（4）以公平、公正、公开的态度对餐饮原料进行验收。

（二）餐饮原料验收方法

（1）核对供货商发货票进行验收，即将订货单与供货商的发货票及发票依次进行核对检查。
（2）按填写单据进行验收。对餐饮原料进行逐一验收，并进行验收单的登记工作。

（三）餐饮原料验收程序

（1）验收人员根据订单检查进货。

（2）验收人员根据供货商所提供的发票检查进货。

（3）对采购的餐饮原料进行数量、质量和价格方面的检查及核对。

（4）验收人员根据验收结果，对符合所采购数量、质量和价格等要求的，受理采购货物。

（5）根据验收结果，对价格不符、质量较差或数量缺失的餐饮原料，拒收所采购货物。

（6）对受理的采购货物，送贮藏仓库进行储存。

（7）完成上述的工作后，按要求填写相关的各类报表、餐饮原料验收单并登记入库。

（四）餐饮原料品质的基本要求和标准

1. 餐饮原料品质的基本要求

餐饮原料应无较为明显的腐烂变质外表面存在，能够由生产人员最大限度制作成餐饮产品并销售给餐饮消费者。

2. 品质鉴定的依据和标准

根据餐饮原料的品质的基本要求，对餐饮企业的原料品质鉴定确立基本要求，对其鉴定的依据和标准主要有以下几点。

（1）嗅觉检验。验收人员通过嗅觉器官对餐饮原料的气味进行闻法的检验，如出现不符合其特点的气味，则说明餐饮原料已经变质，不能予以采用。

（2）听觉检验。验收人员通过听觉器官对餐饮原料进行相关检验，以判断其品质优劣。

（3）视觉检验。验收人员用肉眼对餐饮原料的外部特征进行检验，以确定餐饮原料是否符合质量要求，如新鲜餐饮原料的外部表现、瓶装类原料的浑浊程度检验等。

（4）触觉检验。验收人员用手指作用于餐饮原料表面，去感知餐饮原料的多种特性，如粗细、弹性、硬度等，以确定其品质优劣，以判断其是否符合所采购需要。

（5）味觉检验。验收人员通过使用味觉器官，对个别餐饮原料进行检验。常采用抽样调查的方式完成。

三、餐饮原料的验收控制

在餐饮原料抵达餐饮企业后，验收人员对其进行严格的验收审核，会出现餐饮原料数量方面超过或少于原采购数量，又或质量方面不符合原采购质量标准等。因此，验收管理环节能够对餐饮原料的采购起到监督的作用，避免餐厅或餐饮企业在此方面出现经济损失。

（一）数量验收控制

验收人员在对餐饮原料进货数量进行验收时，应先将餐厅或餐饮企业的订货单、供货商的发货票及实际到仓库的餐饮原料数量进行统一核查。对于有外包装的餐饮原料应结合实际情况，决定是否打开包装进行数量检查；对于以箱子或盒子包装的餐饮原料，应检查箱子或盒子中的餐饮原料是否装满，是否存在数量缺失情况的发生。

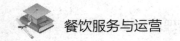

（二）质量验收控制

验收人员在对餐饮原料进行质量验收检验时，应考虑结合不同种类餐饮原料，有针对性地进行验收检查。首先，应对所有已到餐饮原料的质量和规格与餐厅或企业的采购质量标准进行核对，以避免出现偏差。其次，对于不同类别的餐饮原料，验收检验应有不同侧重点：对于玻璃瓶身金属盖的餐饮原料，应检查盖子是否有突起或内陷；对于金属罐装食品类餐饮原料，应检查其罐装是否变形，是否已经过保质期等。再次，对于蔬菜、水果类的餐饮原料，需要检查是否发生腐败变质。

（三）价格验收控制

验收人员应仔细检查供货单位所提供的发货单及发票上的餐饮原料价格是否与订货单上的价格相一致，无论是单价还是总成本都需要进行仔细核算。

（四）验收程序控制

1. 核实进货餐饮原料的明细是否与订货单相符合

验收人员进行餐饮原料采购数量的核实，应严格按照订货单与发货单及发票明细进行验收审核。对于订货单上没有而实际到货多出部分，应坚决予以退回，并要求供货商重新开具发货单及发票；对于实际已到餐饮原料中，凡是有出现质量问题、数量问题或价格问题的，应坚决予以退回，并由验收人员根据实际情况填写退料通知单；对于实际已到餐饮原料中，数量不足的餐饮原料，由验收人员通知其补回缺少部分的餐饮原料或重新开具发票。

2. 检查账单上面的各种信息是否与实物相符

供货商所开出的账单，通常与采购的餐饮原料一起交付给餐厅或餐饮企业，它是财务部门支付采购费用的重要凭证依据。验收人员在检查过程中如果发现账单上面的信息与实物不符，应出具相应的通知单告知供货单位。同时，在验收餐饮原料时应主动要求送货员在现场协助验收餐饮原料，避免当验收过程中发现问题时供货商逃避或不认可。

3. 验收合格后要加盖公章

餐饮原料经过验收人员的验收后，如无任何方面的问题，需要由验收人员在账单中签字确认，同时应加盖验收部门的验收章，并根据实际需要在餐厅或企业的验收管理工作相关表格中进行相应登记。

4. 填写验收日报表

验收日报表是餐厅或餐饮企业加强餐饮原料验收管理的有效手段之一。对日报表中的各项信息内容进行完善，为编制相关财务报表提供可以借鉴的数据资料，同时也便于计算统计每日的食品成本。

任务实施

围绕着王师傅所提出的问题，小张应当考虑从如下方面开始着手获得信息。

步骤一：了解酒店的组织机构设置。

小张需要首先明确酒店里是否有专门负责验收的部门，它隶属于哪个部门，有哪些基本的岗位设置。

步骤二：了解酒店的验收工作流程。

可通过自我思考、自我学习或向资深酒店从业人员进行请教。

步骤三：实际参与验收工作，加深学习印象。

了解理论知识后，可通过实践体验加深印象，以跟班实践体验方式进行。

能力训练

了解餐饮原料验收管理流程

训练目标：通过训练，对餐饮原料的验收流程及细节管理有较为清晰的认知。

训练方式：以小组为单位完成任务。

训练内容：以某酒店或某一餐饮机构贮藏仓库为调研对象，通过跟班实践体验加深认知。

训练步骤：学生自由分组→自行选定实践企业→开展实践体验→互动过程中仔细观察→记录实践过程中发现问题→制作实践汇报 PPT 向其他小组介绍撰写实训报告。

训练要求：调研方案切实可行；实践体验真心投入；认真观察总结；提出分析意见切实可行。

任务三　储存：管理原料

任务描述

新的一天，小张主动找到了王师傅，向他请教："师傅，我们酒店这么多的原料采购完以后，是怎样保存的？为什么会感觉原料总有用不完的感觉，而且原料看起来都是那么新鲜？"王师傅听完小张的问题，微笑着说："你跟我来，今天就带你参观下贮藏仓库，了解餐饮原料储存管理都需要注意什么。"

任务分析

餐饮原料由于涉及种类繁多，因此需要合理适度进行储存，提高餐饮原料的使用"寿命"，减少餐饮原料的不必要损失。王师傅带着小张依次走进了各类贮藏仓库，并向他进行了细致的介绍。

知识储备

餐饮原料的储存管理也是餐饮原料管理中的重要组成部分。加强餐饮原料储存管理能够最大限度做到物尽其用，减少餐饮原料在储存过程中发生不必要的损耗，能够有效帮助

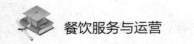

餐厅或餐饮企业进行生产过程质量控制及成本控制。

一、餐饮原料储存管理

餐饮原料储存管理是维持餐厅或餐饮企业正常经营与生产的重要环节。做好此项环节的工作,能够有效控制或降低企业餐饮成本和经营费用。

(一)餐饮原料储存的目的

(1)通过储存,最大限度提高餐饮原料的使用率,减少餐饮原料的不必要损耗。
(2)弥补餐饮原料生产季节和销售季节的时间差。
(3)延长餐饮原料的使用寿命,延缓其腐败变质的时间。
(4)利用先进的储存条件,达到降低餐饮原料的腐败变质的速度及数量的目的。

(二)储存仓库的管理要求

(1)做好各类防患工作,确保餐饮原料储存期间的安全存放。
(2)餐饮原料进入仓库前,应仔细检查其质量;对存在质量问题的餐饮原料应拒绝其入库。
(3)合理地使用仓库场地,力求做到场地尽其用。
(4)制定严格餐饮原料出入库制度,可运用表单管理法进行有效管理。
(5)定期进行库房盘点工作,准确掌握库房内各类餐饮原料的储存信息。
(6)严格遵守库房管理制度。

(三)库存管理方法

1. 做好库房盘点工作管理

(1)库房盘点。
① 每日盘点:即在每天固定时间进行盘点。
② 每周盘点:以每周的周一至周日共七天为一周期,在每一周期的第一天或最后一天进行库房物资盘点。
③ 每月盘点:在每月的最后一天,进行仓库物资盘点。
(2)建立库房物资档案。根据物资的种类、储存环境特点等为物资建立完善的档案制度。
(3)严格制定及遵守库房管理制度。根据库房实际管理,应严格制定库房物资出入库管理制度,并可通过表单管理法对其进行整体控制。
(4)做好日常管理工作。按部就班完成物资日常管理工作,其中包括库房卫生清洁打扫、餐饮原料出入库登记、餐饮原料发放等。

2. 存放餐饮原料的保管方法

(1)干藏餐饮原料储存方法。
① 四号定位法:在日常管理过程中,对于每种餐饮原料进行四位数字编号,其表现形式主要呈现为"仓库序号—货架序号—层数序号—位置序号"。此种定位方法能够帮助库

房管理员在最短时间内快速找到餐饮原料。

② 五五摆放法：此种方法比较适用于包装完整规范的箱子、罐装品、瓶装品、盒装品等餐饮原料。具体可以采用五五成行、五五成排、五五成堆等形式进行摆放。

（2）低温库房储存方法。

① 微冻法。微冻法是指餐饮原料储存环境温度为 $-3\sim0℃$，餐饮原料部分微有冻结。一般企业中微冻法适用于鱼类和肉的短期储存，比冷藏方法保鲜期要长。

② 冷藏法。冷藏法是指餐饮原料储存温度范围为 $2\sim5℃$。冷藏法比较适用于讲求使用新鲜的餐饮原料种类，例如水果类、蔬菜类、畜类产品、水产类等产品。

③ 高温灭菌储存法。对于液体状的果汁类及啤酒，采用 $80\sim90℃$ 的高温消毒。

④ 酸渍储存法。酸渍储存法是指利用食用酸或酸发酵产生的酸性，改变卫生物生存环境的酸碱度，从而抑制微生物、细菌、酶类的活性，达到储存的目的。

⑤ 盐腌、糖渍储存法。盐腌、糖渍储存法是指利用盐水或糖液在食品中产生高渗透压的作用而使食品内所含水分析出，并造成微生物生理干燥，细胞原生质收缩、脱水、促使微生物停止活动或死亡。

3. 库房的安全管理

库房在保证餐饮原料日常管理的同时，还需要加强安全管理方面的工作。

（1）严格遵守钥匙保管制度。库房钥匙应由专人保管，同时还应配置万能钥匙及备用钥匙，以便出现突发情况时及时进行处理。

（2）四禁止制度。禁止在库房内存放私人物品；禁止闲杂人等进入库房；禁止在库房区域内放置易燃易爆物品；禁止任何人在库房内吸烟及饮酒。

（3）四隔离制度。坚持库房内生熟餐饮原料隔离；坚持成品与半成品隔离；坚持食品与其他类物品隔离；坚持食品与天然冰进行隔离安放。

（4）四不制度：采购员不能购买变质原料；库房保管员不收变质原料；厨房人员不能使用变质原料；销售人员不出售变质原料。

（5）三先一不制度：要先购进先出库；易腐败易变质先出；餐饮原料有效期短先出；腐败变质餐饮原料不出。

（6）三防制度：防火、防盗、防毒工作。

（四）餐饮原料储存安排与管理

储存餐饮原料的库房应选择设置在厨房与验收处之间区域，以便于餐饮原料及其他物资出入库方便、快捷，减少发货的时间。对餐饮原料储存位置的要求主要包括：确保储存发料要迅速；将劳动强度降到最低；要确保人员及物品安全。

二、餐饮原料发放管理

餐饮原料的发放是由备货、审核手续及凭证、编配、分发等流程环节所构成，因此库存管理工作的重点主要放在发放上。

（一）餐饮原料的发放方式

餐饮原料的发放工作不单是把餐饮原料从库房中取出，提供给用料部门去使用，更

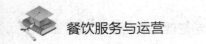

是对所发放处的餐饮原料进行全程控制的过程。对餐饮原料发放过程进行控制，主要是为了保证用料部门的餐饮原料正常供应，并控制好其用料数量，最终正确记录厨房用料成本。

餐饮原料的发放方式主要有直接发放和库房发放两种。

1. 直接发放

直接发放是指验收的餐饮原料直接进入用料部门，而未经过储存环节。通常适合直接发放的餐饮原料多为新鲜的蔬菜、牛奶、面包等容易变质的食品或鲜活的各类原料。此类餐饮原料往往能在当天被消耗掉。

鲜活原料的发放流程如下。

（1）验收部根据请购单所提供的信息，通知用料部门派人领货；
（2）仓库管理员核对发票和请购单相关明细确认无误后，按量发给部门领料员；
（3）领料人填写相应单据，并签署自己的名字；
（4）凡直接发放原料价格按进货价格直接计入当日食品成本。

2. 库房发放

库房发货主要是指餐饮原料经过验收后，直接收入库房中，再由用料部门凭领料单到库房中取回。

库房中发放货物需要注意的问题如下。

（1）领料员领取餐饮原料，需要由主管人员签字批准，否则库房不能出库。
（2）库房应当按照实际需要量进行发货。
（3）库房发放应当守时、准时发放。
（4）库房应按领料单发放。

（二）餐饮原料发放程序

1. 填写领料单

领料部门或领料人根据实际所需，认真填写领料单，完成相应基本文字内容的填写。

2. 部门审批人员签字

领料人需要在领料单中的相应位置，填写上自己的姓名；再持单由所在部门的审批人员完成审批签字一事。领料单中的审批人通常由厨师长、管理员或餐厅经理担任。如果领料人上无任何审批人员签名，则领料单无效，无法从库房中取出任何餐饮原料。

审批人员应在领料单中的最后一项原料名称后面标注一条横线或斜线，防止领料人在审批人签字后再领取其他原料。

3. 发料，并登记实际发料数量及金额

库房管理员根据领料单上的明细，将所领原料的数量和种类进行配齐。由于包装等影响因素，容易使实际数量和申请数量存在差异，所以发货数量应填写在"实际数量"处，并要填写"金额"一栏。

4. 库房管理员签字

库房管理员根据领料人提交的领料单，准备好相应的各类餐饮原料，并按时按量交到领料人手中，并在领料单中的相应位置签上自己的名字。通常领料单一式三联，一联随餐饮原料同时交回领料部门，一联则由库房管理员转交给成本控制员，一联仓库留存，作为盘存和进货的重要依据。

任务实施

进行餐饮原料的储存与管理。

步骤一：明确储存及发放管理的业务部门信息。

明确酒店里是否有专门对物资原料进行储存的部门，并了解其所处的地理位置。

步骤二：熟悉储存仓库的组织结构设置和工作职责。

需要明确仓库隶属于哪个管理部门，它的工作内容有哪些。

步骤三：实际参与储存工作，加深学习印象。

了解理论知识后，可通过实践体验加深印象，以跟班实践体验方式进行。

步骤四：自我总结，提高认识。

通过跟班式的岗位体验，加深对于该岗位的认识了解。并结合自身经历，总结该项工作所获得的各方面感受。

能力训练

了解餐饮原料存储、发放管理流程

训练目标：通过训练，对餐饮原料的储存流程及细节管理有较为清晰的认知。

训练方式：以小组为单位完成任务。

训练内容：以某酒店或某一餐饮机构储存仓库为调研对象，通过跟班实践体验加深认知。

训练步骤：学生自由分组→自行选定实践企业→开展实践体验→互动过程中仔细观察→记录实践过程中发现的问题→制作实践汇报PPT向其他小组介绍→撰写实训报告。

训练要求：调研方案切实可行；实践体验真心投入；认真观察总结；提出分析意见切实可行。

任务四　成本管理：控制原料成本

任务描述

小张的实习已经进行了一段时间，王师傅也向小张不断"灌输"着自己的一些工作经验。随着不断地学习，小张对于餐饮企业的管理内容有了更为准确的认识和理解。这次，王师傅又向小张进行了提问："小张，前面你了解了餐饮原料管理的主要内容，那你知道对于餐饮企业而言，它的"财"要如何管理才能对企业有所帮助呢？"小张思考了后回答道："是餐饮企业成本管理所要解决的问题吗？"

任务分析

"餐饮企业的成本控制与管理,直接关系到餐饮成本核算的准确性及管理的有效性。加强成本核算及控制,提高餐饮成本管理的质量,能够帮助管理人员及时掌握餐饮产品成本消耗,提高餐饮企业的经济效益。"王师傅向小张讲完了这段话后,小张若有所思地点了点头。

知识储备

在餐饮企业的管理工作中,餐饮产品成本控制在众多管理内容中占有较为重要的地位。现代餐饮企业借助于成本控制,促使其企业自身在经营管理的过程中尽量减少各项不必要的损耗,节约费用与开支,实现餐饮企业既定的目标成本,为企业创造更大的经济效益。

一、餐饮成本的概念

餐饮成本是指餐饮企业在一定时间内生产和销售餐饮产品过程中发生的费用支出的总和,是凝结在产品中的物化劳动价值和活劳动消耗中自身劳动的价值的货币表现。具体点说包括两部分内容:一是物化劳动价值,主要是指食品原材料价值和生产过程中厨房、餐厅设备、餐茶用品、水电燃料消耗等方面的价值;另外一点是活劳动消耗,即自身劳动价值,通常是指维持餐饮经营者劳动力的生产和再生产所需要的价值。

二、餐饮成本的构成及特点

(一)餐饮成本构成

餐饮成本的构成根据实际发生成本的特点,可以大体分为直接成本和间接成本两大类。所谓的直接成本通常是指餐饮成本中的餐饮原料成本,具体包括菜品原料成本和酒水饮料成本,属于最核心的成本支出;间接成本是指在生产制作过程中所引发的其他费用。餐饮成本具体包含以下三个方面。

1. 餐饮原料成本

餐饮原料成本是餐饮成本核算中的重要组成部分。餐饮原料在实际经营中主要包括主料、配料和调辅料。主料通常是指在菜品生产制作中的主要材料,在成本比例中占份额较大;配料是菜品制作中的辅助原料,通常是指菜品制作中的搭配原料,与主料相比,成本份额较小;调辅料也同样是指在菜品制作中的辅助原料,如盐、味精、酱油等调味料。

酒水饮料成本主要是指在餐饮菜品食用过程中,所需销售提供的各类酒水的成本及饮料类产品成本。

2. 劳动力成本

劳动力成本是指在餐饮生产经营活动中消耗的活劳动的货币表现形式。主要包括餐饮企业员工的工资、奖金、福利、劳保费等,也有将住宿费、员工用餐费、服装费列入中的。

3. 管理费用成本

餐饮企业的管理主要包括水电燃料费、固定资产折旧费、餐茶具消耗费、卫生用品消耗、管理、维修、装饰等在经营中所需消耗的所有费用。

（二）餐饮成本的特点

根据餐饮企业的实际经营管理情况，结合餐饮企业成本的构成及相关要素，通常餐饮成本具有以下的特点。

1. 餐饮可控成本占比大

在餐饮成本的种类中，按照对成本的可以控制程度将其分为可控成本及不可控成本两大类。可控成本主要包括餐饮原料成本、水电燃料、餐茶用品等成本项目。这些成本项目发生的数额多少，与管理人员对于餐饮成本控制的程度高低相关。

2. 变动成本占比大

变动成本是指随着餐饮产品销售数量的增加而增加的这部分成本和费用。如餐饮产品的销售量增加时，餐饮原料中的主料、配料、调辅料等都会相应增加，也就直接影响其成本的增加。

3. 餐饮成本泄漏点多

餐饮企业的经营和管理活动中，通常是多个岗位、多个环节共同参与其中。每一个环节都可能造成成本费用流失情况，如餐饮菜品采购、储存、加工、切配、烹调、服务、推销、成本核算等环节都存在成本泄露的机会，这增加了餐饮管理的难度。

4. 餐饮成本会受设备运行管理成本影响

由于餐饮服务是以设备设施为依托，一旦设备设施无法运行或出现故障，都会增加餐饮企业的维修保养费用，而设备运行的管理成本直接或间接地影响着餐饮成本的大小。

5. 餐饮成本受技术部门协调监控因素影响占比大

在生产过程中，操作人员的技术能力水平，原材料的综合使用能力，都会直接影响餐饮成本的大小。操作人员如果技术水平不高，将降低餐饮原料的净料率，从而增加成本损耗，使餐饮成本受到损失。

三、餐饮原料成本核算方法

餐饮成本核算是餐饮成本控制工作的前提和基础，对于餐饮产品成本的计算，可以使餐饮企业管理人员及时了解餐饮企业成本变动情况，掌握各种成本数据，以便进行成本比较和分析，为餐饮企业成本决策提供服务。

餐饮成本核算的工作重点是餐饮原料成本的核算。在计算过程中分别对主料、配料、调料成本进行分析研究，以获得最佳的成本控制效果。

（一）主料及配料的成本核算方法

主料及配料的成本核算是餐饮成本核算的基础，对于这个构成餐饮产品成本主要部分的成本因素，应从其具体构成分别进行分析说明，此处的主、配料是从净料角度来分析说明的。

1. 生料成本的核算方法

此处所指生料，是指餐饮原料经过清洗、宰杀、拆卸等加工处理步骤，而没有经过任何熟制或处理的各种原料的净料。它的成本计算方法主要有一料一档、一料多档的计算方法。

（1）一料一档的计算方法。在一料一档的计算方法中，结合餐饮企业实际经营中的情况，计算方法可分为以下两种情形。

情形一：餐饮原料的毛料经过处理后，只得到了一种净料（即没有产生其他可用的边角料）。其计算方法所使用的计算公式为

$$净料成本 = \frac{毛料总值}{净料重量}$$

情形二：餐饮原料的毛料经过处理后，虽得到其净料，但其他边角料、废料可以作价使用，其成本的计算在上述的基础上稍加调整即可获得。计算公式为

$$净料成本 = \frac{毛料总值 - 下脚料价款 + 废料价款}{净料重量}$$

（2）一料多档的计算方法。比较常见的计算方法主要有以下两种。

方法一：假设各档净料的单位成本从未计算过，则可根据这些净料的质量，逐一确定它们的单位成本，且一定保持各档净料成本之和等于进货总值。用公式表示为

$$净料1的价值 + 净料2的价值 + \cdots + 净料(n)价值 = 一档多料总值（进货总值）$$

方法二：在所有的各档净料中，只有一种净料的单位成本需要测算，用公式表示为

$$某档净料成本 = \frac{毛料总值 - 其他各档净料价款总和 - 下脚料 + 废料价款}{某档净料重量}$$

2. 半制品成本的核算

半制品是指餐饮产品经过了初步熟处理原料的状态下所获制品。在计算此类半制品成本时，可以考虑从以下两种情况下进行计算。

方法一：无味半制品成本计算，如焯水后获得各类蔬菜、初步处理的肉，计算公式为

$$无味半制品成本 = \frac{毛料总值 - 下脚料价款 + 废料价款}{无味半制品重量}$$

方法二：调味半制品成本的计算。如调味后的各种肉丸类制品。计算公式为

$$调味半制品成本 = \frac{毛料总值 - 下脚料 - 废料价款 + 调味品成本}{调味半制品重量}$$

3. 熟品成本的核算

熟品成本的计算与调味半制品的成本计算方法较为相似。计算公式为

$$熟品成本 = \frac{毛料总值 - 下脚料 - 废料价款 - 调味品成本}{熟品重量}$$

（二）调味品成本核算

菜品烹制缺少不了调味品的应用，调味品种类较多且用量不固定，因此往往进行成本核算时较为烦琐。但由于它仍是餐饮原料成本的重要组成部分，因此需要对其进行准确计

算。由于调味品的使用量在实际应用过程中,受到菜品单份数量实际需要的影响,因此在实际计算调味品成本时,主要分为两种情况计算,即单件成本计算和批量平均成本计算。

1. 单件成本计算

单件制作应用的餐饮产品,其调味品成本的计算一般采用单件成本计算方法来加以计算。具体表现为,依次计算调味品的用量,根据其进价,分别计算出各种调味品的价款。计算公式主要为

$$单件产品调味品成本 = 调料1成本 + 调料2成本 + \cdots + 调料(n)成本$$

2. 批量平均成本计算

对于成批生产的产品,一般采用批量平均成本法的计算。如面点制品、卤制品类的制作都属于这一类。在批量生产的条件下,调味品使用的量较大,所以要严格控制计量,以求成本准确,确保质量稳定。计算公式主要为

$$批量产品平均调味品成本 = \frac{耗用的调味品总值}{产品总量}$$

四、餐饮产品成本核算方法

由于餐饮企业厨房产品生产方式和花色品种的差异,所以其具体核算方法也有差别。常见核算方法主要有以下四种类型。

(一)顺序结转法

顺序结转法多适用于按产品生产步骤来核算成本的方法。在实际经营中主要用于加工、最后烹制的餐饮产品的成本核算。具体操作表现为:先将产品的每一生产步骤作为成本计算对象,依次将上一步骤的成本自动转入下一步骤的成本,逐步计算出实际产品成本。

(二)订单核算法

订单核算法多适用于批量或订单生产的餐饮企业,其成本核算只要先计算出每批产品各项原料成本之和,便可计算出餐饮产品的单位成本。

(三)平行结转法

平行结转法也较适用于按生产步骤来核算产品成本。它与顺序结转法的区别在于结转顺序存在差异。它是基于生产过程中原料成本的平行发生来平行结转的。具体做法是在原料一步到位形成净料或直接使用的食品原料时,将各步骤的原料成本相加,计算出产品成本。

(四)分类核算法

分类核算法是按照产品类别来计算产品成本,更适用于产品类别和花色品种较多的零点餐厅。具体方法为按产品类别、性质、耗用的原料和加工方式不同,将原料成本分为若干档次,先分类计算出不同档次或不同类别的总成本,再按单位产品用量核算主料、配料和调料成本,相加之后即可得到单位成本。

五、餐饮成本控制方法

餐饮成本控制是以餐饮成本作为控制的手段,是餐饮企业根据一定时期预先建立的成本管理目标,由餐饮成本控制主体在其职权范围内,在生产耗费发生以前和餐饮成本控制过程中,对各种影响餐饮成本的因素和条件采取的一系列预防和调节措施,以保证餐饮成本管理目标实现的管理行为,通过制定餐饮成本总水平指标值、可比产品或成本降低率以及餐饮成本中心控制成本的责任等,达到对经济活动实施有效控制目的的一系列管理活动与过程。

餐饮成本在管理过程中如果管理过于严格或过于松散,都会影响餐饮企业的经营效果,因此,作为餐饮企业的管理者在控制过程中,应当考虑餐饮成本控制的作用应当具有较强的实用性;同时为了更有效地控制餐饮成本,应当建立和健全餐饮成本控制的相关制度,加强监督检查。

(一)明确餐饮成本控制的程序

餐饮成本控制是一项长期的监督管理工作,因此,只有明确餐饮成本控制的程序才能有条不紊地开展各项相关工作。

1. 提供成本控制主要依据

在餐饮成本控制中,应先制定出生产和经营餐饮产品中的各项标准成本,以标准成本为主要控制依据,将其与实际消耗成本进行比对,以找出存在问题。

2. 加强对实际成本消耗的控制

制定标准成本后,将它作为标准,用来约束食品用料等原料采购成本、生产加工中各种菜点的成本、餐茶用品成本、水电燃料费用等的消耗。对这些成本消耗记录、统计及比对,从而及时发现问题并提出解决措施。

3. 通过分析成本差额评价控制绩效

在餐饮企业的实际运营及管理中,其各项实际成本消耗是无法与标准成本相一致的。此时管理人员要根据各项成本的实际发生数额,同标准成本进行差异化分析,找出存在的差额,并进行原因分析。此种管理行为可以帮助餐饮企业管理者发现相关部门在餐饮成本管理上是否存在问题,并对此进行相关业绩评价考核。

4. 结合存在问题进行积极整改

成本差额分析对成本控制的业绩做出评价后,对于造成成本差额的原因还要结合实际业务进行具体分析。只有结合实际,分析具体原因,才能有针对性地提出改进的措施,不断做好餐饮成本控制工作。

(二)餐饮成本控制的方法

餐饮成本控制是餐饮成本管理的关键性工作,针对可能存在成本差异的原因,进行分析后制定出相应的改进措施,以减少不合理之处。餐饮成本控制的方法主要包括餐饮原料成本控制、劳动力成本控制、管理成本控制三个方面。

1. 餐饮原料成本控制

食品原料成本控制主要围绕着餐饮原料的采购环节、验收环节、库存环节、发放环节而展开进行。

（1）采购环节。采购环节成本控制不仅是以最低的价格进行采购，还是从总体上以最小的投入获得最大的产出，因此采购环节应考虑如何降低餐饮采购成本。此环节餐饮成本控制具体方法如下。

首先，采购人员很重要。应当选择具备丰富餐饮原料知识、遵守国家法律法规和企业内部规章制度的人选；既有能够快速鉴定餐饮原料质量的能力，也要有较强的数字计算能力及餐饮原料相关保管知识。

其次，严格控制采购数量。餐饮原料的采购数量应当结合企业实际损耗及自身储存条件而定，尽量避免出现采购数量过多或过少情况的发生。

再次，严格控制采购质量。应当为餐饮原料采购制定明确的采购规格标准，并将其作为餐饮原料采保的重要依据，以达到减少差错和浪费情况的出现。

最后，加强采购价格控制。采购价格的控制应注意从两方面入手：一是餐饮企业应及时准确掌握市场价格行情；二是选择适合自身的采购方式。餐饮企业的经营者及管理者必须深入市场对行情进行调查，掌握最基础价格行情，以便对原材料采购价格实行控制。

（2）验收环节。最大限度将适合餐饮企业经营的各类原料按质按量进行验收，从而使其符合餐饮企业产品生产与制作的需要。此环节餐饮成本控制具体方法如下。

首先，做好准备工作。应当包括相关人员准备、相关文字资料准备及相关检验工具准备。

其次，认真检查物资原料。对于需验收的原料其数量、质量、价格、包装完整度等方面进行仔细检查。

再次，完成验货手续。根据验收实际情况，确认是否已经收到货物或货物存在采购问题，进而全部收进贮藏区或退还给供货商。

最后，认真处理已收物品，填写验收报表。将通过验收环节、符合餐饮企业验收标准的物品在制作相关信息卡或标签后，及时送入贮藏区去储存。

（3）库存环节。保证进入仓库的餐饮原料质量，延长原料使用期限，减少和避免因原料腐败变质引起的食品成本增高。此环节餐饮成本控制具体方法如下。

首先，设专人进行管理。仓库管理人员应有较强的责任心，具有一定的文化程度和懂得各类原料物资的储存知识。

其次，加强贮藏区域环境控制。餐饮企业应根据各类餐饮原料的特点，分别设立不同类型条件的存储环境，如干货库、冷藏库等。

再次，注重时效控制。餐饮原料一经验收，应迅速放入贮藏区域。同时应注意餐饮原料先采购先出库、后采购后出库的管理方式，以降低或尽量减少原材料的变质和损耗。

最后，做好统计成本工作。仓库负责人员应做好每日及时、准确的成本数据统计工作，主要包括领料单上的原料成本及领料单中的全天所领取原料成本总额。

（4）发放环节。发放环节是餐饮原料采保管理的最后一个环节，此环节餐饮成本控制具体方法如下。

① 建立严格使用领料单制度。发放原料时应当以盖过审批章或有审批人签过字的领料单为凭证。无领料单或未盖章领料单均不能领取餐饮原料。

② 登记信息应准确。当用料部门领取餐饮原料后，仓库负责人应积极做好发放餐饮原料的记录工作，并将如产品名称、单位名称等信息准确记录，以防止信息出错情况的发生。

2. 劳动力成本控制

餐饮企业的经营与管理应从实际生产和经营技术出发，合理安排员工编制，控制用工人数，此环节的餐饮成本控制具体方法如下。

① 合理控制用工人数。结合餐饮企业实际岗位，对人员进行选配。重视每位员工的真实意愿，使其在岗位能够充分发挥其聪明才智，为餐饮企业贡献自己最大的力量。除此之外，应避免因人设岗问题的发生。

② 合理控制工资总额。工资总额对于餐饮企业来讲至关重要，包括每位员工的基本工资、奖金工资、员工福利等。餐饮企业需要在控制总额的前提下，对每位员工的每日实际工作时间和具体工作情况进行比较分析，并做出相应的总结和报告。

3. 管理成本控制

餐饮企业成本中除餐饮原料成本和人工成本之外，还有企业运营中的能源成本，以及洗涤费用、餐饮管理费用、装饰费用、维修费用、折旧费用等，它们都属于餐饮营业费用的范畴。餐饮企业针对以上这些相关的营业费用项目，应先制作预算，并将其作为标准费用。将标准费用与实际消耗费用进行比较分析，查找出产生差额的原因，并提出自己的解决措施。

任务实施

进行餐饮成本管理。

步骤一：小张要了解餐饮企业负责财务管理事宜的部门及其职能。

步骤二：通过自我学习及请教，了解餐饮企业成本种类及餐饮成本的详细内容。

步骤三：通过实地经历和接触，发现在成本控制及成本核算方面，餐饮企业是否存在问题。

步骤四：通过自我总结，针对发现的问题提出解决措施，加深对成本控制的理解。

能力训练

了解餐饮企业成本控制的方法举措

训练目标：通过训练，深入了解餐饮企业成本控制的具体方法或举措。

训练方式：以小组为单位完成本次任务。

训练内容：实地走访酒店类型餐饮企业，对餐饮企业中的餐饮成本控制有着更为直观的认识。通过走访、调研、观察，来了解餐饮企业成本控制的具体情况，并尝试分析该方法或举措对于餐饮企业成本控制是有明显帮助的。

训练步骤：学生自由分组→写出调研的执行方案→任务分解→餐饮企业调研资料整合→制作成PPT→小组派代表在班级汇报→撰写实训报告。

训练要求：内容全面，创新独特，PPT制作精美，汇报语言流利。

项目小结

餐饮原料是餐饮生产的物质基础，餐饮企业针对目标市场的需求，制订菜单和生产计划后，就必须为餐饮生产采购所需的餐饮原料，对采购回的原料加以妥善的储存与保管，并进行正常的利用与发放，保证餐饮生产的顺利进行。

餐饮成本控制也是餐饮生产管理的重要组成部分，是整个餐饮企业成本费用控制的核心内容之一。根据核定的成本标准，对餐饮原料的生产与销售过程中的各个环节进行审核，及时发现问题，通过分析，采取相应控制措施，努力使餐饮企业成本达到规定的水平。

项目训练

一、单选题

1. 比较适合采购次数比较频繁、采购数量较多餐饮原料的采购方式为（　　）。
   A. 分类采购　　　B. 竞争价格采购　　　C. 集中采购　　　D. 招标采购
2. 餐饮原料验收方法包括按单据验收和按（　　）验收。
   A. 发货票　　　B. 订货票　　　C. 申购票　　　D. 收据票
3. 不属于常用库房盘点的有（　　）。
   A. 每月盘点　　　B. 每周盘点　　　C. 每季度盘点　　　D. 每日盘点
4. 比较适用于包装完整规范的箱子、罐装品等餐饮原料所使用的摆放方法为（　　）。
   A. 四四摆放法　　　B. 六六摆放法　　　C. 九九摆放法　　　D. 五五摆放法
5. 餐饮原料储存方法中的冷藏法，其温度范围为（　　）。
   A. 1~2℃　　　B. 3~4℃　　　C. 2~5℃　　　D. 1~4℃
6. 不属于库房三防制度的是（　　）。
   A. 防鼠疫　　　B. 防火　　　C. 防盗　　　D. 防毒
7. 不属于食品原料成本的是（　　）。
   A. 主料　　　B. 配料　　　C. 调辅料　　　D. 燃油料
8. 验收的餐饮原料直接进入用料部门的原料方法方式，是（　　）。
   A. 库房发放　　　B. 直接发放　　　C. 转交发放　　　D. 间接发放
9. 不属于餐饮原料验收控制的方法为（　　）。
   A. 数量验收　　　B. 质量验收　　　C. 感官验收　　　D. 价格验收
10. 不属于常见检验标准的检验方式为（　　）。
    A. 触觉检验　　　B. 嗅觉检验　　　C. 听觉检验　　　D. 咀觉检验

二、判断题

1. 餐饮采购人员不需要了解进货价与销售价之间的关系。（　　）
2. 大型的餐饮集团或餐饮企业常采用集中采购的方式进行采购。（　　）
3. 现代餐饮企业运营中，用料部门不需要填写领料单即可领取原料。（　　）
4. 对所采购的餐饮原料需要从数量、质量、价格三个方面进行验收。（　　）
5. 高温灭菌储存法，多采用70~80℃的温度消毒。（　　）
6. 领料人需要填写相应单据，但不需要签署自己名字。（　　）

7. 库房管理员只需要按数量发货，不需要他签名。（   ）
8. 餐饮成本中不可控成本占比大。（   ）
9. 餐饮采购是以最多的成本购买最好的餐饮原料。（   ）
10. 装饰费用、折旧费用、维修费用都属于管理成本。（   ）

三、案例分析题

究竟哪里出了问题

　　李先生刚刚购买了一家酒店，购买时觉得很划算，也没有在意原来的设施设备。酒店仓库的底层有一个储藏室，他进入储藏室之后，发现这间储藏室很暖和，仔细查看菜才发现，在储藏室的天花板上安装有暖气管。而在酒店运营过程中，他发现储藏室的水果、蔬菜和罐头有腐烂、鼓胀的现象，有的甚至还破裂。

问题：
1. 这个酒店的储藏室有什么问题？
2. 应该怎样解决？

四、体验练习题

　　参观三家餐饮企业，实地参观了解该企业餐饮原料采购、验收、储存方面的实际现状，并进行比较分析得出哪家餐饮企业的原料管理工作做得更好。

学习评价

项目九

规划餐厅的"半壁江山"

学习目标

【知识目标】

1. 了解厨房规划的概念及原则。
2. 了解厨房环境设计的工作要点。
3. 了解厨房布局的基本类型。
4. 了解厨房选址的基本要求。
5. 了解厨房常用设备的种类及基本情况。

【能力目标】

1. 熟悉和掌握厨房规划的内容。
2. 熟悉和掌握厨房各工作区域布局的设计方法。
3. 熟悉和掌握厨房设备基本使用方法。

【素质目标】

1. 培养独立实践能力。
2. 培养认真负责的工作态度。
3. 培养基本职业素养。
4. 提高对所学内容的认知能力。

【课程思政】

1. 正确定位自身角色,逐步树立餐饮企业主人翁意识。
2. 结合管理角色,逐步提高自身管理能力。

学习导图

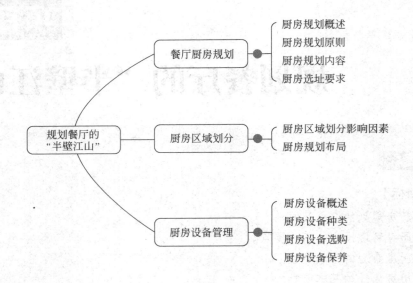

任务一　餐厅厨房规划

任务描述

小李是某高校一年级酒店管理专业的新学生。为了让学生更快地了解餐饮企业厨房管理，学校组织学生开展专业见习活动——到合作酒店参观。以更加直观的方式，对学生进行专业指导。小李在出发前收到了她需要了解的问题：什么是厨房规划？厨房规划有哪些内容？带着这样的问题，小李开始了她的见习之旅。

任务分析

厨房是餐饮企业经营的主要生产中心，它肩负着餐饮企业的餐饮原料从采购、加工、储存直至制作成菜品销售给就餐者整个过程的生产管理，是餐饮企业的重要经营管理部门。想要了解厨房规划，首先需要从什么是厨房、厨房的功能有哪些这些问题角度去了解。

知识储备

厨房是餐饮企业的生产中心，它需要结合餐饮企业的菜品，依次完成餐饮原料的选购、粗细加工、菜品储存或直接用料，最终烹制成菜品等工作内容。厨房规划布局是否合理，将直接影响到餐饮厨房的工作效率。规划合理、设计科学的厨房环境，可以提高厨房员工的工作满意度，提高整体工作效率，最大限度保证厨房出品的高质量，从而直接增加餐饮企业的经济效益。

一、厨房规划概述

厨房规划是指根据餐饮企业的实际情况，从风格打造、经营规模经营档次、主营菜品特色等方面入手，对厨房生产区域进行功能定位及面积分配，依次确定厨房的选址、面积大小、功能区域划分、厨房内部装修与装饰等工作的全部过程。

由于厨房规划是厨房建设装修的基础，因此需要进行充分的设计、考量，并经过多次的研究分析，才能最终确定方案。

知识小看板：厨房种类知多少

二、厨房规划原则

（一）符合餐饮企业实际市场定位

餐饮企业由于自身实际情况的差异，经营业态及其组织结构的形式也会存在不同，从而进一步影响厨房规划。餐饮企业在确定经营目标时，根据其自身的市场定位、经营档次的确定，经营特色及服务对象的明确，都会不同程度影响着厨房规划、厨房设备设施的选用、厨房规划布局的安排，因此，厨房规划与企业的市场定位是紧密联系的。

（二）确保厨房生产效率高效

厨房菜品的生产制作，是多个子操作环节组合的一个整体过程。从实际运作来看，厨房区域内工种繁多，人员较为密集，且工序多以人工操作为主，因此，厨房规划应充分考虑厨房区域的实际特点，合理设计流动路线、充分考虑餐饮菜品制作的流程步骤，避免在厨房区域内出现拥堵、碰撞等情况。

（三）创造厨房内各部门协同工作新局面

厨房中的各岗位、各工种间需要相互支持与帮助，是一个工作内容紧密联系的整体，因此，进行厨房规划时需要充分考虑将其规划于同一楼层或同一区域中。减少、简化各工序间的协调程序，利于资源整合，便于餐饮企业共同管理。

（四）利于对菜品进行保护

厨房规划应考虑厨房与餐厅的距离远近。如两者间距离过远，延长了传菜时间，会大大降低新制作菜品的温度，从而降低了菜品质量，降低了餐饮服务质量，因此，厨房规划时需考虑缩短厨房与餐厅的距离或使两者距离相近，缩短菜品从厨房至餐厅的运送时间，最大限度保证菜品的出品质量。

（五）符合餐饮企业安全管理要求

厨房规划必须考虑到生产操作的安全性，以国家相关法律法规为准则，从而保证厨房规划的科学性与安全性。要重点考虑厨房区域内的防火、防盗设计，合理规划厨房油烟管道、消防通道。

三、厨房规划内容

良好的厨房工作环境，能够提高厨房内员工的工作热情及工作效率，同时也能保证菜品质量的稳定。厨房规划设计必须以厨房面积的合理配备为基础。厨房的面积应进行合理规划，遵循餐饮厨房建筑设计标准和规范。

厨房规划设计的内容主要包括以下方面。

（一）厨房高度设计

厨房是菜品制作的生产中心，在实际使用过程中还需考虑在工作区域内安装排风机、换风机等设备，因此，厨房高度应不低于3.6m，不高于4.3m。因为如果厨房高度过低，厨房内的通风散热效果较差，也容易让厨房员工产生压抑不舒服的感觉；如果过高，则会增加餐饮企业本身的建筑成本，表现在装修、清扫、维修等费用。

（二）厨房空间设计

厨房空间设计主要侧重对厨房内的生产流程线、人流线、物流线进行相关的设计布局，厨房的空间设计与利用也会产生良好的效果。合理规划厨房可以使其空间增大，便于管理；同时也有利于工作效率的提升，帮助员工减少不必要的体力消耗。

（三）厨房灯光设计

厨房灯光设计应考虑光的亮度、颜色及覆盖面等影响因素。厨房是制作菜品的生产中心，因此应保证工作区域内能看清菜品，又不会导致菜品颜色失真。如果厨房灯光过暗，首先会增加厨房员工工作的危险性，易导致安全事故，同时也容易使员工产生疲惫感。结合实际使用效果，采用荧光灯照明更加适合，因为其发光效率高、寿命长，产生的阴影相对较少，适宜用于厨房照明。

（四）厨房通风设计

厨房由于其工作内容的特殊性，常伴有油烟的存在。餐饮企业应结合自身实际建筑情况，选择合适的通风设计方案。常见的通风方式有两种，一种是自然通风，另一种是借助机械通风系统及排烟装置通风。采用自然通风时，门窗朝向应与下级主导风向一致，开窗面积与墙面面积比例不小于1∶6，同时要注意保证厨房油烟不污染餐厅。

（五）厨房地面、墙壁和屋顶设计

厨房地面应慎重选用材料，基本要求为防磨、防滑、耐重压、抗腐蚀。色调方面以稳定、厚重、不易积垢的为主，可采用具有环保、不透水、钢砖、耐热塑料砖等瓷砖铺设。

厨房墙面，应平整、光滑、无裂缝；经久耐用，易于清洁，避免油污堆积。

厨房屋顶平面应力求平整光滑，没有裂缝及凹陷；不应有暴露的管道，以免堆积油污，可考虑安装天花板，也可以根据实际情况进行吊顶处理。

（六）厨房温度及湿度设计

厨房区域的温度在制作菜品时会有较为明显的变化，厨房生产区域的温度可以通过排出热气体、送入新鲜空气或者冷气来调节。厨房温度应尽量控制在24~28℃。也可将厨房空调系统纳入厨房规划设计中，从而有效控制厨房温度，利于员工长时间工作，提高工作效率。

冷菜间的温度通常不能超过15℃。

厨房规划中，应注意厨房相对湿度是受厨房温度影响的。夏季时厨房的相对湿度控制在40%~50%比较舒适；冬季时相对湿度控制在50%~60%。

（七）厨房排水系统设计

厨房排水系统是厨房内又一主要设计内容。它是将厨房内的操作用水通过排水沟进行排放。根据其具体的表现形式分为明沟和暗沟。在实际规划时应注意排水沟要具有一定的坡度，使得污水排出时不会出现逆流现象，同时又便于清洗打扫，上方应考虑严密加盖。下水口处应有隔污网，并注意及时清理，避免杂物堆积堵塞。

四、厨房选址要求

由于厨房的生产特点，厨房应选择地基平、位置偏高的地方，这对进入厨房货物的装卸及污水排放都有益处。

厨房每天要购进大量的餐饮原料，为了方便运输，减少食品污染，厨房的位置应靠近交通干线和储藏室。

为了合理地节省成本，厨房应接近自来水、排水、供电和煤气等管道设施。厨房应选择自然光线和通风好的位置，厨房的玻璃如果能透进一些早晨温和的阳光，对厨房生产有益无害，但是如果整日有强光照射，则会给厨房增加不必要的热量，从而影响厨师身体健康，影响厨房生产。

通常厨房设在餐厅的第一层或第二层及顶层。厨房在底层可方便货物运输，节省电梯、管道的安装费和维修费，便于垃圾处理等；厨房建在顶层可将气味直接散发至外部空间。

任务实施

进行餐厅厨房规划。

步骤一：小李需要通过自我学习，初步了解星级酒店餐饮部的基本情况。

步骤二：可以通过咨询或查阅资料，明确厨房在餐饮部的地位和作用。

步骤三：进一步了解即将参观的酒店的建筑造型是怎样的，厨房在酒店的具体层数、与餐厅的位置关系如何。

步骤四：通过实地走访、调研来观察确认厨房内的具体功能规划展现是怎样的。

能力训练

餐饮企业厨房区域功能认知实践活动

训练目标：通过训练，对厨房生产区域有较为直观的认知。

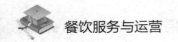

训练方式：以小组为单位完成任务。

训练内容：以某酒店或某一餐饮机构厨房区域为调研对象，通过走访、调研加深认知印象。

训练步骤：学生自由分组→自行选定实践企业→开展实践体验→互动过程中仔细观察及体验→记录实践过程中发现问题→制作实践汇报PPT→向其他小组介绍→撰写实训报告。

训练要求：调研方案切实可行；实践体验真心投入；认真观察总结；提出分析意见切实可行。

任务二 厨房区域划分

任务描述

随着参观，小李所在班级的见习队伍来到厨房生产区域，跟随着酒店负责讲解的赵经理依次参观了诸多厨房员工工作区域。即将参观完毕，赵经理为了加深学生的印象，向大家提出了一个问题，并指定由小李来回答："现在厨房有哪些常见的规划区域呢？请小李来回答吧。"小李该如何回答这个问题呢？

任务分析

一个综合型的厨房，生产区域规划一般会包括原料进货储存区、原料加工区、烹调区、备餐区、清洗区等，所以厨房内部各加工点能形成有机相连的整体，从而体现出厨房整体作业的协调性。

知识储备

厨房区域的规划过程是复杂的，受许多因素的制约和影响，因此，在对厨房区域进行规划时需要由餐饮企业的管理者、菜品生产者、厨房设备专家、厨房规划设计师共同参与讨论及决定，由整体到具体逐步设计出厨房区域划分内容。

一、厨房区域划分影响因素

（一）投资额数量

厨房建造投资额的数量直接影响着厨房区域规划中的布局标准和范围，具有较强的经济制约性。

（二）厨房的建筑格局和规模大小

厨房场地的形状、房间的分隔格局、实用面积的大小直接影响到整个厨房的规划布局。

（三）厨房的生产功能

规划厨房用途往往需要结合餐饮企业自身考虑。例如，是加工厨房还是烹调厨房，是宴会厨房还是零点厨房。厨房功能不同，其操作设备及生产方式、流程也有较大区别。

（四）厨房所需生产设备

不同厨房需要用到各种生产设备，而生产设备的种类、规格、型号及功能、所需能源的提供方式等，都决定着它的摆放位置和所需要占用的面积，因此生产设备会进一步影响到厨房规划的具体实施方案。

（五）餐饮企业内公用事业设施的配置状况

在公用事业设施中，对厨房规划影响较大的因素主要有水、电、煤气。在实际运营中，电和煤气的供给与使用更直接地影响着设备的选型和投资的大小。电与煤气之间的选择并不是绝对的，而是应该视具体的烹调设备而定。煤气炉比电力烤炉效果更好，但是电力油炸炉又优于煤气油炸炉。从煤气的易燃性考虑，电力燃料应该更安全些。考虑到能源的不间断供给情况，厨房规划应该采用煤气烹调设备和电力烹调设备相结合的方法，以避免因任何一种能源供应的中断而给企业带来较大的经济损失。

（六）法律法规和政府有关部门的要求

《中华人民共和国食品安全法》对有关食品加工场所的规定，卫生防疫部门、消防安全部门提出的要求，对厨房规划的流程及布局都有不同程度的影响。

二、厨房规划布局

（一）厨房生产区面积需要量的确定

在通常情况下，餐饮食品生产区的面积应占全部餐饮区空间的25%~50%，但大型生产类型和系统会使实际生产面积超出此范围。确定厨房面积的方法一般有两种。一是以餐厅就餐人数为参数来确定。使用这种方法，通常就餐规模越大，就餐的人均所需厨房面积就越少；就餐人数越少，人均所需厨房面积越大。二是以餐厅或其他餐饮面积作为依据，来确定厨房的面积、比例。一般来说，饭店餐厅面积在500m^{2}以内时，厨房面积是餐厅面积的40%~50%；餐厅面积增大时，厨房面积占餐厅面积的比例也逐渐下降。

（二）厨房规划主要区域划分

现代餐饮企业的厨房，集综合性、功能性全于一体。根据餐饮厨房的产品和工作流程，可以将其有机地分成3个区域，即原料接收、储藏及加工区域，烹调作业区域，备餐、清洗区域。

1. 原料接收、储藏及加工区域

（1）原料接收、储藏区域。原料接收、储藏区域是承担厨房各种餐饮原料进货验收、过磅、登记、储存的主要场地，一般会设置在原料入口。这个区域结合具体格局不同，会相应备有干货库、冷藏库、办公室等。

（2）加工区域。加工区域主要承担对进入的餐饮原料进行粗加工和深加工及其随之进行的其他工作，如宰杀、拣择、洗涤、整理等工作内容，厨房切配区及其他部门提供加工性原料。

2. 烹调作业区域

烹调作业区域是对厨房内的若干个具体岗位提出的统称。餐饮企业的菜品部分主要是由此区域的作业完成后提供的，一般包括切配区、烹饪区、打荷区、冷菜区、主食面点区。

（1）切配区。切配区岗位职能为根据菜品的实际需要，对加工后的各类原料进行主、配料搭配，为烹调做好准备的区域。该区域主要设备有切配操作台、水池和冰箱等，通常要求与烹调区紧密相连，配合使用方便。

（2）烹饪区。烹饪区岗位职能为对切配好的原料进行初步熟处理，将配置好的菜品原料通过厨师操作制成符合菜品风味要求的成品，是厨房工作的重点。该区域主要设备有烹饪操作台、中式不锈钢炒炉、运水烟灶罩等。

（3）打荷区。打荷区岗位职能为菜品的成形、组配、围边点缀工作。打荷区一般设置在切配区与烹饪区之间，是联结切配区与烹饪区的重要区域，工作机动性较大。

（4）冷菜区。冷菜区岗位职能为各式冷菜的制作，改刀装饰装盘与出品等工作，有些企业的此岗位还需负责水果盘的切配。冷菜区对于温度和卫生要求较高，结合实际应用时，具体规划应考虑冷菜制作一般分为加热烹调和装饰装盘。加热烹调可以共享烹调区的设备设施，一般可以提前制作完成；切配、装饰、调味等则可在该区域制作完成。尤其需要注意的是，冷菜区对卫生要求极高，分开制作符合有关安全卫生要求。

（5）主食面点区。主食面点区岗位职责为各种主食和面点品种的制作。在餐饮企业实际运用中，它多为一个独立的操作区域。该区域主要设备有万用蒸柜、中式双头蒸炉、电烤箱、面包发醒箱等。

3. 备餐、清洗区域

（1）备餐区。备餐区岗位职能主要为开餐用品的配备。厨房规划时应考虑到它是厨房与餐厅之间的一个过渡地带，负责夹、放传菜夹，该区域要便于划单，方便起菜、叫停菜等信息沟通。

（2）清洗区。清洗区岗位职能主要为餐具清洗、餐具消毒和储藏功能。厨房规划时应考虑将清洗区与餐厅安排在同一楼层，方便传递；消毒区负责消毒、烘干，应与清洗区域分开，避免交叉污染。

（三）厨房规划布局类型

厨房规划布局应根据厨房的建筑结构、面积、高度以及设备的具体情况来进行。尽管有些类型在实际布局中被广泛地采用，但作为新设计的厨房，很难认准某种类型依样照搬，只能参考。餐饮企业比较常见的规划布局类型有以下几种。

1. 直线型布局

此种布局方法比较适用于员工高度分工合作、场地面积较大、建筑相对集中的大型餐厅和饭店的厨房。主要特点表现为厨房内的常用设备，如炉灶、炸锅等加热设备均做直线型布局，并依墙排列，置于通风排气罩下，集中供应制作菜品。与之相应，厨房的切配、拣菜、出菜台等也直线排放，使得整个厨房整洁清爽，流程合理、通畅。这种厨房布局一般均服务于两头餐厅区域，两边分别出菜，保证出菜速度。

2. 相背形布局

此种布局是将所有主要烹调设备背靠背地组合在厨房内，置于同一通风排气罩之下，厨师是相对而站，进行菜品操作。工作台多安装在厨师背后，其他公用设备分布在附近地方。此种布局方法较适用于方块形厨房场地，设备相对集中，公用同一通风排气罩下，比较经济。

3. U形布局

此种布局适用于厨房设备较多而所需生产人员不多、出品较为集中的厨房部门，如冷菜间、主食面点间等。这种布局下，厨房员工在中间操作，取料操作方便；设备靠墙排放，既平稳，又可充分利用墙壁和空间。

4. L形布局

厨房面积、形状不便于设备作相背形或直线形布局时，往往采取L形布局。将煤气灶、烤炉、炸锅、炒锅等常用设备组合在一起，另一边较大体积的蒸锅、汤锅等设备组合在另一边，两边相连成L形，集中加热和抽油烟。此种布局在一般酒楼或包饼房、面点生产间等厨房得到广泛应用。

思政小课堂：餐饮从业者应牢记的工匠精神——专注

任务实施

进行厨房区域划分。

步骤一：小李可以先从酒店菜品的种类去思考，如凉菜或卤制品，可以联想到冷菜区；热菜和汤菜可以联想到烹饪区等。

步骤二：从菜品的成品状态，逆向思维去分析菜品是由什么制作的，需要经过怎样的操作步骤才能得到，从而引出原料粗加工区；原料切配可以联想到砧板等。

步骤三：结合菜品种类确定厨房岗位后，还需要考虑餐饮部的后勤部门。

步骤四：对以上厨房岗位进行记录，并在教师的指导下得出最终的结论。

能力训练

训练目标：通过训练逐步掌握厨房区域规划的设计方法。

训练方式：以小组为单位完成任务。

训练内容：按照直线型设计厨房功能性区域布局规划和主要设计布局图。

训练步骤：学生自由分组→自行选定实践企业→开展实践体验→互动过程中仔细观察及体验→小组讨论设计该区域布局规划及设计布局图→制作实践汇报PPT→向其他小组介绍→撰写实训报告。

训练要求：调研方案切实可行；实践体验真心投入；认真观察总结；提出分析意见切实可行。

任务三 厨房设备管理

任务描述

进入厨房区域后，赵经理向学生们介绍："现在我们所在的区域就是厨房的中心区域，这里有很多的设备设施，正是有了它们，就餐顾客才能吃到美味的饭菜！"听了赵经理的介绍，小李的心中有了新的问题：这些设备都是做什么用的？

任务分析

厨房的设备设施可以初步分为烹饪设备、机械加工设备、冷藏冷冻设备、通风设备和辅助设备，主要用于原料加工、菜品制作、餐饮原料冷藏冷冻等用途。

知识储备

随着现代科学技术的不断发展，烹饪技术的提高，厨房设备设施也经历着更新换代的变化。新设备设施功能更完善，款式更新颖，外形更美观，且更为耐用，为提高菜肴质量提供了可靠的保证，改善了厨房的卫生条件，减轻了员工的体力劳动强度，提高了员工的工作效率。

一、厨房设备概述

厨房设备主要指厨房生产菜肴的烹饪设备、保温设备、冷藏设备和切割设备等。由于菜肴的形状、口味、颜色、质地和火候等各质量指标受生产设备的影响，因此厨房设备对菜肴质量起着关键作用。现代厨房设备经过多年实践和改进，已具有经济实用、生产效率高、操作方便、外观美观、安全和卫生等特点。现代厨房设备的使用趋向于组合式及自动化程度高等特点。

二、厨房设备种类

厨房设备是将菜点加工、加热并使其成熟的设备，主要包括各式的初加工工具、原料加工设备、烹饪用具、储藏与保温设备等。

1. 初加工工具

（1）砧板。砧板即菜板，是垫放在桌上以便切菜时防止破坏桌子的木板。口语叫菜板，书面语谓之砧板。以前菜板以木块为主，但因容易耗损，近来大多以塑料为材料浇铸而成。

（2）材料柜。材料柜用于存放各种经过切配、腌渍后的原料，方便配菜。

（3）洗菜槽。洗菜槽主要用于清洗果蔬类原料或浸泡烹饪干货原料的不锈钢制品。

2. 原料加工设备

原料加工设备通常包括绞肉机、和面机、搅拌机、切片机等。

（1）绞肉机。绞肉机由机架、传动部件、绞轴、绞刀、孔格栅组成。机架为一箱体，传动也很简单，电动机输出皮带轮经一级减速，把动力传递给绞轴旋转。绞轴是一根螺旋推进轴，用以输送肉块。绞刀连同绞轴一起旋转，在绞刀与轴之间有剪切栅板。绞刀另一侧是输出肉馅的孔格栅。使用时要把肉分割成小块并去皮去骨，再由入口投进绞肉机中，启动机器后在孔格栅挤出肉馅。肉馅的粗细可由绞肉的次数来决定，反复绞几次，肉馅则更加细碎。该机还可用于绞切各类蔬菜、水果、干面包碎等，使用方便，用途很广。有直立式和卧式两种。

（2）和面机。和面机主要有两种类型，立式和面机和卧式和面机。和面机一般由机架、减速器、搅拌器、料缸等部件组成。使用时应先清洗料缸，再把所需搅和的面粉倒入缸内，然后启动电机，机器在运转中把足量的水徐徐加入缸内，合上盖开始拌和面团。出料时，必须在机器停止运转后方可取出面团。立式和面机的优点是面团在搅拌时作用力平稳，和面均匀，料缸易清洗并且方便更换搅拌器；卧式和面机的优点是结构简单，一般大容量的和面机均采用卧式。

（3）搅拌机。搅拌机有直立式、卧式和可倾斜式之分，通常用不锈钢材料制成，主要由机架、电动机、变速箱、直立轴组成，可用于搅拌蛋类、奶油、油脂、馅料等。

（4）切片机。切片机采用齿轮传动方式，外壳为一体式不锈钢结构，维修、清洁极为方便，所使用的刀片为一次铸造成型，刀片锐利耐用。切片机是切、刨肉片以及切脆性蔬菜片的专用工具。在厨房常用来切割各式冷肉、土豆、萝卜、藕片，尤其是刨切涮羊肉片，所切肉片大小、厚薄一致，省工省力，使用频率较高。

（5）食品切碎机。食品切碎机能快速进行色拉、馅料、肉类等的切碎和搅拌处理。不锈钢刀在高速旋转的同时，食物盆也在旋转，加工效率极高。在灌肠馅料、汉堡包料、各式点心馅料的加工搅拌方面十分便利。

（6）蔬菜加工机。蔬菜加工机通常配有各种不同的切割具，可以将蔬菜、瓜果等烹饪原料切成块、片、条、丝等各种形状，且切出的原料厚薄均匀，整齐一致。

（7）蔬菜削皮机。蔬菜削皮机用于除去土豆、胡萝卜、芋头、生姜等脆质根、茎类蔬菜的外皮，运用离心运动与物质之间相互摩擦来达到除皮效果。

（8）锯骨机。锯骨机是由不锈钢架、电动机装置、环形钢锯条、工作平钢板、厚宽度调节装置及外部不锈钢面组成。其主要用于切割大块带骨肉类，例如火腿、猪大排、肋排、骨牛排、西冷牛排、牛仔肋排、牛膝骨、牛猪脚及冷冻的大块牛肉、猪肉等食品原料。锯骨机是通过电动机带动环形钢锯条转动来切割食品的，是大型宾馆、餐厅其切配中心、加工厨房不可缺少的设备，尤其在西餐厨房加工骨牛排、西冷牛排、牛仔膝骨等食品原料上发挥作用极大。

3. 烹饪用具

烹饪用具是中餐厨房设备的主要设备，包括调味台、炉灶、平炉、蒸灶、炸灶、扒炉和烤炉部分等。

（1）调味台。调味台用来放置各类调味品和油缸，也可用不锈钢调味车来代替调味台。

（2）炉灶。炉灶是用来烹制餐饮菜品的灶台。它的构造主要包括炉架、燃气供应系统、鼓风机和炉膛等。现在多采用双眼灶台，表面为不锈钢灶面，并附有上下水管及水盆，便于清洁。

（3）平炉。平炉又被称为煲仔炉，由多个小型的火口组成，主要用来加热少量的食物，烤铁板或煲汤。

（4）蒸灶。蒸灶是制作蒸类菜肴和面点的烹调设备，利用水加热后形成的蒸气使原料成熟，主体由灶架、燃烧器、自动加水装置和下烟道等几个主体组成。

（5）炸炉。炸炉按性能可分为电炸炉和燃气炸炉；按形状可分为立式、台式电炸炉；按功能可分为单缸、双缸、三缸电炸炉。炸炉表面和油炸炉缸体主要采用不锈钢制作。

（6）扒炉。扒炉又称铁板烧，用于煎制各种食物，肉制品类如牛排、鸡翅、鸡肉等；蔬菜类如芦笋、卷心菜、白菜、青椒、鸡腿菇等；海鲜类如扇贝、青口贝、明虾、鱿鱼圈等；主食类有米饭、炒面等，都可以在扒炉上边炒制。

（7）烤炉部分。烤炉部分的设备多用于烧腊类菜肴，因体积大且热度高，所以大多采用地面固定或单独设置在一室中，包括烤炉设备和电烤箱设备。

烤炉设备多为圆形或腰鼓形，炉身由顶盖、上托、中托、下托组成，中空。主要利用热空气的循环对流，均匀地使食物原料熟透。烤炉可分为高筒形和坐地形烤炉，利用高筒形烤炉时，要用活动铁钩将原料挂起，置于烤炉内烘烤；坐地形烤炉呈长形，有凹槽，内有碎石，待碎石预热完成后，由工作人员将原料用钢叉叉起置于烤炉槽边，一边烤制一边翻动。

电烤箱设备。电烤箱规格型号较多，具有功效高、耗电量少、散热均匀、操作简单方便等特点，主要用于烧腊部或点心部用来烤制菜肴及点心。

4. 储藏与保温设备

（1）冷冻库。冷冻库是指用各种设备制冷、可人为控制和保持稳定低温的设施。制冷系统、控制装置、隔热库房、附属性建筑物等是冷冻库的基本组成部分。冷冻库用于食品冷冻加工及储藏，它通过人工制冷，使室内保持一定的低温。一般分为冷藏间，用于新鲜的蔬菜、水果及半成制品原料储藏，温度维持在 2~7℃；冷冻间，用于各类水产、家禽、家畜等食品原料储藏，温度维持在 −5℃以下。

（2）冰箱。根据其制冷方式和制冷温度，冰箱分为速冻柜、冷藏柜等类型，以供储藏不同类型的食材。

（3）冷藏陈列柜。冷藏陈列柜又称为冷藏展示柜，其柜门由透明玻璃制成。此类冰箱一般用作储藏各类水果、糕点、冷菜、酒水及食品的展示。

（4）电热、蒸汽保温快餐台。电热、蒸汽保温快餐台用于各类热菜类菜肴的保暖，能保证菜肴温度及出菜品质。

（5）不锈钢保温出菜台。不锈钢保温出菜台大多采用电热保温或蒸汽保温的形式，用于餐具的预热及菜肴的保温。

三、厨房设备选购

（一）厨房设备选购原则

厨房工作需要使用不同功能的设备，来满足不同的需要，因此，选购既符合餐饮企业经营需求，又方便实用的设备和用具是一项重要的工作。厨房设备采购应把握以下基本原则。

1. 安全性原则

安全是厨房生产的前提。厨房设备安全主要有以下三方面含义。

（1）厨房环境即设备布局的环境决定了选择厨房设备时必须充分考虑安全因素。厨房环境相对较差，蒸汽、煤气以及空气湿度等会对设备产生不利影响，因此，厨房设备要选择具有防水、防火、耐高温，甚至防湿气干扰、防侵蚀性能的设备。

（2）厨房设备的安全性，要在设备牢固、质量稳定的前提下，充分考虑厨师操作的安全。厨房设备不比客房、餐厅设备，使用人员多为厨房员工。厨房员工大多是体力劳动者，劳动强度大，干活动作猛，力气大。因此，厨房设备要功能先进，操作简便，自身安全系数高，一般操作不易使其损坏才行。

（3）厨房设备要符合厨房安全生产的基本要求。厨房设备大多直接接触食品，其卫生安全对消费者的健康直接构成影响，因此，设备的用材、设备的操作都要考虑是否会对食品原料产生污染的问题。

2. 实用、便利性原则

在选配厨房设备时，不应只片面考虑设备是否高档、外表是否新颖等方面，而应考虑厨房是否确实需要此设备设施。设备的功能应当注重实用，同时兼顾维护保养的便利性。

现代厨房设备结构复杂，对厨房员工的操作水平要求高，因此在选用设备时也要考虑购买后的维护、保养、维修等方面的便利性。要深入考虑出售此设备的公司售后服务质量，考查其能否真正解决设备设施可能存在的问题。

3. 经济、可靠性原则

购买厨房设备设施与购买餐饮原料一样，也是力求以适当的成本投入，购买到效用最好、最适合本企业生产使用的设备。厨房生产区域的工作特点，决定了厨房的工作环境湿度大、温度高；与此同时，设备也会受其他类液体的腐蚀。因此，购买设备应选择持久耐用、抗磨损、抗压力、抗腐蚀和耐摩擦的设备，如考虑采用不锈钢材质的厨房设备。

4. 前瞻性原则

在厨房设备设施选购时，餐饮企业需要具有一定的前瞻性，即所购置的厨房设备宜选择多功能且适当超前的设备。因为其能够简化厨房工作的操作程序，减少厨房的占地面积，节省劳动力，节约时间；同时还应考虑到设备及用具的标准化、通用化，有无噪声和污染问题。

（二）厨房设备选购的流程

1. 结合需要确定要选购的设备

餐饮企业通常购买设备的目的主要包括生产市场急需的菜肴、提高菜肴质量、提高生产效率、降低能源消耗等。按照餐厅对厨房设备的需求情况，厨房设备的购置计划可分为以下两种。

（1）必要生产设备。必要生产设备是指保证厨房正常生产的设备，它们既能保证菜肴的生产质量，又能保证生产数量。这些设备为餐厅带来收入和利润，是企业不可缺少的生产设备，是必须购买的。

（2）适用生产设备。适用生产设备是对厨房生产有一定价值的设备，但是不一定急需购买，因此不是必须购买的设备。

2. 进行购置效益分析

在选购厨房设备时，一定要进行效益分析，首先对选购设备的经济效益作出评估，然后对购买设备的成本进行分析。同时计算设备成本不应只局限于设备成本，还应包括安装费用、使用费用、维修费和保险费等。

由于厨房生产设备在原材料、型号、生产地、使用性能及其他方面各不相同，它们的价值也不同，因此购买设备前，应充分了解其性能并对不同设备进行比较。一些价格较低的设备需要经常维护和保养，使用成本高，价格较高的设备结实、耐用，节省人力和能源，使用成本低。不仅如此，有些设备需要配有辅助设施或市政管道设施，其安装费用高。所以，餐饮企业在选购厨房生产设备前应认真作出评估，常采用下面的公式对厨房设备的经济效益进行评估。

$$H=\frac{L(A+B)}{C+L(E+D+F)-G}$$

式中，H 表示设备的经济效益值；L 表示规定的使用年限；A 表示设备每年节省的人工费；B 表示设备每年节省的能源费；C 表示设备价格和安装费；D 表示设备每年使用费用；E 表示设备每年维修费；F 表示如果将 C 存入银行或移作他用，每年得到的利息；G 表示设备报废后产生的经济价值。

按照以上公式，企业在分析要购买的设备时，应认真对待 H 的值。当 $H=1$ 时，说明设备节省的人工费和能源费等于设备的全部投资费用；$H\geq 1$ 时，说明设备节省的人工费和能源费超过设备的全部投资费用；$H\geq 1.5$ 时，说明设备值得购买。

3. 进行生产性能评估

厨房设备生产性能直接影响菜肴质量和生产效率，因此在购买设备前，厨房管理人员应根据厨房的具体需求对要购买的设备进行生产性能评估。通常厨房管理人员通过设备对菜单上菜品适应性及生产效率等因素进行分析，确定其设备性能。此外，选购设备时，还应考虑餐厅未来菜单的变化和设备使用时的能源情况，对于投资较大的设备更应慎重考虑。

四、厨房设备保养

在厨房设备管理中，除了正确的选购外，保养也是重要的管理内容。厨房设备保养工作主要包括制订保养计划和实施保养措施。

（一）制订厨房设备保养计划

（1）对各种厨房设备制订出具体的保养计划、清洁时间和清洁方法。

（2）设备的各连接处、插头、插座等要牢牢固定。

（3）定时测量烤箱内的温度，清洗烤箱内壁，清洗对流式烤箱中的电风扇叶。定时检查烤箱门及箱体的封闭情况和保温性能。

（4）定时清洁灶具和燃烧器的污垢，检查燃烧器指示灯及安全控制装置，保持开关的灵敏度。

（5）定时检查炸炉的箱体是否漏油，按时为恒温器上润滑油，保持其灵敏度。

（6）保持平板炉恒温器的灵敏度，将常明火焰保持在最小位置，定时检查和清洁燃烧器。

（7）定时检查和清洁煮锅中的燃烧器，检查空气与天然气（煤气）混合装置，保证它们正常工作。检查炉中的陶瓷或金属的热辐射装置的损坏情况并及时更换。

（8）及时更换冷藏设备的传动带，观察它们的工作周期和温度，及时调整自动除霜装置，检查门上的各种装置，定时上润滑油，保证其正常工作。定时检查压缩机，看其是否漏气，保证制冷效率，定时清洁冷凝器，定期检修电动机。

（9）定期检查和清洁洗碗机的喷嘴、箱体和热管，保证其自动冲洗装置的灵敏度，随时检查并调整其工作温度。

（10）对厨房热水管进行隔热保温处理以增加其供热能力。

（11）定时检查、清洗和更换排气装置和空调中的过滤器，定时检查和维修厨房的门窗，保证其严密，保证室内温度。

（二）实施厨房设备保养措施

（1）每天清洗对流式烤箱内部的烘烤间，经常检查炉门是否关闭严实，检查所有线路是否畅通。每半年对烤箱内的鼓风装置和电动机上1次润滑油，每天清洗多层电烤箱的箱体，每3个月检修1次电线和各层箱体的门。

（2）每天使用中性清洁剂将微波炉中的溢出物清洗干净，每周清洗微波炉的空气过滤器，经常检查和清洁微波炉中的排气管，用软刷子将排气管阻塞物刷掉，保持其畅通。经常检查微波炉的门，保持炉门的紧密性、开关的连接性。每半年为微波炉的鼓风装置和电机上油，保证其工作效率。

（3）每天对西餐灶顶部的加热铁盘进行清洗，每月检修西餐灶的煤气喷头。每天清洗平板炉的铁板，每月检修平板炉的煤气喷头并且为煤气阀门上油1次，定期调整煤气喷头和点火装置。

（4）定期检修和保养扒炉的供热和控制部件，经常检修煤气喷头，保持它们的清洁，每天清洗和保养烤架。

（5）每月检修油炸炉的线路和高温恒温器，使恒温器的供热部件达到规定的温度（通常约在200℃）。

（6）如果使用以煤气或天然气为能源的油炸炉，每月应检修它的煤气喷头及限制高温的恒温器，每天保养油炸炉的过滤器，定期检修排油管装置。每天清洗旋转烹调锅，使用中性的洗涤液，每月对翻转装置和轴承进行保养，经常检修煤气喷头和高温恒温器。

（7）每天清洗蒸汽套锅，经常检修蒸汽管道，确保其压力不超过额定压力，每天检查减压阀，每周检修蒸汽弯管和阀门，每月为齿轮和轴承上油，清洗管道的过滤网和旋转控制装置。

（三）实施机械设备保养措施

（1）每天清洗搅拌机的盛料桶。

（2）每周检查变速箱内的油量和齿轮转动情况，每月保养和维修升降装置，检查皮带的松紧，给齿轮上油，每半年对搅拌机电机及搅拌器检修1次。

（3）每天清洗切片机的刀片，定时或每月为定位滑竿及其他机械装置上润滑油。每月定期检修削皮机的传送带、电线接头、计时器和研磨盘。

任务实施

进行厨房设备管理。
步骤一：确认这些厨房设备位于的区域。
步骤二：通过留意查看，确认各种设备生产制作的菜品来确定属于的设备。
步骤三：通过与厨房员工进一步交流，获得设备的基本信息。
步骤四：通过自己思考和向员工询问两个方式，加深自己对设备的印象。
步骤五：将所获得信息，进一步整理汇总。

能力训练

了解餐饮厨房规划实例

训练目标：通过训练，了解餐饮企业厨房生产区域常见的厨房设备。
训练方式：以小组为单位完成本次任务。
训练内容：通过实地参观走访调研酒店类型餐饮企业，从而对厨房区域内的设备设施有更为直观的了解和认识。在走访调研过程中，使用照相、录像等方式将常见设备设施进行记录，并最终制成汇报材料。
训练步骤：学生自由分组→写出需要查阅的资料目录→任务分解→资料整合→制作成PPT→小组派代表在班级汇报→撰写实训报告。
训练要求：内容全面，创新独特，PPT制作精美，汇报语言流利。

项目小结

厨房是餐饮企业生产餐饮产品的生产中心，厨房区域规划是否合理，将会直接影响餐饮企业厨房员工的工作效率和工作热情。参考厨房规划的原则，严谨分析厨房规划的内容，将有助于规划更为满意的厨房区域。同时，在厨房区域规划的基础上，依托于设备设施的正常使用，才能使厨房工作更加得心应手，因此，了解厨房设备设施的种类，懂得其选购与保养的基本原则，将会大大提高厨房员工的工作效率。

项目训练

一、单选题

1. 厨房设计的高度不能低于（　　）m。
  A. 3.5   B. 3.6   C. 3.7   D. 3.8

2. 在厨房通风设计中，如采用开窗自然通风，开窗面积与墙面面积比例为（　　）。
  A. 1∶6   B. 1∶7   C. 1∶8   D. 1∶9

3. 厨房温度应尽量控制在（　　）。
   A. 20~22℃　　　　B. 23~25℃　　　　C. 24~28℃　　　　D. 26~29℃
4. 冷菜间的温度，通常不能超过（　　）。
   A. 19℃　　　　　B. 16℃　　　　　C. 15℃　　　　　D. 14℃
5. 适用于高度分工合作、场地面积较大、相对集中的大型餐馆和饭店所使用的厨房布局类型是（　　）。
   A. L形布局　　　　B. 直线形布局　　　C. U形布局　　　　D. 相背形布局
6. 厨房冷冻库用于新鲜蔬菜制品的原料储藏，温度维持在（　　）。
   A. 2~7℃　　　　　B. 4~6℃　　　　　C. 5~8℃　　　　　D. 6~10℃
7. 通常切割大块带骨肉类用到的设备是（　　）。
   A. 粉碎机　　　　　B. 加工机　　　　　C. 削皮机　　　　　D. 锯骨机
8. 由多个小型火口组成的炉灶是（　　）。
   A. 炸炉　　　　　　B. 平炉　　　　　　C. 扒炉　　　　　　D. 烤炉
9. 不属于打荷区岗位职责的是（　　）。
   A. 菜品成形　　　　B. 菜品组配　　　　C. 菜品备料　　　　D. 菜品点缀
10. 不属于厨房加工区所负职责的是（　　）。
    A. 洗涤　　　　　　B. 宰杀　　　　　　C. 整理　　　　　　D. 腌渍

二、判断题

1. 厨房与餐厅可以距离很远，因为这样不会吵到顾客用餐。（　　）
2. 厨房规划时，所设计的高度可以超过4.3m。（　　）
3. 厨房内空间设计注意各种线路的设计，有助于提高工作效率。（　　）
4. 厨房内的光线来源，可以采用白炽灯。（　　）
5. 厨房内的地面所用材料，不需要防磨、防滑的也可以。（　　）
6. 厨房区域内温度高一些，利于员工工作。（　　）
7. 厨房排水不需要考虑坡度问题也能完成排水作业。（　　）
8. 冷菜间和主食面点间，是可以采用U形布局的。（　　）
9. 各类厨房设备质量好，完全不需要保养。（　　）
10. 调味台与调味车都可以在厨房区域内供厨师烹制菜品使用。（　　）

三、案例分析题

珠江餐厅厨房设计

珠江餐厅有500个餐位，在日常经营中，餐位平均周转率为150%，平均供应品种100个。当营业达到高峰时，容易出现上菜速度慢、出错台号、食品质量不稳定等现象。

通过高峰期间的观察，发现造成上述现象的原因，除了入厨单与出菜的环节脱节、烹调人员和备餐人员责任心不强外，就是厨房部的布局不合理。厨房部在营业的高峰期间就像杂乱无章的农贸市场。在门1口，运送原料进厨房的、送点菜单入厨房的、送已消毒的碗碟入厨房的、由厨房送成品出来的、运脏碗碟出来的、运原料到冷库的等，彼此交汇形成多个工作流向，导致门1口成为拥挤的"瓶颈"。

在门1口旁边恰好有上什的工作台，使进出厨房的流向不能马上疏通，打荷员工取味料要到门1口旁边的味料档去取，这样，上什工作台与砧板工作台之间又形成了一个"瓶颈"位置。更糟的是，整个厨房抽风设备不完善，上什的蒸汽未能及时抽出，造成厨房里的蒸汽弥漫，人在其中，特别容易感觉到烦躁和疲劳。珠江餐厅厨房设计如图9-1所示。

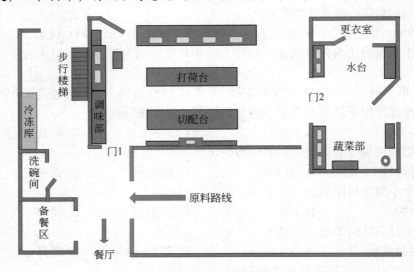

图9-1 珠江餐厅厨房设计

问题：
1. 造成人员动线和物流杂乱的原因是什么？
2. 如何调整珠江餐厅厨房的布局？

四、体验练习题

参观三家餐饮企业，实地感受该企业厨房规划是否合理，各自的优缺点有哪些，试比较分析。

学习评价

让餐饮产品走向市场

学习目标

【知识目标】

1. 理解餐饮产品定价的作用。
2. 熟悉影响餐饮产品定价的因素。
3. 掌握餐饮产品定价的方法。
4. 清楚餐饮产品价格的构成。
5. 理解餐饮产品推广的方法和意义。
6. 熟悉餐饮营销计划的制定程序。

【能力目标】

1. 能根据产品定价的方法对餐饮产品制定合理的价格。
2. 能制订全面合理的餐饮营销计划。
3. 能根据市场行情灵活调整餐饮产品价格。
4. 能对餐饮产品制订合理的推广计划。

【素质目标】

1. 培养分析问题和解决问题的能力。
2. 培养团队协作能力。
3. 培养科学计算和精益求精的意识。

【课程思政】

1. 培养创新精神和开拓进取精神。
2. 形成勤俭节约的财务观,注意实际、实事求是。

餐饮服务与运营

学习导图

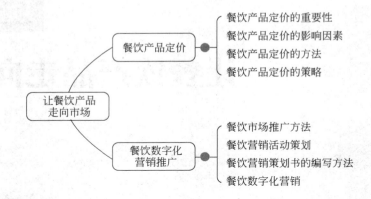

任务一　餐饮产品定价

任务描述

小张在某一线城市开了一家规模中等的轻饮食餐厅，在经过了开业前期的火爆之后，随着新店热度变冷、竞争对手增多等原因，小张的店铺生意急转直下。面对这种情景，小张想到了降价，以促进资金回流、维持日常运营。

任务分析

调整餐饮产品价格是餐饮企业在经营管理过程中的常见行为，但是无论是涨价还是降价，无论是价格折扣还是优惠促销，都会产生各种利弊间的相关后果。因此，在价格调整方面需要充分考虑各种因素，进行全面考量。

知识储备

价格是餐饮企业经营过程中较为敏感的问题之一，餐饮企业管理者将价格视为影响产品品质和销量的重要因素。价格对顾客同样是敏感的问题，"价格合理"意味着"物有所值"，即产品价格与顾客心目中该产品的价格互相吻合。然而，顾客的价值观念因消费偏好的不同而存在差异，定价时须予以关注。

一、餐饮产品定价的重要性

定价就是把产品价格与餐饮企业的营销目标巧妙地结合起来，从而制定出顾客愿意接受且能够很好实现餐饮企业营销目标的价格。顾客常直接将个人的收入水平、消费水平与餐饮企业的价格联系起来，进而决定自身的消费意向。因此，制定合理的价格对于餐饮业有效开展营销活动具有十分重要的作用。

（一）提高餐饮企业的知名度

餐饮企业的良好形象主要通过餐饮企业所提供的产品与服务的质量和价格等因素体现出来，而顾客对某一餐饮企业的评价往往是通过质量和价格等因素体现出来的。顾客对某餐饮企业的评价通常是："某餐饮企业是一家服务好、价格便宜的餐饮企业。""某餐饮企业是一家物价和服务信得过的餐饮企业。""某餐饮企业的住宿舒服又很划算。"如果餐饮企业能巧妙地运用定价策略使顾客认为餐饮企业的服务一流而价格又合理，那么餐饮企业的良好形象就会逐步树立起来，其知名度和美誉度也将随之提高。尤其是考虑到餐饮企业作为一种高弹性行业，在特定的市场定位策略要求下，以价格向顾客传递有关产品和餐饮企业形象的信息就更为重要。

（二）提高餐饮企业的市场竞争力

从历史上看市场竞争最为重要的内容和形式是价格竞争。尽管餐饮企业中的服务竞争在目前占主导地位，但价格竞争仍然是重要的竞争形式，尤其是在生产力不够发达、购买力相对有限的地区更是如此。在市场竞争中，餐饮企业应灵活运用价格策略，巧妙地与竞争者进行周旋，制定出对自己最为有利的价格。在竞争中形成的价格，作为一种外在的、客观的强制力量，是对优者或劣者的最好的裁决，它迫使餐饮企业提高销售行为的定价效率，降低劳动耗费，争取形成最有利的价格，这就需要餐饮企业的管理者和经营者熟练运用定价策略和技巧，不断提高本餐饮企业的市场占有率，巩固和提高自身的市场地位。

（三）提高餐饮企业的盈利水平

顾客的需要固然取决于顾客本身内在的需求，但这种需要也是可以诱导的。而诱导、刺激顾客需要的因素，除餐饮企业的产品质量外，最主要的就是价格了。一个餐饮企业如果能巧妙地使用定价策略制定出让顾客满意的价格无疑能起到唤起顾客需要的作用。这样，在满足顾客需求的同时，也就实现了餐饮企业扩大业绩、提高利润的目的。

二、餐饮产品定价的影响因素

影响餐饮企业制定产品价格的因素有很多，一般说来可分为两大类，即内部因素与外部因素。

（一）内部因素

影响餐饮产品定价的内部因素是指餐饮企业在定价时自己有能力控制的因素，如成本和费用、餐饮产品、餐厅档次、餐饮原料、储运成本、工艺、人力资源、经营水平、机会成本等。

1. 成本和费用

餐饮企业经营的基本要求是一致的，即餐饮产品的价格必须高于其成本和费用。只有这样，餐饮企业才有利可图。因此，成本和费用是影响餐饮产品定价的基本因素。从餐饮企业的实际经营活动来看，餐饮企业总的成本和费用中占较大比例的是固定成本和变动成本。不同的成本结构对企业的营业收入和利润的影响较大。餐饮成本的构成会对定价产生影响。餐饮成本的构成以及我国餐饮企业各项成本要素所占比例大体如下。

（1）菜品和酒水成本（即直接成本），一般占总成本的45%。
（2）燃料和物料成本，一般占总成本的5%左右。
（3）低值易耗品摊销，一般占总成本的5%左右。
（4）人工成本（包括员工基本工资、奖金津贴、福利费用等），一般占总成本的25%左右。
（5）水电费，一般占总成本的3%左右。
（6）企业管理费，一般占总成本的3%左右。
（7）增值税，一般占总成本的5%左右。
（8）其他支出费用，如赞助支出等。

其中，菜品和酒水成本、人工成本是最主要的成本。菜品和酒水成本是餐饮企业中所占比例最高的成本，是餐厅日常支出的主要部分。

2. 餐饮产品

产品是企业定价的基础，只有优质的产品才能吸引消费者前来购买，当某些产品成为一种品牌时，定价就变得很容易。餐饮产品丰富多彩，星级酒店的餐厅及众多的社会餐厅和酒楼具有设施新、服务好、环境优美、文化氛围吸引人的特点，因而知名度和美誉度较高，这些餐饮企业的定价工作做起来比较得心应手，且这些企业具有很强的竞争力，企业的经济效益也有较充分的保证，价格高且盈利大。

影响餐饮产品吸引力的主要因素有五个，每个因素都可能常给消费者不同的体验，具体如下。

（1）地理位置。餐饮企业的地理位置决定着其可进入性与交通便利性。餐饮企业地理位置的评价标准包括周围的环境是否良好，是否具备宽敞的停车场地等。
（2）设备与设施。餐饮企业的设备与设施包括餐厅、酒吧的装修、装饰、内部环境等。
（3）服务。服务包括服务内容、服务方式、服务态度、服务效率等。
（4）形象。形象是指餐饮消费者对餐饮企业的地理位置、设备设施、服务、内外环境、企业名称等各项因素的综合印象。
（5）价格。价格既表示了餐饮企业通过其地理位置、设备设施、服务和形象给予消费者的价值，又体现了消费者从上述因素中所获得的满足。

3. 餐厅档次

餐饮企业档次的高低直接影响餐饮产品的定价水平。例如，"香菇菜心"在一家普通餐厅的定价为6元，而在一家四星级饭店的定价可达20元。这充分说明餐厅档次对定价的影响。

4. 餐饮原料

餐饮原料对价格的影响显而易见。如市场上普通的养殖甲鱼售价为28元/kg，而野生甲鱼的售价却高达360元/kg。原料成本不同，其定价必然不同。

5. 储运成本

储运成本是商品从生产者运至消费者的过程中所必需的运输和储存费用。商品畅销时，储运成本较少；商品滞销时，储运成本较高。

6. 工艺

餐饮产品的制作工艺对价格水平的影响也非常大。一般说来，工艺复杂的菜肴，其销售价格较高；工艺相对简单的菜肴，其销售价格较低。如在一家餐厅中，"松鼠鳜鱼"的销售价格为68元，而"清蒸鳜鱼"的销售价格只要48元。

7. 人力资源

餐饮企业人力资源的数量和质量势必会影响其定价水平，因为这涉及餐饮企业的经营费用。如果餐饮企业的用工数量较多，为保证正常的盈利水平，其定价水平必然较高；如果餐饮企业招用了较多的名厨（厨师）、名师（服务师），其定价水平也必然较高。

例如，某地两家同地段、同档次、同规模的酒楼，酒楼A以每月12000元的高薪聘用了当地的一位名厨，而酒楼B则以6000元的普通薪资聘用了刚从烹饪学校毕业的年轻厨师，结果是两家酒楼的价格水平可相差10%以上。

8. 经营水平

若餐饮企业的经营规模大、口碑好，也会因规模效应而影响定价。例如，某餐饮企业发展了五家连锁餐厅，这五家餐厅的餐饮原料共同实行招标采购制度，因其进货量大，餐饮原料的采购成本低于当地同类餐饮企业的原料成本，其菜肴的定价也因此低于同类餐厅。某四星级饭店的餐饮部为在激烈的市场竞争中生存并发展，每月举办一次美食节，并在美食节期间开展促销活动，使该饭店在当地成为一个品牌。

9. 机会成本

机会成本是企业因从事某一项经营活动而放弃另一项经营活动的机会及相应收益。通常情况下，机会成本对个别企业的商品成本影响较大，对平均生产成本的影响较小，因而对商品价格的影响也很小。

（二）外部因素

影响餐饮产品定价的外部因素是指餐饮企业无法控制的、但对企业定价有较大影响素，如市场需求、同行竞争、市场发展阶段、居民生活水平、气候、消费者的心理价位、政府或行业组织的干预、企业或产品的形象等。

1. 市场需求

按照现代市场营销学的观点，企业必须在满足市场需求的基础上实现盈收。因此，餐饮企业在制定产品价格时，必须充分了解市场需求，才能实现自己的经营目标。但餐饮企业面对的市场需求不稳定且比较复杂，须加强对市场的调查研究，并进行经常性的销售分析，以发现市场需求的变化趋势及其规律，并采取相应的措施，以灵活的价格策略来吸引消费者。

2. 同行竞争

其他餐饮企业，特别是档次相近的餐饮企业的产品价格，对本餐饮企业产品价格的制定具有较大的影响。如本企业的产品价格高于竞争对手，则无法吸引消费者；若产品价格低于竞争对手，则会引发一场降价大战，对任何企业都不利。因此，餐饮企业在制定产品价格策略时，必须要考虑同行竞争因素。

3. 市场发展阶段

市场发展阶段一般包括初期缓慢增长阶段、腾飞阶段、高峰稳定阶段和下降阶段。在不同的市场发展阶段需要制定不同的价格策略。一家餐饮企业若正处于初期缓慢增长阶段的市场中开业，则该企业应首先对竞争对手的产品的质量和价格等进行调查研究、比较分析，然后制定相对比较低的产品价格，以便在这样的市场阶段赢得更多消费者，确立一定的竞争优势。

4. 居民消费水平

餐饮企业的产品价格水平在很大程度上受到当地居民消费水平的影响。一般来说，当地居民的消费水平高，餐饮企业的产品定价水平就会高一些；当地居民消费水平较低，餐饮企业的产品定价水平也就会低一些。

5. 气候

气候对餐饮企业的产品定价也有较大影响。在炎热的夏季，清热降火类菜肴的销售量增加，其销售价格必然比寒冷的冬季要高，而冬季时火锅、砂锅类菜肴颇受欢迎，此类菜肴的价格也必然比平时有所上涨。

江南某星级饭店以餐饮闻名，当地四季的温度差异较大，在炎热的夏季，其菜肴价格比春秋季提高10%左右，但还是宾朋满座；而在寒冷的冬季，该饭店的菜肴价格比春秋季提高15%左右，但顾客还需要提前一周预订才能确保有餐位。管理人员经调查分析得知，一方面，该饭店的餐饮已经成为品牌，能吸引众多消费者；另一方面，消费者在气候太冷、太热的情况下不愿自己下厨做饭，希望外出就餐，且饭店的中央空调温度舒适，也是吸引顾客的一大优点。

6. 政府或行业组织干预

政府为了维护经济秩序和社会稳定，可能通过立法或者其他调控手段对企业的价格策略进行干预。政府的干预包括规定毛利率，规定最高、最低定价，限制价格的浮动幅度或者规定价格变动的审批手续，实行价格补贴，以及我国某些地方为反暴利对商业毛利率的限制等。

7. 企业或产品的形象

餐饮企业根据企业理念和企业形象设计的要求，通常需要对产品价格作出限制。例如，企业为了树立热心公益事业的形象，会将某些有关公益事业的产品定为较低的价格；为了形成高贵的企业形象，会将某些产品定为较高的价格。

产品价格决策在企业经营决策中具有重要的地位。市场行情变化无常，市场价格波动不定，市场竞争颇为激烈，要运用弹性原理进行价格决策，结合企业的内外条件全面考虑、仔细分析、认真研究影响价格弹性的诸多因素，准确判断、计算、预测产品价格弹性的大小及其动态变化，力求制定、科学、切实可行的产品价格决策，促使企业扩大经营、占领市场、提高效益，提高企业形象，吸引消费者，增强企业的竞争能力、生存能力和发展能力。

三、餐饮产品定价的方法

（一）成本导向定价法

成本导向定价法是指以产品或劳务的成本为依据制定产品价格的方法的总称，主要包括以下几种方法。

1. 成本加成定价法

成本加成定价法是最简单的一种定价方法，是指按产品或劳务的平均总成本（单位产品成本）加上一定比例的利润（加成数）来确定产品价格的一种方法，其计算公式为

$$SP=ATC+AM=（AFC+AVC）（1+MP）$$

式中，SP 表示售价；ATC 表示单位总成本；AM 表示单位产品加成数；AFC 表示单位固定成本；AVC 表示单位变动成本；MP 表示加成率。

运用这一方法的关键是确定合理的加成率。加成率的高低直接决定着价格的高低，影响着产品的销售。确定加成率有以下两种基本方法。

（1）根据餐饮企业历年的盈利率确定

历年的盈利率既可以反映出顾客对餐饮企业产品价格的接受程度，又在一定程度上反映了餐饮企业的内部消耗水平。一般条件下，据此确定的加成率是合理的。

（2）根据产品需求弹性确定

产品的需求弹性说明了顾客对产品价格的敏感程度。需求弹性大的产品，加成率应该低一些；需求弹性小的产品，加成率则可以高一些。

2. 目标收益定价法

目标收益定价法是指按照产品成本加上目标收益（目标报酬），配合估计的产销量（预期产销量）来计算产品价格的一种方法。

（二）竞争导向定价法

竞争导向定价法是指以竞争者的价格作为依据来制定产品或服务价格的一种方法，具体包括如下几种方法。

1. 价格领袖定价法

价格领袖定价法也称率先定价法，是指市场上的价格领袖率先定价，而其他企业紧随其后进行定价的一种方法。在餐饮企业营销中，某一国家或某一地区总会有一个影响力特别大的餐饮企业或餐饮集团，作为该行业的价格领袖，该餐饮企业率先按最大利润定价（边际收入与边际成本相等时所对应的价格），而其他餐饮企业则跟随定价。

2. 竞争投标定价法

竞争投标定价法是指产品经营者事先不对产品规定价格，而是采取拍卖的方式宣传产品的价值和特点，然后规定时间让顾客到指定场所出价竞购，经营者以最有利的价格成交，至于成交价究竟偏高还是偏低，取决于顾客竞购的激烈程度。一般来说，餐饮企业营销中对于餐饮企业工程的承包，以及附营的文物、艺术品等，可采用此方法定价。实际工作中

有一种与该方法相关联的做法，餐饮企业让顾客自行评价，这是对竞争投标定价法的灵活运用。

3. 随行就市定价法

随行就市定价法是指根据同行业的平均价格来制定产品价格的一种定价方法。采用这一方法是出于以下因素：第一，有些产品的成本难以核算（如纯粹的服务等），通过随行就市则有可能获得合理的收益；第二，依照当前行情定价容易与同行业竞争者和平相处，减少两败俱伤的竞争风险；第三，如果经营者自行定价，通常难以对顾客和竞争者的反应做出准确的估计。综合以上情况，在经营者感到同行业竞争较激烈时，即可采用随行就市定价法。

4. 餐饮企业差别产品定价法

餐饮企业差别产品定价法是指餐饮企业为了应对竞争，通过实现产品的差异化，而与同行业竞争者区别定价的一种方法，具体包括以下几种方法。

（1）根据餐饮企业产品式样、功能的差异定价。对同一种产品，根据式样、功能等方面的差异而分别制定价格。尽管这些产品成本相同，但式样、功能不同，给顾客的感受和在竞争者中的表现也是不相同的，因而可以差别定价。

（2）根据销售地点、场所的差异制定价格。同一产品由于销售地点、场所不同，其产生的效应是不相同的。例如，同样的一款饮品，在KTV包房中销售与在大排档中销售效应差别很大，会具有完全不同的价格。

（3）根据销售时间、季节的差异制定价格。有些产品的竞争强度可能会随时间、季节的变化而变化，如早茶（早点）在早上会表现出与其他时间不同的需求强度和竞争强度，餐饮企业可运用其竞争强度的差异来区别定价。

（三）需求导向定价法

需求导向定价法是指以顾客需求为依据，即以需求与价格的关系及其对利润总额的影响而制定产品价格的方法的总称，主要包括以下几种方法。

1. 需求差异定价法

需求差异定价法是指餐饮企业根据需求的差异，即根据顾客因收入、年龄、性别、职业等而产生的需求差异，对同一产品制定出不同的价格的一种定价方法。采用需求差异定价法是为了获得尽可能多的利润，并尽可能地减少顾客剩余。因为每位顾客根据自己的实际情况，可能会对同一产品作出不同评价，因而所愿意支付的价格也不一样。采用需求差异定价法必须具备以下条件：第一，顾客需求必须具有差异性，即市场必须是可以细分的；第二，顾客之间不会出现倒卖现象；第三，不会引起竞争者低价竞销；第四，定价费用不宜过大，不能得不偿失；第五，实行差异定价不会引起顾客反感，且应在经营非标准化产品时采用此法。

2. 理解价值定价法

理解价值定价法是指通过了解顾客对产品价值的理解，制定相应产品价格的一种方法。这种方法实际上是餐饮企业利用市场营销组合中的非价格变数，如产品质量、服务、广告宣传等来影响顾客，使顾客对产品功能、质量、档次形成一个大致的定位，然后再进行定价。例如，餐饮企业通过宣传使顾客理解到该产品属于豪华、高档次产品，然后将其价格定得较高，同样能吸引能够理解的顾客。

四、餐饮产品定价的策略

（一）新产品定价策略

1. 撇脂定价

撇脂定价是指采用高定价迅速收回投资，力求较快取得收效的一种策略。这种策略被形象地称为取脂或撇油。根据促销强度的大小，可区分为高价高促销（快速取脂）和高价低促销（慢速取脂）策略。当竞争激烈时，可采用快速取脂；反之，则可采用慢速取脂。

2. 渗透定价

渗透定价策略与撇脂定价策略相反，是指新产品上市之初，将其价格定得较低，接近成本价格，以吸引顾客并迅速打开销路、渗入市场的一种策略。同样，根据促销强度的大小，渗透定价也包括低价高促销（快速渗透）和低价低促销（慢速渗透）策略两种形式。

（二）现有产品定价策略——价格折扣

1. 现金折扣

现金折扣是指旨在鼓励顾客尽快付清价款的一种价格折扣策略，一般适用于采取分期付款、延期付款或记账等结算形式的餐饮企业。如果顾客能用现金买单或按规定提前付款，则可享受一定的折扣，因而这种折扣也被称为付款期限折扣。采用这一策略时，应合理确定折扣率、优惠期限和付清价款期限。为了开拓市场，餐饮企业可以对那些提前预付定金、租金的顾客，给予一定比率的折扣。

2. 数量折扣

数量折扣是指鼓励或刺激大量购买或连续购买某种产品的一种价格折扣策略。餐饮企业营销中的数量可以是产品数量，也可以是顾客数量（如要吸引团队顾客）或顾客租用的房间数量、台面数量，还可以是租用、购买或进餐的次数。与数量折扣相关联的还有时间折扣，是指顾客长时期使用餐饮产品时所采用的一种价格折扣策略，其形式与数量折扣相同。

3. 季节折扣

季节折扣是指吸引顾客在销售淡季进行消费和购买的一种价格优惠策略。餐饮企业受营销地域及地理环境的影响很大，其销售或消费带有明显的季节性特征。为了缓解营业的常年性和消费的季节性的矛盾，有效开拓市场，餐饮企业可以采用季节性折扣，即以一定折扣来吸引顾客在淡季消费。如地处南方的餐饮企业，在夏季炎热而客流量小时，可在宴会厅租金上给予一定折扣，以吸引顾客。运用这一策略有助于餐饮企业分散季节性风险，减少费用开支，提高经济效益。

4. 交易折扣

交易折扣是指鼓励中间商承担更多职能的一种价格折扣策略，也称为职能折扣。在餐饮企业营销中，吸引批量的顾客（团队）是相当重要的。要做到这一点，则应采取一定的价格优惠，让利于中间商，使中间商乐于履行更多本应由餐饮企业履行的职能，如接送站、返程订票、导游、餐饮、食宿安排等，折扣率的确定应视中间商所承担职能的多少和所组织的团队规模的大小来确定。

（三）心理定价策略

1. 尾数定价策略

尾数定价策略也叫非整数定价，是指餐饮企业在制定产品价格时，采用零头数结尾的非整数价格，以刺激顾客购买和消费的策略，如定价为19.98元、9.95元等。

非整数定价利用了顾客以下心理：①顾客一般认为非整数比整数便宜，即零头数比整数便宜，低一位数比高一位数便宜，标价99.97元的商品和100.07元的商品，虽仅相差0.1元，但前者给购买者的感觉是还不到100元，后者却使人认为是100多元，因此前者更易于接受；②顾客一般认为非整数比整数要准确一些，是货真价实的，是通过准确计算制定的；③受社会文化传统和价值观念的影响，一些数字会被赋予一些独特的含义，餐饮企业在定价时如能加以巧妙利用，则可能获得消费者的偏爱。

2. 整数定价策略

整数定价策略是指餐饮企业在制定产品价格时，取整数结尾的价格，而不取零头结尾的价格，以激发顾客购买兴趣的一种策略。例如，若产品价格应为101.52元，则定价为100元或102元；若产品价格为293元，则定价为300元。这一策略主要是利用了顾客对商品品质的威望心理，通过定价增强商品的豪华感。顾客对某些产品重在追求其品质，价格已成为次要条件。高端餐饮企业绝大多数产品属于特殊品、奢侈品，因而采用整数策略较为有效。

任务实施

小张开始进行产品价格调整前的思考与调研。

步骤一：分析目前自身产品的现状。
步骤二：分析竞争对手产品的现状。
步骤三：调研产品目标顾客对产品的认可度和忠诚度。
步骤四：科学计算产品降价的幅度。
步骤五：预测产品降价后可能带来的好处与弊端。

能力训练

餐饮产品的价格非常重要

训练目标：通过训练，明确餐饮产品价格调整的策略与方法，理解影响价格的因素。
训练方式：以小组为单位完成任务。
训练内容：讲述你了解的餐饮产品定价，轮流在组内讲解，然后推选出本组代表去其他小组讲解。

训练步骤：自由分组→按人数编好序号→依次在本组内讲解→推选本小组最优秀的成员→去其他小组讲解（抽签决定去哪组）→撰写实训报告。

训练要求：内容全面，知识完整，语言流利。

任务二 餐饮数字化营销推广

任务描述

因缺乏宣传与推广，小张的餐厅一直不太红火。为了更好地缓解经营困境和经营压力，小张需要对产品和业务进行推广。

任务分析

市场推广对增加产品销量、拓宽销售渠道、树立企业形象、改善经营效益具有十分重要的作用。根据产品特点、客户需求、行业现状等采取合适的渠道、方式、手段对餐饮产品进行市场推广，有助于餐饮企业的持续稳定经营。小张需要结合自己企业的产品和顾客情况，对本企业产品进行市场推广。

知识储备

餐饮企业提高经营业绩，扩大市场占有率，增强市场竞争力，必须在做好自身产品基础上，提高市场推广力度，加强市场宣传与营销策划，在广告、促销、营业推广、公共关系等方面，采取合理有效措施，以实现产品促销、形象树立、知名度提高等目标。

一、餐饮市场推广方法

（一）餐饮广告推广

1. 广告的概念与作用

广告是指法人、公民和其他经济组织，为推销商品、服务和观念，通过各种媒介和形式向公众发布的有关信息。大众传播媒介刊播的经济信息和各种服务信息，报道商品、服务的经营者、提供者，凡收取费用或报酬的，均视为广告。

餐饮企业广告是指餐饮企业通过各种大众传播媒体，如广播、电视、报纸、杂志等，以支付费用的方式向目标市场传递有关餐饮企业信息，展示餐饮企业的产品和服务。广告是餐饮企业促销组合中重要的组成部分，它的作用是长期的，有时甚至是潜移默化的。

2. 餐饮企业广告决策

餐饮企业管理人员主要从以下方面进行广告决策：确定目标、编制预算、广告信息决策、广告媒体决策和广告评估。

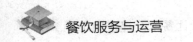

（二）市场推广策略

在激烈的市场竞争中，餐饮企业人员已经认识到营销的目的应该是增强核心顾客的忠诚度。忠诚的顾客不仅会继续购买餐饮企业的产品和服务，而且愿意为餐饮企业的优质产品和服务支付较高的费用，使餐饮企业增加营业收入。餐饮企业赢得大批忠诚的顾客，就能有稳定的市场。忠诚的顾客为餐饮企业做有力的口头宣传，餐饮企业就可极大减少促销费用。此外，餐饮企业为熟悉的常客服务，可提高劳动生产率，降低服务费用。因此，餐饮企业的盈利能力实际上是由顾客的忠诚度决定的。要想在竞争日益激烈的餐饮市场中取得优势，就必须通过各种手段，与核心顾客建立、保持、发展长期的互惠关系，培养核心顾客对餐饮企业的忠诚度。要提高核心顾客的忠诚度需要对每一个服务环节进行研究，包括核心顾客的消费决策期、交易初始期、持续消费期、潜伏转向期和交易转向后等各个方面，要针对不同的环节，采用不同的方法和策略，直到形成核心顾客的忠诚度。

1. 消费决策期——树立知名餐饮企业品牌，运用品牌效应吸引核心顾客

消费决策期是核心顾客产生消费欲望的时期，这一时期餐饮企业的行为会影响到核心顾客对餐饮企业的选择。核心顾客往往会根据自己对餐饮企业的了解程度和自己的经验、爱好做出消费决策。因此，餐饮企业必须树立强势品牌，运用品牌效应来吸引核心顾客，同时还要运用各种营销渠道，让核心顾客对这一品牌形成充分的了解。同时，品牌必须要有特色。在产品和服务高度同质化的今天，任何一个品牌都可以为核心顾客提供满意的服务，这就需要餐饮企业打造出独具特色的品牌，用自己的特色吸引核心顾客前来消费，这也是培养忠诚核心顾客的基础。

2. 交易初始期——提供高质量服务，留下良好的第一印象

餐饮企业产品具有特殊性，核心顾客购买产品的过程也就是其消费的过程，同时也是决定核心顾客是否满意的关键时期。这一时期餐饮企业的主要任务就是提供高质量的服务，树立良好的第一印象，让顾客觉得物有所值，甚至是物超所值。

（1）关注和认知顾客。顾客都有受尊重和受关注的心理需求，餐饮企业要尽量满足顾客的这种需求，这样顾客自然会感到愉悦。

（2）要学会赞美顾客。每个人都喜欢听到别人的赞美之词，核心顾客也不例外。服务人员要充分认识到这一点，对核心顾客进行真诚、是发自内心的赞美，与顾客进行良好沟通，形成一种融洽的氛围。

3. 持续消费期——运用营销手段，培养忠诚核心顾客

顾客能够再次光顾餐饮企业，表明对餐饮企业的服务比较满意，这为将其进一步转化为忠诚核心顾客奠定了基础。这一时期是核心顾客稳定消费习惯的关键时期，也是培养核心顾客忠诚的绝佳时期。

（1）运用现代化技术建立顾客档案。通过建立顾客档案，可以了解顾客的具体情况，当顾客再次光临该餐饮企业时，餐饮企业可以为其提供有针对性的服务甚至是定制化服务。为了加强与顾客之间的情感交流，餐饮企业可以采用很多的方式，例如邀请顾客参加企业年会，顾客过生日时打电话问候等。

（2）建立常客奖励计划。经常光临的顾客可以享受节假日优惠、生日免单等福利，除此之外，也可以通过建立核心顾客俱乐部的形式吸引顾客购买一定数量的产品。

4. 潜伏转向期——挽回忠诚核心顾客

在潜伏转向时期，核心顾客常表现出消费不稳定的特征。餐饮企业必须及时洞察核心顾客的这一转变，认真分析引起核心顾客转向的原因并及时调整餐饮企业的服务，以挽回核心顾客。

5. 交易转向后——建立完善的核心顾客追踪系统

完善的核心顾客追踪系统是提高核心顾客忠诚度不可缺少的组成部分，这一系统主要用来收集和分析交易转向后核心顾客的信息和消费动向。一般来讲，这一系统应包括以下三个方面内容。

（1）核心顾客转向原因分析。弄清楚核心顾客为什么会转到其他餐饮企业消费，是餐饮企业的服务出了问题，还是核心顾客的消费习惯发生了变化，或者是其他原因，这样才能有针对性地采取改进措施。

（2）核心顾客转向目的地分析。对核心顾客转向的餐饮企业，即顾客的消费目的地要有相应了解，分析其是否是自己的竞争对手，并要潜心研究该餐饮企业所使用的营销手段，从而向该餐饮企业借鉴相应的经验。

（3）提出相应的改进措施。在分析了核心顾客转向的原因以及目的地以后，就要针对本餐饮企业存在的问题采取相应的改进措施。

二、餐饮营销活动策划

市场调查与分析是营销策划的基础工作，是营销策划过程的一部分，所以在这里我们把市场调查、分析、策划看成一个整体，综合阐述它们的步骤和程序。营销策划的主要程序如下。

（一）明确策划目标

策划目标就是策划主题，是企业通过营销调查与策划所要了解和解决的问题。在市场营销实践中，企业经常会碰到各种各样的问题，如营销环境变化导致产品销售额下降，市场竞争加剧造成市场占有率降低等。面对这些问题，企业管理者有时会依据自己的判断进行处理，但更多的时候，特别是对于一些复杂的决策，经常会借助营销调查与策划的力量加以解决，通过调查和决策来发现问题、分析问题、选择问题和解决问题。明确策划目标时要注意以下问题：一是策划目标应尽量具体和集中，不能笼统概括和主次不分；二是策划目标要尽可能数量化，便于企业贯彻执行；三是策划目标应切实可行，即经过努力可以实现；四是策划目标要有时间限制，要对策划过程和内容做出严格的时间规定。

（二）进行市场分析

市场分析就是针对影响企业市场营销的内外部环境和条件进行调查和分析，为企业制定策划方案提供支持和帮助。市场分析也是营销策划的重要步骤，它可以使企业了解环境对营销的影响，把握市场需求的变化，使企业制定的营销方案更具针对性和可靠性。

市场分析一般采用自上而下的方式，即首先对宏观环境因素进行分析，包括经济、人口、政治、法律、社会、文化、自然、技术等因素，其目的是使企业适应环境发展的要求，把握市场机会，并降低营销风险。此后，还须进行行业分析、公司分析、市场调查。

行业分析是指对企业所在行业的类型、结构、行业生命周期、行业发展变化趋势等进行分析，其目的主要是了解行业因素对营销策划的影响，并对企业的投资决策提供建议。

公司分析是指对企业自身的人力资源、市场营销、财务结构、发展战略、技术开发等因素进行分析，其目的是找出企业的优势和不足，以便企业扬长避短、避实就虚地开展竞争。

市场调查是指对市场需求、市场竞争、市场营销组合要素、消费者购买心理与行为等进行调查，其目的是使企业制定的营销策划方案更具市场营销导向，使企业的营销对策和措施既符合环境变化的要求，又能满足消费者的需要。

（三）提出策划创意

创意是营销策划的重要组成部分，是策划方案的核心思想和灵魂。所谓创意，就是策划者在市场分析的基础上，针对某一营销问题提出的新的观点和设想。它是策划者采用联想、模仿、移植、对比、综合等思维方法产生的创造性的意念、创新的想法，以及巧妙的构思。创意不同于点子或主意，点子一般是指个人灵机一动产生某种独特的想法，是建立在个人的聪明和灵感基础上的，而创意则是策划者综合许多人的想法后提出的整体设想，是在市场调查和市场分析的基础上，依靠策划团队的集体力量提出的，它是灵感和理性的结合，是集体智慧和科学方法的统一。

1. USP 理论

关于创意的理论有很多，其中影响较大的是 USP 理论（unique selling proposition），即独特的销售主张。USP 理论的基本要点如下。

（1）每一则创意必须向消费者说一个主张，必须让消费者明白购买企业的产品可以获得什么具体的利益。

（2）所强调的主张是竞争对手做不到的或无法提供的，必须说出其独特之处，在品牌和说辞方面是独一无二的。

（3）所强调的主张必须是强有力的，必须聚焦在一个点上，集中优势打动、感动和吸引消费者购买自己的产品。

2. 创意产生的方法

创意产生的方法有很多，经常使用的是头脑风暴法，即通过座谈会的方式，使策划人员充分表达自己的观点，产生智力碰撞，并获得创造性设想的方法。头脑风暴法是营销策划中最常见的产生创意的方法，它可以激发策划人员的想象力和创造性，可以使策划者集思广益，借助集体的智慧获得更多的创意。

知识小看板：头脑风暴的基本原则

（四）设计策划方案

策划方案是指在产生创意的基础上，围绕企业的策划目标、内容、方法和程序等设计的策划执行文件。策划方案兼有理论和实践两种特征，它既是企业营销决策的理论表述，又是营销计划的操作说明。它决定着企业营销策划的执行能力和效果。策划方案的主要内容如下。

1. 市场调查

市场调查是营销策划的基础工作，是营销策划过程的第一步。市场调查是指企业针对营销策划的目标，采用科学的方法对市场资料进行收集、整理、分析和研究的活动。市场调查的内容主要是调查市场营销环境、消费者需求、市场特征和结构、市场发展变化趋势等。其目的是使企业了解环境对企业的影响，把握消费需求的变化，识别和选择与企业的资源相吻合的市场机会，并为企业进行营销策划和制定战略提供依据。

2. 市场细分

市场细分是在市场调查的基础上，依据消费者的需求和欲望、购买行为和购买习惯等方面的明显的差异性，把某一产品的市场划分为若干个消费者群的市场分类过程。市场细分有利于企业发现新的市场机会，也有利于企业增强自己的竞争能力，是企业选择目标市场的基础。

3. 目标市场选择

目标市场是指企业决定进入并为其服务的特定的市场。在市场细分以后，企业还需要根据自身资源能力、市场潜力、市场竞争状况正确选择目标市场，这是企业制定市场营销战略的主要内容和基本出发点。

目标市场选择策略主要有三种：无差异营销、差异营销和集中营销。这三种策略模式各有利弊，适用于不同条件、不同规模的企业。企业要综合考虑资源条件、产品性质、市场性质、产品生命周期、竞争对手策略等因素加以决定。

4. 市场定位

市场定位就是根据竞争者现有产品在市场上所处的位置，确定本企业产品在目标市场上的地位和目标顾客心目中的形象。市场定位也是企业营销战略的重要组成部分，它是企业在选定目标市场以后，要为产品塑造独特、鲜明的个性和形象，然后把这种形象传达给消费者，从而吸引更多的顾客购买产品。市场定位对于企业树立产品的特色，满足消费者需求偏好，提高企业竞争能力都具有重要意义。

5. 市场营销组合

企业在制定营销战略之后，还需要针对目标市场的需要，将各种可能的营销策略和手段进行系统的组合，使它们相互配合起来发挥作用，即市场营销组合。市场营销组合通常由产品策略、价格策略、渠道策略、促销策略组成。

产品策略是指企业做出与产品有关的计划和决策。价格策略是企业考虑成本费用、消费需求、竞争对手等因素，为产品制定合适的价格。渠道策略是指企业选择产品从生产者转移到消费者的途径。促销策略是企业运用广告、人员推销、公共关系、营业推广等手段，向消费者传递有关的信息，并促使其购买产品。市场营销组合中的四个策略是企业可以控制的因素，它们互相依存并处于同等地位，都是围绕目标市场展开的。企业在制定营销组合方案时，要同时做出四个变量的决策，并对其进行系统的优化和组合。企业营销组合决策的好坏，在很大程度上决定了企业在目标市场上的竞争地位，也决定了企业的营销特色和营销效果。

思政小课堂：餐饮从业者应牢记的工匠精神——创新

三、餐饮营销策划书的编写方法

餐饮营销策划书是一种特殊的、具有说服性的文件,在写作方式上有别于科技论文和文学作品的写作方法,编写的基本要求如下。

(一)餐饮营销策划书编写的一般要求

餐饮企业营销策划书是为了实施餐饮企业营销计划而编写的书面文件,也是计划本身的书面说明。营销策划书的作用是向接受方推销自己对某个营销问题的意见和创意,最终达到使接受方采纳自己的意见或创意的目的。餐饮营销策划书是一种说服性的材料,也是一种策划者和策划接受方的通用语言。为此,餐饮营销策划书在编写时应满足以下条件。

1. 简单明了,容易理解

餐饮营销策划书的目的是让策划接受方理解策划的内容,最终接受策划者的创意。因此策划书在写作中必须做到简单明了,易于理解。

2. 不苛求文笔

营销策划书主要针对策划构思和策划创意,它区别于散文或其他文学作品,不要求有精彩的文笔,只要将内容简单明了地表达出来即可。策划书如果长篇大论、文辞复杂,反而会在阅读上造成困难,使人不易领会策划书的重点。

3. 概念清晰

餐饮营销策划书的概念必须清晰、容易理解。概念是策划书的核心,要使策划书的概念容易理解,就需要采取一定的方法对这些概念加以处理。表现概念的理想方法有以下几种。

(1)图示化

用图示表述概念能起到加深印象的作用。一幅好的图示要求画面清晰,填充不要太满,留出一些空白才能引人注目,画面要突出主题,不能单纯追求艺术上的美,而要体现策划的主题。

(2)流程图

用流程图来说明策划内容也是一种好方法。即使非常复杂的逻辑推理过程,只要把它画成流程作业图,便会立刻简单化、浅显化。

(3)网络工程推进表

网络工程推进表是一种利用网络图表来表达策划进度安排的手段,它反映了各项活动之间的相互关系,对于千头万绪、错综复杂的活动,可以在确定它们的先后次序所需的时间和相互衔接的关系之后用网络图表表示出来,并通过数字的计算,找出活动过程中存在的主要矛盾,再通过调整、平衡,使整个策划得以统筹兼顾、合理安排,收到预期的效果。

(二)营销策划书编写应内外有别的要求

一份餐饮营销策划书,可以根据策划书起到何种目的、给谁看而有不同的形式。尤其是面对不同的阅读对象，策划书应有不同的内容。一般情况下，根据策划书的机密程度可分为内部策划书和外部策划书两种。

1. 内部策划书

内部策划书是绝密的，仅供餐饮企业高层决策者参考，其形式与普通策划大致相同，但对于以下七个对策应有详细说明（这七个项目应严格对外保密）。

（1）策划执行过程中的人际关系对策。
（2）策划执行过程中的相关组织和团体对策。
（3）策划执行过程中的资金相关对策。
（4）策划执行过程中的障碍因素及消除对策。
（5）策划执行时对大众传播媒介关系对策。
（6）与策划执行有关的政府机构对策。
（7）与策划执行有关的法律问题。

2. 外部策划书

外部策划书是提供策划的外部参与人员参考的非绝密文件，但对一般公众仍旧保密。编写外部策划书时应注意把握好保密的"度"。在外部策划书中不能透露策划的核心机密，但又必须让外围参与者对策划产生兴趣，明确自己在这项活动中的职责与行动方案。编写时同样应站在阅读者的立场上，语气、思路都要让对方满意，应注意以下几点。

（1）正确使用敬语，使策划接受方对你的策划方案产生亲切感。
（2）逻辑鲜明，采用提纲式编写。
（3）尽量逐条分列，重点排列。
（4）不使用策划接受方不理解的词汇。
（5）对需要特殊诉求的部分，应详细论述。
（6）以"互惠"的态度，指出策划书对策划接受方的好处及相关利益。

四、餐饮数字化营销

随着信息高速发展，数字化时代已经到来，各行业都在进行数字化转型。营销推广作为餐饮企业经营中重要的一环，很大程度上影响着企业的经营业绩。在坚持传统推广宣传手段的同时，餐饮企业必须寻找数字化营销推广之路，实现数字化转型，才能在新的数字化时代提高市场竞争力。

（一）数字化营销的含义

数字化营销是现代营销的一种手段，借助互联网、计算机通信技术和数字交互式媒体，调动企业资源开展市场活动，以实现营销目标。互联网的出现，对传统营销产生了巨大的冲击。以往的营销理念是"以产品为中心"，认为只要产品做得好，再投入广告，顾客就会自动买单。但是，随着市场经济的深入，市场逐渐转向"以顾客为中心"，谁抓住顾客的需求，谁就在竞争中获胜。这就需要企业转变思维，进行数字化营销，不断积累用户数据，搭建企业私域流量池，实现精准营销，与顾客建立更直接、更有温度的连接，从而降低营销成本，提升营销效果。

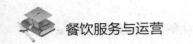

(二)数字化营销的优势

1. 有效控制营销成本

相较于传统营销模式,数字化营销实现了直接将产品推荐给目标顾客的目的,营销信息投放更精准、针对性更强,极大节约了促销费用。数字化营销能够缩短宣传时间,减少分销环节,扩大营销范围,节省餐饮企业在传统宣传营销手段方面耗费的时间、人力和财力,而且能产生更好的宣传效果。

2. 目标顾客更精准,转化率更高

数字化营销的目标顾客更加具体,需求更加明确,餐饮企业定制数字化营销活动的效果更加明显,向顾客推荐的都是其比较感兴趣的内容,能够获得更高的营销转化率。

3. 产品信息展现形式更多样

餐饮企业通过数字化营销可以提供非常详尽的菜品与酒水信息,包括食材的选择、制作的过程、卫生的把控、品质的监测等,可以让顾客随时随地通过网络获得餐饮企业的信息,方便省事且快捷,能极大提高顾客对企业的好感度。

4. 市场策略更灵活

通过大数据抓取和智能化分析,餐饮企业能够有效地把控顾客对餐饮产品的观点和态度,可以根据顾客的需求、竞争环境、库存情况及时调整餐饮产品的种类、价格和营销手段等。数字营销还具备多媒体、跨时空、交互式、拟人化、超前性、高效性、经济性等特点,使餐饮企业的市场策略更加灵活。由于利用了数字产品的各种属性,数字营销在改变传统营销手段的基础上,增加了许多新的特质。

(三)餐饮企业数字化营销的方法

1. 沉淀核心顾客

在餐饮企业电商化的趋势下,餐饮企业仅依靠自然流量显然是不够的,越来越多的餐饮企业开始通过入驻各大平台获取线上流量。沉淀核心顾客成为许多餐饮企业的共识,这将会为商家自身带来重要的数据资产,辅以个性化的营销手段,不失为提高复购率、提升客单价的好方法。

2. 精准营销

对中小型餐饮企业来说,获取流量的方式无外乎发传单、张贴广告等,且不说营销针对性弱、覆盖率低、转化效果差,这些成本也是比较高的,并且难以进行数据分析,很难进行营销优化。如今,随着互联网的发展,新的营销阵地越来越多,如微信公众号、美团、大众点评、饿了么等,既可以在一定程度上通过用户画像,分析用户信息,精准投放产品信息,实现精准营销,也可以降低营销成本,以便高效利用数据资产。

3. 拓展销售场景

随着数字化营销的发展,餐饮企业也越来越重视销售场景的拓展。例如,实体咖啡店通过电子商务平台销售其品牌咖啡豆、实体储值卡以及马克杯、保温杯、咖啡器具等各种周边衍生品;知名火锅店开通线上旗舰店,销售自热火锅、调味料等产品,并推出组合套装等。

餐饮企业要在同质化竞争中做好差异化竞争，逐渐从传统餐饮转型为智慧餐饮。例如，可以利用互联网社交平台等线上宣传渠道，配合线下门店活动，共同开展营销活动；顾客进店消费后，利用支付即关注、领取会员卡的功能，与顾客建立联系，方便后期精准营销。同时，通过线上品牌营销、活动引流使顾客到店就餐后，餐饮企业还需要提供美味的餐品和优质的服务体验，强化餐饮企业在顾客心目中的地位，长久地留住顾客，促进顾客持续消费。

任务实施

小张开始进行全方位综合分析与推广方案撰写。
步骤一：进行市场分析。
步骤二：进行经营环境分析。
步骤三：进行竞争对手分析。
步骤四：确定推广目标。
步骤五：制定营销推广方案。
步骤六：撰写营销推广策划书。

能力训练

餐饮市场需要推广与策划

训练目标：通过训练，使学生掌握餐饮市场推广与餐饮营销策划的步骤与方法。

训练方式：以小组为单位完成任务。

训练内容：讲述你了解的餐饮市场推广方案，学生轮流在组内讲解，然后推选出本组代表去其他小组讲解。

训练步骤：学生自由分组→按人数编好序号→依次在本组内讲解→推选本小组最优秀的成员→去其他小组讲解（抽签决定去哪组）→撰写实训报告。

训练要求：内容全面，知识完整，语言流利。

项目小结

让餐饮产品走向市场、适应市场、满足市场，餐饮企业才能获得经济效益、社会效益和环境效益的完美结合。本项目介绍餐饮产品的定价策略、定价影响因素，提出了制定产品价格的方法；介绍将产品推向市场时使用的推广计划及营销策划方案的撰写要求和写作技巧。应该看到餐饮营销策划书是一种特殊的、具有说服性的应用文件，在写作方式上应区别于科技论文和文学作品的写作方法。

项目训练

一、单选题

1. 以下不属于餐饮产品定价的作用的是（   ）。

A. 能提高餐饮企业的知名度　　　　　B. 能提高餐饮企业的市场竞争力
C. 能提高餐饮企业的盈利水平　　　　D. 降低餐饮企业的成本

2. 以下不属于影响餐饮产品定价的外部因素有（　　）。
　　A. 成本因素　　　B. 市场需求　　　C. 竞争因素　　　D. 市场发展情况
3. 以下不属于影响餐饮产品定价的内部因素的是（　　）。
　　A. 成本和费用　　B. 餐饮产品　　　C. 餐厅档次　　　D. 居民消费水平
4. 以下不属于餐饮新产品的定价策略的是（　　）
　　A. 撇脂定价　　　　　　　　　　　B. 价格折扣策略
　　C. 市场渗透定价　　　　　　　　　D. 满意定价
5. 餐饮企业成本中占比最大的部分是（　　）。
　　A. 低值易耗品　　B. 食品　　　　　C. 人工　　　　　D. 水电
6. 以下不属于餐饮产品的构成部分的是（　　）。
　　A. 分销渠道　　　B. 形象　　　　　C. 地理位置　　　D. 设施设备
7. 以下不属于广告的类型的是（　　）。
　　A. 通知型广告　　B. 说服型广告　　C. 强制型广告　　D. 提醒型广告
8. 以下不属于广告预算的方法的是（　　）。
　　A. 量入为出法　　B. 销售百分比法　C. 经验法　　　　D. 竞争对等法
9. 以下不属于广告媒体选择考虑的因素的是（　　）。
　　A. 覆盖面　　　　B. 频率　　　　　C. 影响力　　　　D. 名称
10. 独特的营销主张是一种市场定位方法，其英文简称是（　　）。
　　A. USP　　　　　B. USB　　　　　C. UDP　　　　　D. TSP

二、判断题

1. 市场细分是在市场调查的基础上，依据消费者的需求和欲望、购买行为和购买习惯等方面的明显的差异性。（　　）
2. 目标市场选择策略主要有三种：无差异营销、差异营销和集中营销。（　　）
3. 促销策略是企业运用广告、人员推销、公共关系、营业推广等手段，向消费者传递有关的信息，并促使其购买产品。（　　）
4. 营销策划书的编写应内外有别，即内部策划书和外部策划书的要求不尽相同。（　　）
5. 成本不会影响餐饮产品的价格。（　　）
6. 地理位置不属于餐饮产品的组成部分。（　　）
7. 储运成本是商品从生产者运至消费者的过程中所必需的运输和储存费用。（　　）
8. 餐饮企业人力资源数量的多少和质量的高低势必会影响其定价水平。（　　）
9. 机会成本是企业从事某一项经营活动而放弃另一项经营活动的机会，另一项经营活动所应取得的收益。（　　）
10. 餐饮企业在进行产品定价时，必须充分了解市场需求，才能实现经营目标。（　　）

三、案例分析题

低价才是"真理" 蜜雪冰城年入65亿超越喜茶

提及"奶茶"，多数人首先会想到喜茶，但也会想到价格更低的蜜雪冰城——这个扎根二、三、四线城市的奶茶饮品品牌，被称为奶茶界的"拼多多"，2019年营收达到65亿元，一度超越了喜茶。

据了解,蜜雪冰城总部位于郑州,致力于打造中国新鲜冰淇淋茶饮品牌。早在1997年,蜜雪冰城便开设了第一家店面,主营刨冰。到了2006年,蜜雪冰城推出了1元冰淇淋,这款产品瞬间在整个门店火爆起来。在当时,冰淇淋可谓是"奢侈品",价格一般要十几元。到2012年左右,蜜雪冰城推出了3元柠檬水,再次成为爆品。此后,咖啡、果汁、奶茶等品类一一上线。

可以看出,蜜雪冰城从一开始便走的"低价策略",无论推出何种饮品,定价均在10元以下。要知道,在喜茶店里一杯奶茶要25~30元,而在蜜雪冰城店里只需要不到三分之一的价格。正是基于此,蜜雪冰城在二三四线城市迅速走红,成为奶茶界的"拼多多",低价策略再次奏效。在2020中国茶饮十大品牌排行榜中,蜜雪冰城排在第二位,超过奈雪,仅次于喜茶。

此外,自诞生之日起,蜜雪冰城便是走连锁经营路数。自2018年至2019年品牌升级后,蜜雪冰城的开店速度加快。全国门店数量从4500家变成7000余家,2020年6月,蜜雪冰城第10000家门店开业。不仅如此,蜜雪冰城已经走出国门,不断开辟海外市场,在国外有100多家门店。甚至,在2019年蜜雪冰城的门店销售额达到65亿元,超过喜茶,成为业界讨论的热点。

《2019奶茶行业发展报告》显示,根据从中国人口、城镇化率、奶茶价格等因素的综合估算,我国奶茶市场容量将达到986亿元,接近千亿元。整个市场除了低价策略的蜜雪冰城,还有以喜茶、奈雪为代表,单杯定价在25元以上的新式茶饮品牌;以CoCo、古茗为代表的定价10~20元的品牌。蜜雪冰城靠低价策略成为"行业黑马",深受小城市居民的喜爱。

用极低的价格,迅速占领偏远地区的市场,蜜雪冰城的步伐与拼多多一致。不过,它也有拼多多一样的烦恼,那便是上探一二线城市,提升品牌溢价能力会有一定难度。

问题:

请你运用所学的价格策略的理论知识,分析一下蜜雪冰城成功的原因。

四、体验练习题

分小组走访所在城市的餐厅,调研其主打菜品的价格,并询问其所采用的定价策略和定价方法。

学习评价

参 考 文 献

[1] 餐饮头条，钟彩民. 餐饮开店实战指南 [M]. 北京：人民邮电出版社，2019
[2] 蒋丁新. 饭店管理概论 [M]. 6 版. 大连：东北财经大学出版社，2018.
[3] 朱承强，童俊. 现代饭店管理 [M]. 4 版. 北京：高等教育出版社，2021.
[4] 薛兵旺，周耀进. 酒店督导管理 [M]. 武汉：华中科技大学出版社，2020.
[5] 刘致良. 餐饮经营管理 [M]. 北京：高等教育出版社，2021.
[6] 李贤政，曹艳芬. 餐饮服务与管理 [M]. 4 版. 北京：高等教育出版社，2021.
[7] 孙宗虎. 餐饮企业运营与管理全案 [M]. 北京：人民邮电出版社，2021
[8] 匡仲潇. 从零开始做餐饮：新手创业从 0 到 1[M]. 北京：化学工业出版社，2020.
[9] 张水芳. 餐饮服务与管理 [M]. 3 版. 北京：旅游教育出版社，2021.
[10] 孙怡. 餐厅经营管理 [M]. 北京：旅游教育出版社，2021.
[11] 邓敏. 餐饮服务与管理 [M]. 2 版. 北京：旅游教育出版社，2017.
[12] 王敏. 餐饮运行与管理 [M]. 2 版. 北京：北京大学出版社，2017.
[13] 白秀峰. 新时代餐饮：做五有餐厅 [M]. 北京：机械工业出版社，2019.
[14] 鹤九. 新餐饮营销力 [M]. 北京：机械工业出版社，2020.
[15] 白墨. 餐饮品牌塑造方法工具与案例解析 [M]. 北京：人民邮电出版社，2019.
[16] 美团. 外卖运营 7 步法 [M]. 北京：人民邮电出版社，2022.